Peter Köhler

LEONARDOS FAHRRAD

Die berühmtesten Fake News
von Ramses bis Trump

C.H.Beck

Originalausgabe
© Verlag C.H.Beck oHG, München 2018
Satz: C.H.Beck.Media.Solutions, Nördlingen
Druck und Bindung: Druckerei C.H.Beck, Nördlingen
Umschlagentwurf: Geviert Grafik & Typografie, Katharina Fußeder
Umschlagabbildung: Laufrad des Freiherrn Carl von Drais,
Kupferstich, 1917, nach einer Zeichnung von W. Siegrist, akg-images;
Leonardo da Vinci: shutterstock
Printed in Germany
ISBN 978 3 406 72814 3

www.chbeck.de

Falschheit regiert die ganze Welt.
Georg Rollenhagen

Betrügen und betrogen werden;
nichts ist gewöhnlicher auf Erden.
Johann Gottfried Seume

Ich bewundere die großen Fälschungen und Ausdeutungen;
sie heben uns über das Glück des Tiers empor.
Friedrich Nietzsche

Wir suchen die Wahrheit,
finden wollen wir sie aber nur dort, wo es uns beliebt.
Marie von Ebner-Eschenbach

Traue keinem Zitat, das du nicht selber gefälscht hast.
Winston Churchill

Wahrheit lässt sich nicht zeigen, nur erfinden.
Max Frisch

Inhalt

Politik in postfaktischer Zeit

Die vierte Gewalt

Aus der Gerüchteküche

Wissenschaft, die kein Wissen schafft

Dichterische Freiheiten

Politik in postfaktischer Zeit

«Kaum zu glauben!»

Es ging schon gut los, als Donald Trump als 45. Präsident der USA in öffentlicher Zeremonie vereidigt wurde. Bestenfalls einige hunderttausend Schaulustige nahmen am 20. Januar 2017 in Washington an den Feierlichkeiten teil, weit weniger als bei Barack Obamas Inauguration 2009, als 1,8 Millionen Zuschauer gezählt wurden. Dennoch verkündete Sean Spicer als Pressesprecher des Weißen Hauses: «Das war das größte Publikum, das jemals einer Amtseinführung beigewohnt hat. Punkt. Sowohl vor Ort als auch weltweit.» Das war, wie die Fotos und Fernsehbilder «vor Ort» belegten, falsch, doch Spicer legte ungerührt nach und drohte den Medien, die seiner Darstellung nicht folgten: «Wir werden die Presse zur Rechenschaft ziehen!»

Nach Auskunft der öffentlichen Verkehrsbetriebe waren den Fahrgastdaten zufolge nicht einmal 200 000 Personen zu Trumps Vereidigung gekommen. Doch Donald Trump glaubte lieber seinem Pressesprecher und klagte gleich am nächsten Tag, dem 21. Januar, über die «verlogenen» Journalisten. Er gab zwar nicht mehr damit an, es seien so viele Zuschauer wie nie gewesen, bauschte aber die reale Zahl auf: «Über eine Million, vielleicht sogar anderthalb Millionen» Teilnehmer hätten der Feier beigewohnt. Den Vogel schoss seine Beraterin Kellyanne Conway ab, als sie am 22. Januar im Fernsehen interviewt wurde und die falsche Behauptung von der größten jemals gemessenen Zahl an Zuschauern damit rechtfertigte, Spicer habe «alternative Fakten» präsentiert.

Damit meinte sie weder, es gebe verlässliche Zahlen aus einer alternativen Quelle, noch wollte sie eine alternative Zählweise verwendet wissen, etwa unter Hinzunahme von Internetnutzern. Die «alternativen Fakten» waren nichts als eine verführerische Bezeichnung für bewusst falsche Tatsachenbehauptungen, also Lügen.

Offenbar spielte es für das Weiße Haus keine Rolle, ob eine Aussage wahr oder falsch ist, wenn sie ins eigene Weltbild passt. Schon in den Monaten vor der Vereidigung war es damit gut losgegangen. Von 168 Behauptungen, die Trump im Wahlkampf aufstellte, entpuppten sich in der Analyse des Instituts PolitiFacts 70 Prozent als «überwiegend falsch», «falsch» oder «haarsträubend falsch». Zwei von drei Aussagen entsprachen also nicht der Wahrheit. Trump hatte z. B. die Zahl der illegalen Einwanderer mit «30 Millionen, vielleicht 34 Millionen» beziffert – es waren elf Millionen; Trump zufolge belief sich die Arbeitslosenquote auf sagenhafte 42% – es waren 4,9%. Trump gab an, nach dem Anschlag auf das World Trade Center am 11. September 2001 Abertausende jubelnder Menschen in New Jersey gesehen zu haben – kein einziger Augenzeuge kann ihn bestätigen. Hartnäckig hielt Trump an der Fama fest, der demokratische Noch-Präsident Barack Obama sei ein Muslim und nicht in Honolulu auf Hawaii, sondern in Kenia geboren worden – obwohl Obama mit seiner Geburtsurkunde, ausgestellt in Honolulu, das Gegenteil bewies. Dann wieder gab Trump Verschwörungstheoretikern Futter, als er nach dem Tod des mit 79 Jahren verstorbenen Antonin Scalia, eines erzkonservativen Mitglieds des Obersten Gerichtshofes der Vereinigten Staaten, die Mär verbreitete, auf dem Gesicht des Leichnams sei ein Kissen gefunden worden.

In den Fernsehduellen mit Hillary Clinton waren es auch Grundsatzfragen, auf die der republikanische Präsidentschaftsbewerber unzutreffende Antworten gab. Er gab vor, stets gegen den Krieg der USA im Irak gewesen zu sein, was nicht stimmte; er leugnete, den Klimawandel ein von China in Umlauf gebrachtes Märchen genannt zu haben, obwohl er höchstpersönlich getwittert hatte: «Der Klimawandel wurde von und für die Chinesen erfunden, weil sie die US-Firmen aus dem Rennen werfen wollen.» Als er versprach, einen sechswöchigen bezahlten Mutterschutz einzuführen, ergänzte er das mit dem Hinweis: «Hillary Clinton hat einen solchen Plan nicht und hat auch nicht vor, jemals einen zu entwerfen.» Tatsächlich hatte Clinton ihren Plan eines zwölfwöchigen Mutterschutzes mit Lohnfortzahlung bereits ein Jahr zuvor verkündet. Trumps Trick bestand darin, weniger zu versprechen und dennoch als der sozialere Politiker zu erscheinen.

Die tollsten Geschichten setzten seine Helfer und Sympathisanten in Umlauf. Viele gehören der sogenannten Alternativen Rechten an, der Alt-Right-Bewegung. Einer ihrer führenden Köpfe ist Mike Cernovich: Er lancierte die Falschmeldung von Hillary Clintons schwerer neurologischer Erkrankung, einem Gehirntumor, und legte sein Meisterstück mit der Erfindung des «Pizzagate» genannten Skandals hin, dem zufolge die Clintons aus einer Washingtoner Pizzeria heraus einen Kinderprostitutionsring geleitet hätten (s. S. 75). Auch anonyme Trolle halfen ihrem irrlichternden Kandidaten und verbreiteten Fake News im Internet, indem sie etwa die Meldung posteten, ein gegen Hillary Clinton ermittelnder FBI-Agent sei ermordet worden oder der Papst unterstütze Donald Trump. Beide Falschnachrichten kursierten im Netz.

Nachdem Donald Trump zum Präsidenten gewählt worden war, gab er großsprecherisch an, die meisten Wahlmännerstimmen seit Ronald Reagan auf sich vereint zu haben, obwohl Bill Clinton, George W. Bush und Barack Obama mehr erhalten hatten. Als die nach der Zahl der Wahlmänner unterlegene Konkurrentin Hillary Clinton darauf verwies, dass sie mehr direkte

Wählerstimmen als Trump erhalten habe, konterte der mit der Behauptung, drei Millionen illegaler Einwanderer hätten für sie votiert. Einen Beleg lieferte er nicht. Stattdessen erzählte er, der in Florida lebende Golfprofi Bernhard Langer habe ihn wählen wollen, sei aber nicht an die Wahlurne gelassen worden; daraus schloss Trump, dass viele Leute, die ihm ihre Stimme hätten geben wollen, daran gehindert worden seien. Allerdings besitzt Langer die US-Staatsbürgerschaft nicht und hat infolgedessen kein Wahlrecht. Von der Richtigstellung unbeeindruckt, begab sich Donald Trump erst einmal auf eine Dankeschön-Tour durch die USA, auf der er sich für einen Erdrutschsieg feierte, den es nicht gab.

Anschließend nahm er die Regierungsgeschäfte auf und kündigte das Pariser Klimaschutzabkommen. Dass er es fälschlich «Paris Accord» nannte, obwohl es «Paris Agreement» heißt, war nebensächlich; schwerer wog sein Argument, dass das Abkommen auf Kosten der Vereinigten Staaten ginge. Aber dass die USA mehr als andere Länder zahlen müssten, war fern der Realität: Deutschland investiert pro Kopf zwölf Dollar in den Grünen Klimafonds, Schweden sogar 60 – die USA neun Dollar.

Es folgten weitere Halluzinationen. Am 18. Februar 2017 hielt er in Florida eine Rede und wollte begründen, warum er für Bürger diverser muslimischer Länder ein Einreiseverbot durchsetzen will und die Aufnahme von Flüchtlingen aus bestimmten Staaten ablehnt. Er verwies auf die Terroranschläge in Europa: «Schauen Sie, was gestern Abend in Schweden passiert ist, kaum zu glauben!» Es war kaum zu glauben, weil in Schweden nichts passiert war.

Bereits zwei Wochen zuvor, Anfang Februar, hatte Trumps Beraterin Kellyanne Conway den geplanten Einreisestopp mit dem Hinweis auf ein «Massaker» durch zwei irakische Flüchtlinge in Bowling Green im Bundesstaat Kentucky verteidigt. Das sei während Obamas Präsidentschaft geschehen. In Wirklichkeit waren 2011 in Bowling Green zwei Iraker festgenommen und zu langen Haftstrafen verurteilt worden, weil sie Geld und Waffen für Al Kaida in den Irak schicken wollten. Einen Anschlag hatte es nicht gegeben.

Schon während des Wahlkampfs hatte Trump dem Weißen Haus vorgehalten, islamische Anschläge zu verheimlichen. (Zur Erinnerung: Trump hält Obama für einen Muslim.) Die Obama-Regierung veröffentlichte daraufhin eine Liste mit den von Trump genannten 78 Attentaten samt Angaben, wann und wo über sie berichtet worden war. Auf Trumps Liste standen sogar die streng geheim gehaltenen Anschläge von Nizza, Paris und Berlin.

Auch als US-Präsident konnte Trump nicht von Obama lassen und twitterte am 10. März 2017: «Furchtbar! Gerade herausgefunden, dass Obama mich im Trump Tower hat abhören lassen, kurz vor dem Wahlsieg.» Er fuhr fort: «Das ist wie Nixon/Watergate» und beschimpfte sogar seinen Vorgänger im Amt: «Übler Kerl!» Zwei Wochen später stellten die Chefs der Bundespolizei FBI und des Geheimdienstes NSA bei einer Befragung durch das Repräsentantenhaus klar, dass es für Trumps Anschuldigung keinerlei Beweise gibt. Das Übel saß woanders.

Im Mai 2017 attackierte Trump die Vereinten Nationen wegen Misswirtschaft: Die Weltorganisation habe ihr Budget seit dem Jahr 2000 um 140 Prozent erhöht und die Zahl der Angestellten verdoppelt. Beide Vorwürfe waren falsch: In Wirklichkeit war das Budget lediglich um 20 Prozent gestiegen und die Zahl der Mitarbeiter von weltweit 52 000 sogar auf 46 000 gesunken. Egal: Trump reduzierte die Beiträge der USA an die Vereinten Nationen.

Im August 2017 wurde Barcelona von einem islamischen Anschlag erschüttert, woraufhin Donald Trump twitterte: «Seht euch an, was ein US-General mit gefangenen Terroristen gemacht hat. Es gab 35 Jahre lang keinen radikal-islamischen Terror mehr!» Längere Nachforschungen klärten, worauf sich der erratische Tweet bezog: Anfang des 20. Jahrhunderts hatte das US-Militär auf den kurz zuvor dem spanischen Kolonialreich abgenommenen Philippinen den muslimischen Moro-Aufstand niedergeschlagen. General John Pershing hatte 50 Rebellen festgenommen und befahl seinen Soldaten, Gewehrkugeln in Schweineblut zu tränken und 49 Gefangene zu erschießen. Den fünfzigsten ließ er frei, damit er seinen Kombattanten davon berichte. Daraufhin gab es über ein Vierteljahrhundert keinen Terrorismus mehr. Was die Nachforschungen darüber hinaus ergaben: Die Geschichte von der Hinrichtung ist von A bis Z eine Legende und war längst als Unsinn entlarvt.

Im September 2017 sprach Donald Trump auf der Vollversammlung der Vereinten Nationen, lobte die Fortschritte des afrikanischen Kontinents und hob das Gesundheitssystem des Staates Nambia hervor. Doch Nambia, wo liegt es? Es gibt nur Gambia, Sambia und Namibia.

Das war ein weiteres Beispiel dafür, dass Trump unzureichend informiert ist, fehlerhaften Quellen vertraut, Fakten zurechtbiegt oder Lügen verbreitet. Die Hauptsache ist, dass eine Meldung die eigene Politik bestätigt oder die eigene Größe und Beliebtheit unterstreicht – wie im Juli 2017, als sich Trump nach einer Rede vor Pfadfindern brüstete, der Chef der Boy Scouts of America habe ihn angerufen und überschwänglich gelobt. Das war reine Erfindung, außer für ihn selbst. Trumps Pressesprecherin Sarah Huckabee, seit Juli 2017 Spicers Nachfolgerin, verlautbarte trotzig: «Ich würde nicht sagen, dass es eine Lüge war.»

Offensichtlich lassen sich Trump und seine Entourage ihre Meinung nicht von Tatsachen kaputt machen. Anders gesagt, man verwischt den Unterschied zwischen Wahr und Falsch und sorgt für ein Verwirrspiel, in dem Realität und Fiktion, Wahrheit und Lüge ineinander übergehen oder sogar Falsches richtig und Richtiges falsch wird: Wenn die Fakten nicht mit der eigenen Gefühlslage übereinstimmen, ist das schlecht für die Fakten. Allerdings erschüttert Trump mit seiner Strategie eine der Voraussetzungen einer intakten Republik: die funktionierende Öffentlichkeit, in der zumindest der Theorie nach rational und demokratisch die allgemeinen Belange diskutiert und, statt bloß Behauptungen aufzustellen, Argumente ausgetauscht werden. An die Stelle der Debatte tritt die Show, ein Kasperletheater.

Die Medien, die seine Fälschungen ans Tageslicht bringen, verunglimpft Donald Trump einfach selber als «Fake-News-Medien»: Da er die Fakten nicht bestreiten kann oder will, muss er die Glaubwürdigkeit derer, die ihm Irreführung und Unwahrheit nachweisen, erschüttern. Fernsehsender und insbesondere große Zeitungen wie die «Washington Post» und die «New York Times» werden als Sprachrohr des liberalen Establishments verdammt, das die einfachen Leute seit Jahrzehnten belüge. «You are fake news!», ruft Trump unliebsamen Journalisten zu und twittert, das Ressentiment gegen «die da oben» ausnutzend: «Die Fake-News-Medien sind nicht mein Feind, sie sind der Feind des amerikanischen Volkes!»

Es scheint egal zu sein, ob eine Aussage zutrifft oder nicht, wenn es nur der eigenen Stimmung und Weltsicht – der gefühlten Wahrheit – entspricht. «Fake News, Leute! Fake News der ‹New York Times›!», rief ein fröhlicher Trump am 26. Januar 2018 den Reportern beim Weltwirtschaftsforum in Davos zu, obwohl selbst sein Haussender Fox News die Meldung der «New York Times» (sowie der «Washington Post») hatte bestätigen müssen: dass Trump im Juni 2017 die Entlassung des Sonderermittlers Robert Mueller angeordnet hatte, der den dubiosen Russlandverbindungen Trumps und seines Teams nachging. Der Präsident hatte stets bestritten, an Muellers Rauswurf auch nur zu denken und die Justiz bei der Aufklärung zu behindern. Nun war herausgekommen, dass der Rechtsberater des Weißen Hauses, Donald McGahn, erst in letzter Minute durch Androhung seines Rücktritts die Abberufung verhindert hatte, die einen Übergriff der Exekutive auf die Legislative bedeutet und die Gewaltenteilung, die Grundlage jedes bürgerlichen Rechtsstaates, missachtet hätte.

Innerhalb eines Amtsjahres kam Donald Trump, wie die «Washington Post» zum ersten Dienstjubiläum im Januar 2018 nachzählte, auf über 2000 «falsche oder irreführende Behauptungen». Als Retourkutsche verlieh der Präsident am 17. Januar 2018 der «Washington Post» ebenso wie dem «Time Magazine» und «Newsweek» den eigens geschaffenen «Fake News Award» für falsche Berichte; allerdings kamen sie noch glimpflich weg verglichen mit CNN, der «New York Times» und «ABC News», die die ersten drei Plätze in seiner über Twitter an 42 Millionen Follower weitergereichten Rangliste belegten.

Der Kolumnist der «New York Times» Bret Stephens schrieb in einer Analyse: «Der Präsident beantwortet den durch Fakten aufgeworfenen Widerspruch nicht dadurch, dass er die Fakten bestreitet. Er bestreitet vielmehr, dass Fakten bei der Bewertung der Frage überhaupt eine Rolle spielen sollten.» Was stattdessen eine Rolle spielt, sind für die einen die Emotionen, die Trump öffentlich befriedigt. Für die anderen sind es handfeste Interessen, die offen oder verdeckt verfolgt werden, die einer reichen Oberschicht und ganz persönliche. Diese Interessen gilt es durchzusetzen, wobei der Zweck die Mittel heiligt. Trump twittert: «Sorry Leute, aber wenn ich mich auf die Fake News von CNN, NBC, ABC, CBS, washpost oder nytimes verlassen hätte, hätte ich NULL Chancen gehabt, WH [das Weiße Haus, P. K.] zu erobern.» Der Milliardär Trump ist Geschäftsmann und agiert als Politiker entsprechend. Wer Geschäfte machen will, muss die eigene Verhandlungsposition stärken: Recht hat nicht, wer mit der Wahrheit konform geht, sondern wer sich durchsetzt. Bluffen, Tricksen und Täuschen gehören dazu.

Bei Trump kommt ein starker Geltungsdrang hinzu. Der verleitet ihn auch außerhalb der Politik, die Wahrheit zurechtzubiegen. Der Trump Tower in New York hat offiziell 68 Stockwerke; in Wirklichkeit sind es 58. Ein Trump gewidmetes Titelbild des «Time»-Magazins vom 1. März 2009 hing bis Anfang 2017 in Trumps Golfclub in Florida (und in drei weiteren). Es gab jedoch an diesem Tag keine Ausgabe von «Time» und nie ein solches Cover – es war ein Fake.

Es sind offenbar «postfaktische Zeiten», in denen Realität und Einbildung durcheinandergehen, das Wunschdenken über die Tatsachen siegt und Fake News zur Wahrheit werden. Donald Trumps Präsidentschaft ist kaum deren Ursache, und es griffe zu kurz, den Präsidenten als Kindskopf, Narzissten und Neurotiker zu lästern; ebenso wäre es einigermaßen platt, von ihm pauschal auf eine infantil, narzisstisch und neurotisch gewordene US-Gesellschaft zu schließen, die in Trump ihren passenden Repräsentanten gewählt habe. Jedenfalls sollte man auch tiefer anzusiedelnde Ursachen ins Kalkül ziehen und soziale, ökonomische und kulturelle Entwicklungen bedenken: beispielsweise eine verarmte weiße Unterschicht und eine um ihren Wohlstand und ihre Sicherheit besorgte Mittelschicht. In diesen Milieus spüren viele, dass sie ihr Schicksal nicht in der Hand haben, und fühlen sich fremden Mächten ausgeliefert, als deren Sprachrohr die liberalen Medien ausgemacht werden. Infolgedessen verklären die in jenen Schichten zu verortenden Verlierer der Globalisierung eine scheinbar heile Vergangenheit, in der sie ihr sicheres Auskommen hatten und optimistisch in die Zukunft schauen konnten – eine Zeit, in der Gefühl und Wirklichkeit noch zusammenpassten. Die Wirklichkeit aber hat sich verändert: Also muss sie Fake News sein.

Rettung verheißt politisch wie ökonomisch der nationalkonservative Weiße Donald Trump. Er ist die leibhaftige Verkörperung des rücksichtslos nach Gewinn strebenden und wegen seines Erfolges beneideten Geschäftsmanns, der das Ideal einer Gesellschaft ist, in der stärker als in anderen Ländern jedes Individuum ganz allein seines Glückes oder Unglückes Schmied ist. Zwar macht Trump als Politiker so wenig Politik für die breite Masse, wie er als Kapitalist für sie Kasse macht (statt für sich selbst), aber dem Illusionskünstler gelingt ein weiteres Fake-Kunststück: der Bevölkerung weiszumachen, es falle für die Armen etwas ab, wenn man den Reichen mehr gibt.

Eine Rolle spielen vielleicht auch – Stichwort Kunst der Illusion – Religion sowie Film und Fernsehen, die die populäre Kultur stärker als in anderen westlichen Ländern prägen. Die Religion siedelt per se in höheren Sphären jenseits der empirischen Wirklichkeit, und ohnehin kann der Glaube jedes Wissen ersetzen. Das Fernsehen zeigt eine eigene Realität, die nicht mit der objektiven Wirklichkeit identisch ist. Der Film schließlich lässt die Menschen tief in erfundene Welten eintauchen, die durch ihre Sichtbarkeit suggestiv wirken, zumal die Grenze zwischen Spielfilm und Dokumentation im Laufe der letzten Jahre aufgeweicht wurde.

Doch letztlich – «it's the economy, stupid!» – dürfte der Hauptanteil an der aktuellen Entwicklung der Wirtschaft zukommen. Trump repräsentiert eine kapitalistische Ökonomie, die außer zum Geld keine ausreichende, geschweige denn eine umfassende Beziehung zur Realität mehr hat. Was zählt, sind der Profit, die Dividende, der Erfolg – was aber wirklich richtig und falsch ist, ist wurscht.

«Ich gebe Ihnen mein Ehrenwort»

Stefan Zweig fand ein treffendes Bild für eine Binsenweisheit: «Wahrhaftigkeit und Politik wohnen selten unter einem Dach», heißt es in seinem Porträt der unglücklichen Königin Marie-Antoinette. Der wäre ein Einfaltspinsel, der glaubt, dass es bei «denen da oben» alleweil mit rechten Dingen zugeht, wenn es doch Interessen durchzusetzen gilt, Geld und Einfluss auf dem Spiel stehen, eine wichtige Position zu besetzen, Macht zu erlangen und zu behalten ist. Da sind Politiker nicht anders als Hinz und Kunz, sie sind auch in dieser Hinsicht Volksvertreter. Nur sind sie als solche eben keine Privatpersonen, sondern sollten für die Belange der Allgemeinheit, für das wie auch immer zu verstehende Gemeinwohl stehen.

• Ob man im Dienst dieses ominösen Gemeinwohls die Unwahrheit sagen darf, ist die Frage. Am 15. September 2008 – die
Weltfinanzkrise hatte nach dem Zusammenbruch der US-amerikanischen Investmentbank Lehman Brothers ihren ersten Höhepunkt erreicht – traten Kanzlerin Angela Merkel und Finanz-
minister Peer Steinbrück vor die Presse und gaben namens der
Bundesregierung ein Versprechen: «Wir sagen den Sparern und
Sparerinnen, dass ihre Einlagen sicher sind.»

Das war eine Notlüge: Wenn es zum Äußersten gekommen
wäre, hätte angesichts von vier Billionen Euro Spareinlagen die
Garantie nicht eingelöst werden können. Merkel und Steinbrück
wollten mit ihrer Zusicherung die Bankkunden abhalten, ihr
Guthaben abzuziehen; genau das hatte begonnen, die 200- und
500-Euro-Scheine waren bereits knapp geworden. Die Banken
hätten pleitegehen und der Interbankenmarkt zum Erliegen kommen können. Letzterer sollte stabilisiert werden, damit die Geschäfte der Geldhäuser untereinander fortgeführt werden könnten und der drohende Kollaps der deutschen Hypo Real Estate
verhindert würde, die sich auf dem US-Immobilienmarkt ver-
spekuliert hatte. (Ein Jahr später musste sie dennoch verstaatlicht
werden, nachdem die öffentliche Hand 130 Milliarden Euro an
Beihilfen und Bürgschaften eingesetzt hatte.)

Merkel und Steinbrück sahen einen Grund, die Öffentlichkeit
zu beschwindeln: Sie wollten den Zusammenbruch des Finanz-
systems abwenden, der womöglich die Weltwirtschaft in den Abgrund gerissen hätte; auf jeden Fall wollten sie Zeit gewinnen. Ob
das wirklich im Interesse der Allgemeinheit lag oder die Welt
nicht besser gefahren wäre, wenn das globale Finanz- und Wirt-
schaftssystem grundlegend hätte reformiert werden müssen? Aber
Merkel und Steinbrück waren nicht gewählt worden, um Alternativen zu ersinnen, sondern um den Status quo zu bewahren und
nach dem Motto «weiter so» zu regieren.

• «Niemand hat je bezweifelt, dass es um die Wahrheit in der
Politik schlecht bestellt ist, niemand hat je die Wahrhaftigkeit zu

den politischen Tugenden gerechnet. Lügen scheint zum Hand-
werk nicht nur der Demagogen, sondern auch des Politikers und
sogar des Staatsmannes zu gehören», befand Hannah Arendt in ihrem Essay «Wahrheit und Politik» von 1964. Das heißt nicht, dass
Politiker ständig die Unwahrheit sagen; aber die einen tun es öfter
als die anderen. Eine Mitte 2016 von der Kölner Journalisten-
schule vorgenommene Analyse der Redebeiträge von Politikern in
vier Talkrunden ergab, dass die damalige AfD-Vorsitzende Frauke
Petry es mit der Wahrheit am wenigsten genau nahm: Gut ein
Viertel, nämlich 26,3% ihrer Einlassungen waren Falschaus-
sagen – peinlich für die Vertreterin einer Partei, deren Mitglieder
und Anhänger die Medien als «Lügenpresse» verunglimpfen. Bei
Katrin Göring-Eckardt (Grüne) und Katja Kipping (Die Linke)
belief sich der Anteil auf 15,9% und bei Thomas Oppermann
(SPD) auf 9%, während von Armin Laschets (CDU) Meinungs-
äußerungen nur 6,5% inkorrekt waren.

Die Sache hatte noch ein Nachspiel: Petry protestierte gegen
die Auswertung und benannte zehn Aussagen, die ihr in der Untersuchung als «nicht belegt» oder «nicht nachprüfbar» und damit
«als falsch angelastet» worden wären. Das war selber falsch, weil
nicht belegte oder nicht nachprüfbare Behauptungen in der Auswertung unberücksichtigt geblieben waren.

• In einer Diskussion, in der man aus dem Stegreif argumen-
tiert, kann es passieren, dass man ungenaue Angaben macht, Zahlen verwechselt oder sich falsch erinnert. Es muss keine böse Absicht dahinterstecken. Wenn falsche Tatsachenbehauptungen zur
Gewohnheit werden, sieht das anders aus. Anders sieht es auch
im Fall einer vorbereiteten Rede aus. In den Zitatenschatz eingegangen ist Uwe Barschels am 18. September 1987 auf einer Pressekonferenz gegebenes «Ehrenwort, ich wiederhole: mein Ehrenwort», mit dem der schleswig-holsteinische Ministerpräsident
abstritt, Auftraggeber der gegen seinen SPD-Konkurrenten Björn
Engholm angezettelten Machenschaften – Bespitzelung, Verleum-
dung und eine anonyme Anzeige wegen Steuerhinterziehung –

zu sein. Um den genauen Wortlaut zu zitieren: «Über diese Ihnen gleich vorzulegenden eidesstattlichen Versicherungen hinaus
gebe ich Ihnen, gebe ich den Bürgerinnen und Bürgern des
Landes Schleswig-Holstein und der gesamten deutschen Öffentlichkeit mein Ehrenwort – ich wiederhole: Ich gebe Ihnen mein
Ehrenwort! –, dass die gegen mich erhobenen Vorwürfe haltlos
sind.»
• Ebenso in Erinnerung geblieben ist die «Spiegel»-Affäre.
Wegen angeblichen Landesverrats wurden am 26. Oktober 1962
die Redaktionsräume des «Spiegel» durchsucht, der Herausgeber
Rudolf Augstein verhaftet und Conrad Ahlers – Autor des inkriminierten, am 10. Oktober erschienenen Artikels über die Bundeswehr (Titel: «Bedingt abwehrbereit») – in Spanien festgenommen. Verteidigungsminister Franz Josef Strauß leugnete seine
Beteiligung an der Polizeiaktion. Am 30. Oktober sagte er im Interview mit der Frankfurter «Abendpost»: «Ich darf sagen, daß
ich persönlich oder die Leitung dieses Hauses [des Bundesverteidigungsministeriums, P. K.] mit der Ingangsetzung dieser Aktion gar nichts zu tun haben.» Dem Nürnberger «8-Uhr-Blatt»
beschied er am 3. November im selben Sinne: «Ich habe mit der
Sache nichts zu tun. Im wahrsten Sinne des Wortes nichts zu
tun.» Schließlich insistierte er auch am 9. November im Bundestag, er habe «mit diesem ganzen Verfahren nichts, rein gar nichts
zu tun.»
Doch das Gegenteil war der Fall, Strauß hatte die Ermittlungen sogar am Justizminister Wolfgang Stammberger (FDP) vorbei
betrieben und Ahlers' Verhaftung persönlich angeordnet. Als die
Wahrheit ans Licht kam, musste Strauß am 30. November 1962
seinen Hut nehmen.
Anders als im Fall Strauß ist die Barschel-Affäre bis heute nicht
restlos geklärt. Es bleibt die Möglichkeit, dass die ruchlosen Aktionen gegen den Rivalen Engholm an Barschel vorbei von seinem
Pressemann fürs Grobe, Reiner Pfeiffer, betrieben wurden. Verantwortung abzuschieben, ist allerdings ein übliches Verfahren.

• Zum Beispiel hielt auf dem 2016 in Cleveland abgehalte-
nen Nominierungsparteitag der Republikaner, auf dem Donald
Trump zum Präsidentschaftskandidaten gewählt wurde, seine
Ehefrau Melania am 19. Juli eine Rede, in der sie ihren eher als
Raubein bekannten Mann als sanftmütig und fürsorglich beschrieb und auf sich selbst zu sprechen kam: Ihre Eltern hätten
ihr schon früh vermittelt, «dass man hart für das arbeiten muss,
was man im Leben erreichen will, und dass man sein Wort halten
muss, dass man tut, was man sagt, und seine Versprechen halten muss, dass man Menschen mit Respekt behandelt. Sie brachten mir Werte und Moral bei und bewiesen sie in ihrem täglichen
Leben.»

Dasselbe hatte bereits Michelle Obama, die Gattin des noch
amtierenden Präsidenten, am 25. August 2008 auf dem damaligen Nominierungsparteitag der Demokraten in Denver gesagt:
«Barack und ich wuchsen mit vielen gleichen Werten auf», insbesondere «dass man hart für das arbeiten muss, was man im Leben
erreichen will, und dass man sein Wort halten muss, dass man tut,
was man sagt, dass man Leute mit Würde und Respekt behandelt,
auch, wenn man sie nicht kennt, und auch, wenn man nicht gleicher Meinung mit ihnen ist.»

Michelle Obama führte an anderer Stelle ihrer Rede aus, sie und
ihr Mann wollten diese Werte «an die nächste Generation weitergeben, weil wir wollen, dass unsere Kinder – und alle Kinder in
diesem Land – wissen, dass die einzige Grenze für die Größe der
Erfolge die Reichweite unserer Träume ist und die Bereitschaft,
hart für sie zu arbeiten.» Auch diese Passage fand sich in Melania
Trumps Rede wieder: «Wir müssen diese Werte an die vielen Generationen, die folgen, weitergeben, weil wir wollen, dass unsere
Kinder in diesem Land wissen, dass die einzige Grenze unserer
Leistungen die Kraft unserer Träume ist und die Bereitschaft, für
sie zu arbeiten.»

Zunächst stritt Donald Trumps Wahlkampfteam ab, bei der
Ehefrau seines Erzfeindes Obama abgekupfert zu haben; Frau

Trump behauptete, ihre Rede selbst geschrieben und lediglich «ein bisschen Hilfe» erhalten zu haben. Am Ende, als sich das Plagiat nicht mehr leugnen ließ, wurde einer Mitarbeiterin alle Schuld in die Schuhe geschoben.

• Wer spricht, wenn ein Politiker redet? Man weiß, dass sie sich Journalisten halten, die ihnen zuarbeiten und Reden schreiben. Weniger bekannt dürfte sein, dass auch der Große Vorsitzende Mao Zedong, der als wichtiger Theoretiker und Erneuerer des Marxismus-Leninismus galt, sich seine Gedanken nicht unbedingt selber machte: Nur 220 seiner 470 Reden stammen von ihm selbst, nur zwölf der unter seinem Namen veröffentlichten über 100 Schriften soll er selbst verfasst haben. Vielmehr war es ein Kollektiv unter Leitung von Maos Sekretär Tschen Po-ta, das die «Mao-Zedong-Ideen» hatte, entwickelte oder zumindest ausformulierte.

• Ob Bundespräsident Richard von Weizsäcker nun selbst schrieb oder schreiben ließ: Fest steht, dass sein am 9. Oktober 1985 auf zwei Seiten in der «taz» abgedruckter Buchmessenbeitrag aus Versatzstücken seiner Schriften und Reden montiert war. Unter der Überschrift «Das Ziel ist der Mensch» war alles an humanistischem Bildungsgut, wohlgemeinten Platitüden über Mensch und Welt sowie Tiefsinn à la «Wer auf der Autobahn immer links fährt, ist früher am Ziel seiner Kräfte und betrogen um den Gebrauch seiner Gaben» versammelt, was «Häuptling Silberlocke» populär machte. Weizsäcker selbst fiel auf das echte Fake herein. Als er bei seinem Messerundgang zum «taz»-Stand kam, baten ihn seine Kompilatoren Mathias Bröckers und Helmut Höge um ein Autogramm. Weizsäcker überflog den Artikel, stutzte: «Die Überschrift ist nicht von mir» – und mit den sehr wahren Worten: «Aber die Redaktionen machen ja sowieso, was sie wollen», setzte er seine Unterschrift drauf.

• Er machte auch, was er wollte: Bill Clinton. «Ich hatte keine sexuellen Beziehungen mit dieser Frau, Miss Lewinsky», betonte der Präsident der USA auf einer eigens einberufenen Pressekonfe-

renz am 26. Januar 1998, um die Gerüchte über eine Affäre mit
Monica Lewinsky zu zerstreuen, die 1995 als Praktikantin im Weißen Haus gearbeitet hatte.

Monica Lewinsky konnte jedoch ein Kleid vorweisen, das ihren Worten zufolge mit dem Ejakulat des 42. Präsidenten der Vereinigten Staaten von Amerika befleckt war. Sie war nach ihrer
Hospitanz im Weißen Haus im Pentagon eingestellt worden und
hatte die Trophäe auf Anraten einer Kollegin namens Linda Tripp
aufbewahrt, der gegenüber sie vom Oralverkehr mit dem mäch-
tigsten Mann der Welt geprahlt hatte.

Steif und fest leugnete hingegen Bill Clinton die Fellatio, obwohl er bereits eine Blutprobe hatte abgeben müssen. Auch vor
der Grand Jury – einem Gremium ausgewählter Bürger, das über
die Einleitung eines Gerichtsverfahrens entscheidet – hatte er
geschworen, kein Verhältnis mit der Praktikantin gehabt zu haben. Erst als in der hochnotpeinlichen Affäre eine genetische Untersuchung der Rückstände auf dem Kleidungsstück angeordnet
wurde, gab er klein bei und gestand, eine «unangemessene» Beziehung mit Monica Lewinsky unterhalten zu haben.

Die Republikaner, die mithilfe dieser Geschichte den Demokraten Clinton aus dem Amt jagen wollten, erreichten ihr Ziel gleichwohl nicht: Der reuige Sünder, der gesteht und Besserung gelobt,
trifft in Amerika traditionell auf Sympathie. Das Repräsentantenhaus leitete zwar ein Amtsenthebungsverfahren wegen Meineids
und Strafvereitelung ein, weil Clinton unter Eid das Verhältnis
mit seiner Praktikantin geleugnet hatte, doch im Senat kam in
21-tägiger Debatte keine Mehrheit zustande: Am 12. Februar 1999
war das Impeachment gescheitert. Ungeschoren kam Clinton
freilich nicht davon. Nach Ende seiner Amtszeit wurde ihm wegen Missachtung des Gerichts die Zulassung als Anwalt für fünf
Jahre entzogen und ein Bußgeld von 90 000 Dollar aufgebrummt.

• Hohes Ansehen nicht nur im eigenen Land, sondern auch
international zu genießen, ist für einen Staatsmann wichtig. Eine
originelle Praxis legte zu diesem Zweck Rumäniens Staats- und

Parteichef, der Conducator Nicolae Ceauşescu, an den Tag: Wenn er Geburtstag hatte, ließ er gefälschte Glückwunschtelegramme ausländischer Staatsoberhäupter veröffentlichen.

• Nicht nur das Tun und Reden von Politikern kann gefakt sein. Der Politiker selbst kann ein Fake sein, nämlich schlichtweg nicht existieren wie Werner Jock. Die Elternpartei ernannte ihn erst zum Pressesprecher und 2007 zu ihrem Vorsitzenden und konnte dies der Bundestagsverwaltung in Rechenschaftsberichten glaubhaft machen. Mit seinem Namen wurden Spendenquittungen unterschrieben, um Geld aus der staatlichen Parteienfinanzierung, deren Höhe sich nach den Einnahmen der Partei richtet, zu erhalten. 2009 stellte sich heraus, dass alles Lug und Trug war: Jock und weitere Mitglieder waren erfunden worden, um fiktive Spenden zwischen Mitglieder- und Parteikonten hin- und herzuschieben und eine sechsstellige Summe aus dem öffentlichen Fördertopf zu ergaunern. Parteigründer Dieter Gohlke, der brandenburgische Landesvorsitzende Brian Utting und die Schatzmeisterin Manuela Berlich, die alle drei wirklich existieren, fanden gnädige Richter, weil sie das Geld nicht privat verwendet hatten und nach Aufdeckung ihres Schwindels fast vollständig an die Staatskasse zurückzahlen konnten. Sie kamen mit Geld- und Bewährungsstrafen davon.

Der Doppelgänger

Eine Sensation meldete die türkische Zeitung «Hürriyet» am 13. Dezember 2013 auf der Titelseite ihrer Europaausgabe: Der neue deutsche Minister für Entwicklungshilfe war der Fußballer Gerd Müller, «geboren 1945, früher Star der deutschen Nationalmannschaft und von Bayern München», der «Torschützenkönig der Nationalmannschaft»!

In Wirklichkeit hatte Teamchefin Angela Merkel nicht den

weltberühmten Mittelstürmer in ihr neues Kabinett berufen, sondern den 1955 geborenen CSU-Politiker Gerhard Müller. Zwar war auch er Schwabe wie sein Namensvetter, aber statt beim FC Bayern hatte er sein Leben in der Politik zugebracht. Zuletzt Parlamentarischer Staatssekretär in Diensten des Bundesministeriums für Landwirtschaft und Ernährung, war er der Kanzlerin von ihrem bayerischen Talentscout Horst Seehofer für den Kader der neuen Saison 2013/17 empfohlen worden.

92 Prozent Zustimmung sind zu wenig

Dass sich knapp 85% der Bürger an einer Wahl beteiligen, hätte man als Erfolg werten können; die Beteiligung an Bundestagswahlen ist geringer. Dass 92 Prozent der Wähler für die staatstragenden Blockparteien votierten, hätte die Führung ebenfalls zufrieden stimmen können. Doch dem war nicht so, sie wollte mehr. Am Abend des 7. Mai 1989 verkündete Egon Krenz als Vorsitzender der Wahlkommission in den Spätnachrichten des DDR-Fernsehens das Ergebnis der Kommunalwahl: Bei einer Wahlbeteiligung von 98,77 Prozent habe die Einheitsliste der Nationalen Front 98,95 Prozent der Stimmen erhalten.

Für DDR-Verhältnisse war selbst dieses Ergebnis eine kleine Überraschung: 1,15 Prozent Gegenstimmen bedeuteten 142 000 Abweichler, so viele wie nie. In 40 Jahren DDR war die Marke von 99 Prozent Zustimmung zuvor nicht unterschritten worden. In Anbetracht der wachsenden Unzufriedenheit in der Bevölkerung, die mit Blick auf Gorbatschows Politik in der Sowjetunion – Schlagworte: Perestrojka und Glasnost – auch in der DDR auf Reformen drängte, sah sich die Staatsführung zu einem minimalen Zugeständnis genötigt.

Die Lage beruhigen konnte sie damit nicht. An vielen Orten im Land hatten Abgesandte von Bürgerkomitees die öffentliche

Auszählung der Stimmen beobachtet und eigene Strichlisten geführt. Im Berliner Bezirk Weißensee beispielsweise waren sie in 66 der 67 Wahllokale zugegen. Sie notierten 25 797 Ja- und 2261 Nein-Stimmen und staunten nicht schlecht, als sie am nächsten Tag im «Neuen Deutschland» das amtliche Ergebnis erfuhren: 42 007 Stimmen und damit 15 000 mehr für die Einheitsliste, obwohl nur ein Wahllokal fehlte; andererseits nur 1011 Stimmen gegen sie.

Republikweit errechneten die unabhängigen Wahlbeobachter von Gruppen wie Friedenskreis Weißensee, Grünes Netzwerk Arche oder Offene Arbeit Weimar eine Wahlbeteiligung von weniger als 85% und einen Anteil von 7 bis 8 Prozent Neinstimmen. Die Bürgerrechtler stellten insgesamt 84 Strafanzeigen wegen Wahlfälschung. Die Ermittlungen der Staatsanwaltschaften blieben jedoch ohne Ergebnis. Karl-Heinrich Borchert gab als Erster Stellvertreter des Generalstaatsanwalts der DDR am 19. Mai 1989 den örtlichen Behörden die Marschroute vor: «Anzeigen sind ohne Kommentar entgegenzunehmen. Nach Ablauf der vorgesehenen Fristen für die Anzeigenbearbeitung ist von den jeweils zuständigen Organen zu antworten, dass keine Anhaltspunkte für den Verdacht einer Straftat vorliegen.»

Die Untätigkeit der staatlichen Stellen schürte den Unmut – die Folgen sind Geschichte.

Gemeinheiten bei der Gemeindewahl

Bei Wahlfälschungen denkt man an Diktaturen oder autoritäre, halbdemokratische Staaten wie Russland. Doch manipulierte Wahlen gibt es auch in der Bundesrepublik Deutschland.

• So wurden beispielsweise 2014 die Kommunalwahlen im niederbayerischen Geiselhöring zugunsten der CSU gefälscht. Bis zu jenem Jahr hatte sie dort nicht regiert. Doch diesmal eroberte sie mit elf von 20 Sitzen die Mehrheit im Stadtrat, und der christ-soziale Kandidat Herbert Lichtinger löste Bernhard Krempl von den Freien Wählern als Bürgermeister ab.

Es war allerdings eine merkwürdige Wahl: Knapp 500 polni-sche und rumänische Spargelerntehelfer waren kurz vor der Wahl als EU-Bürger gemeldet worden. 465 gaben ihre Stimme ab, da-von 460 per Briefwahl. Erstaunlicherweise kannten sie sich mit dem komplizierten, auf Kumulieren und Panaschieren beruhen-den Wahlsystem aus und häufelten nahezu alle Stimmen auf fünf CSU-Kandidaten: auf ihre Chefin, die Großbäuerin Rose-Marie Baumann, auf deren Cousin, auf eine Mitarbeiterin ihres Be-triebs, außerdem auf den Freund ihrer Tochter sowie auf Herbert Lichtinger. Ungewöhnlich außerdem: Die Häuser, die die Ernte-helfer angeblich bewohnten, standen leer und hatten nicht einmal einen Briefkasten für die Wahlunterlagen. Die Krönung: Die Briefwahlstimmzettel waren, so ein Schriftgutachten des Landes-kriminalamtes, von höchstens fünf Personen ausgefüllt worden, die wiederum auf 433 der 460 Zettel ein und denselben Stift be-nutzt hatten. Nebenbei stellte sich heraus, dass 85 Erntehelfer überhaupt nicht wahlberechtigt waren, weil EU-Staatsbürger min-destens drei Monate in der Gemeinde wohnen und dort ihren Le-bensmittelpunkt haben müssen.

Im Februar 2015 musste die Kommunalwahl wiederholt wer-den. Rose-Marie Baumann opferte sich und trat aus der CSU aus, um den Weg für die Parteifreunde frei zu machen. Mit Erfolg: Herbert Lichtinger obsiegte klar, während die CSU im Stadtrat nur einen Sitz verlor.

• Schlimmer traf es den CDU-Stadtrat Holger Gebhardt aus Stendal. Das Landgericht verurteilte ihn im März 2017 wegen Wahlbetrugs und Urkundenfälschung in 299 Fällen zu einer Haftstrafe von zwei Jahren und sechs Monaten ohne Bewährung, weil er bei der Kommunalwahl vom 25. Mai 2014 Vollmachten für die Briefwahl gefälscht und die so erlangten fremden Wahlzettel selbst ausgefüllt hatte; eine der bevollmächtigten Personen hatte gleich 33 Briefwahlunterlagen abgeholt. Gebhardt gelang es auf diese Weise, bei der Briefwahl 689 Stimmen auf sich zu vereinen, was einem Anteil von 11,3 Prozent entsprach. In den Wahllokalen kreuzten nur 148 von rund 29 000 Bürgern seinen Namen an, was lediglich 0,5 Prozent ausmachte. Wie die auf den Plan gerufene Kriminalpolizei ermittelte, waren viele der angeblichen Vollmachtgeber beim Jobcenter registriert – Gebhardts Arbeitsstelle.

• Dass nicht nur eine Kommunal-, sondern auch eine Landtags- und sogar die Bundestagswahl über die Briefwahl manipuliert werden kann, liegt auf der Hand. Wirklichen Einfluss zu nehmen, ist wegen der viel höheren Zahl an Wahlberechtigten bedeutend schwieriger, aber nicht ausgeschlossen. Ein Wahlbüro kann nach der Stimmenauszählung falsche Daten an das Büro der Wahlkommission übermitteln. Das lässt sich am leichtesten per SMS bewerkstelligen, doch die Übermittlung des gescannten Ergebnisprotokolls im Bildformat kann ebenfalls manipuliert werden; eine Fälschung ließe sich nur nachweisen, wenn das Original in Papierform aufbewahrt wird. Außerdem können beim Zusammenzählen der Stimmen absichtlich Fehler unterlaufen und, wie gehabt, die Vollmachten für Briefwahlen und die ausgefüllten Briefwahlunterlagen falsch sein. Aber all das müsste, um signifikant die Wahl zu beeinflussen, flächendeckend erfolgen.

Ruchbar geworden ist bislang nichts. Doch im Vorfeld der Bundestagswahl 2017 forderte die Website «VoteBuddy.de» die Bundesbürger, die keine Zeit oder Lust zum Wählen haben, auf, die Briefwahlunterlagen anzufordern und einem Kumpel (englisch: Buddy) auszuhändigen, der wählen will. Was wie ein unverhohlener Aufruf zum Wahlbetrug aussah, war indes ein Scherz – die Berliner Spaßguerilla «Peng! Collective» stand hinter der Aktion.

Terror in Stade

Im September 2016 verteilte Lars Seemann, damals stellvertretender Vorsitzender der AfD Stade und von Beruf Polizist, ein Flugblatt. «Innere Sicherheit im Landkreis Stade» lautete die sarkastische Überschrift über einem Foto: Auf einer Straße holt ein schwarz gekleideter Mann mit einem Stock, an dem eine rote Flagge weht, gegen einen zu Boden gehenden Polizisten aus. Auf dem Rücken des Schwarzgekleideten prangt ein Antifa-Logo. Mittig in das Foto eingefügt war der Schriftzug «Rechtsstaat am Boden».

Es mussten schlimme Zustände in dem norddeutschen Städtchen herrschen! Indes – das Foto stammte nicht aus Stade, sondern aus Athen. Es war nicht neu, sondern wurde 2009 aufgenommen. Der schwarz gekleidete Mann trug auch kein Logo deutscher Antifaschisten auf dem Rücken – Seemann hatte es selber in das Bild kopiert. Das war nicht alles: Der Hüter des Gesetzes hatte das Originalfoto verwendet, ohne dessen Urheber Milos Bicanski um Erlaubnis zu fragen oder auch nur seinen Namen zu nennen. Bicanski bietet seine Fotos im Internet über die Bildagentur Getty Images zum kostenpflichtigen Download an, aber Seemann wollte es woanders herhaben. «Bei der bewußt eingesetzten Bilddatei handelt es sich um eine seit Jahren im Weltnetz befindliche, stark verfremdete Arbeit eines unbekannten Künstlers», versuchte der Kreisverband der AfD den Verdacht des Diebstahls zurückzuweisen und stufte die Meldung über die Fälschung als eine «von linken Presseerzeugnissen geführte Kampagne» ein. Geführt wurde sie vom «Stader Tageblatt», der «taz», dem «Stern» und dem NDR.

Frisiersalon Sebastian Kurz

Als Österreichs Bundeskanzler Sebastian Kurz noch Staatssekretär für Integration war, setzte er sich für den interreligiösen Dialog ein, um Muslime besser in die Gesellschaft zu integrieren. Er ernannte erfolgreiche Sportler, Künstler und Geschäftsleute unter den Zuwanderern zu «Integrationsbotschaftern», die er in die Schulen schickte, und verstand den Islam ausdrücklich als Teil Österreichs. Sein Leitsatz «Integration ist ein Geben und Nehmen» gab zu verstehen, dass Zuwanderung auch bereichert. Das war von 2011 bis 2013.

Dann wurde Kurz Außenminister. Und als er 2017 auf die Kanzlerschaft zustrebte, schlug er im Wahlkampf andere Töne an. Er änderte seine Meinung – und auch gleich ein paar Tatsachen.

Im Auftrag seines Ministeriums und finanziert aus Mitteln der Republik Österreich hatte der Religionspädagoge Ednan Aslan von der Universität Wien eine wissenschaftliche Studie zu islamischen Kindergärten erstellt. Im Wahlkampf bezeichnete Kurz sie als Integrationshindernis und forderte ihre Schließung. Dafür stützte er sich auf Aslans Dokument, das allerdings 903 Änderungen gegenüber der von dem Wissenschaftler gelieferten Fassung enthielt. Beamte des Ministeriums hatten nicht nur Orthografie und Interpunktion korrigiert und in einigen Fällen den Satzbau verändert, sondern wesentliche Aussagen in ihr Gegenteil verkehrt. Während im Original für die muslimischen Eltern «Werte wie Respekt, Gelassenheit, Individualität des Kindes, Hygiene, Zufriedenheit der Kinder, Pünktlichkeit, Liebe, Wärme und Geborgenheit, Selbstständigkeit und Transparenz der Regeln» wichtig waren und «Liebe, Toleranz, Weltoffenheit» obenan stehen sollten, hieß es nun: «Besonders wichtig ist ihnen, dass den Kindern islamische Werte vermittelt werden.» Der ursprünglichen Version zufolge wünschten die Eltern, dass ihr Nachwuchs in den Kindergärten «selbstständig, respektvoll und liebevoll erzogen» werde. Nun stand dort, die Eltern wollten ihre Kinder «vor dem moralischen Einfluss der Mehrheitsgesellschaft schützen». Aslan zeigte sich zunächst überrascht von den Änderungen. Ein paar Tage später, nachdem er mit dem Außenministerium gesprochen hatte, wollte er den Text selbst modifiziert haben.

In den sozialen Netzwerken wurde über den «Frisiersalon Sebastian» gewitzelt, doch die Fälschungen schadeten nicht – die «Liste Sebastian Kurz» gewann im Oktober 2017 die Wahl. Ende 2017 stand dann die Koalition seiner ÖVP mit der FPÖ. Pressesprecher des an den Koalitionspartner gefallenen Innenministeriums wurde Alexander Höferl, Miteigentümer des Verlags Unzensuriert – Verein zur Förderung der Medienvielfalt und zuvor führender Kopf in der Redaktion des Internetmediums www.unzensuriert.at. Das Portal Buzzfeed stellte fest, dass von den zehn meistgelikten Nachrichten, die zwischen 2013 und 2017 auf unzensuriert.at verbreitet wurden, jede zweite erfunden war. Es handelte sich ausschließlich um Fake News über Flüchtlinge und Asylfragen.

Ohne Hitlerbärtchen

Früher überklebte man die Wahlplakate der anderen oder malte Franz Josef Strauß ein Hitlerbärtchen an. Heute hat man feinsinnigere und originellere Mittel, die allerdings mehr Grips erfordern. Im Bundestagswahlkampf 2017 konnte man einige besichtigen.

• Die FDP setzte auf ihren Spitzenkandidaten Christian Lindner; um Themen ging es in der Einmannschau weniger. Auf Kritik konterte die Partei forsch: «Wen interessieren schon Inhalte, wenn man so ein geiler Typ ist?» So lautete einer der Tweets unter #lindnersprueche – aber diesen Hashtag hatten nicht die Liberalen, sondern die Grünen eingerichtet. Versteht sich, dass

FDP-Pressesprecher Nils Droste die Aktion moralinsauer ein «Foul der Grünen» nannte.

• Nicht ganz so leicht machte es sich die Partei für Arbeit, Rechtsstaat, Tierschutz, Eliteförderung und basisdemokratische Initiative, kurz: PARTEI, um die Anhänger der AfD hereinzulegen. Dabei bewies die Spaß- und Satirepartei Fantasie und einen langen Atem.

Die AfD hat auf Facebook so viele Fans wie keine andere Partei. Im November 2016 begannen die Satiriker, 31 Unterstützergruppen zu unterwandern. Sie erwarben nach und nach das Vertrauen der Forenmitglieder und stiegen schließlich zu Administratoren auf, die Leitungsbefugnisse haben. Am Sonntag, dem 3. September 2017, schlugen sie zu: Mit einem Mal hießen die Gruppen nicht mehr «Heimat-Liebe», sondern «Hummus-Liebe», nicht mehr «Gauland-Fangruppe», sondern «Boateng-Fangruppe», nicht mehr «Scharia – auch immer mehr in Deutschland?», sondern «Shakira – wann wieder mal in Deutschland?».

Etwa 180 000 AfD-Anhänger wurden von den Namensänderungen überrascht – und mit der Enthüllung konfrontiert, dass sie in Wirklichkeit viel weniger als 180 000 sind. «Sie werden von Robotern verarscht», hieß es in der Erklärung der Satirepartei, die darlegte, dass die AfD sogenannte Bots einsetzt: Softwareprogramme, die in sozialen Netzwerken anstelle von Menschen automatisiert und reflexhaft kurze Texte verbreiten und dadurch den Anschein erwecken, dass eine große Zahl Unterstützer hinter einer bestimmten Meinung steht. Auch Satire kann also konstruktive Aufklärung sein und auf die berühmte Frage «Wo bleibt das Positive?» antworten: Hier ist es.

• Statt der Gefolgschaft knöpfte sich ein anonym gebliebener Journalist in Ungarn gleich ihren Anführer vor. Am 24. Dezember 2016 brachte die in Székesfehérvár (früher: Stuhlweißenburg) erscheinende Zeitung «Fejér Megyei Hirlap» (Stuhlweißer Landzeitung – also die Zeitung des Komitats Fejér) ein Interview mit Regierungschef Viktor Orbán. Darin pries der Ministerpräsident

Ungarn als stabiles Land, weil die Regierung das Volk regelmäßig nach seiner Meinung befrage, und ergänzte überraschend freimütig: «Obwohl diese Meinung uns gar nicht interessiert.» Auf den maroden Zustand des Gesundheitswesens angesprochen, versprach Orbán nicht nur: «Die Löhne der Krankenschwestern werden wir 2017 und 2018 beständig anheben», sondern setzte offenherzig hinzu, dass auch die Zahl der Krankenhausleichen steigen werde. Chefredakteurin Csilla Hajnal und IT-Redakteur Ernö Klecska wurden noch an Heiligabend entlassen. Ob sie die entlarvenden Ergänzungen vorgenommen hatten oder ein Außenstehender ins Redaktionssystem eingedrungen war, war dem Oligarchen Lőrinc Mészáros egal, dem die Zeitung gehört. Er ist ein Freund Orbáns.

Söderiana

Am 16. Dezember 2017 wurde Markus Söder auf dem CSU-Parteitag in Nürnberg zum Spitzenkandidaten für die bayerische Landtagswahl 2018 gekürt. Bereits im Vorfeld hatte die Presse ausgiebig über den ehrgeizigen Politiker geschrieben und mit Kritik nicht gespart. Die «Süddeutsche Zeitung» erinnerte an seine krudesten Ideen: «Er wollte Tram-Schwarzfahrer an einen Internet-Pranger stellen, er wollte die Grünen-Fraktion im Bundestag zum Drogentest schicken, er wollte Kindern anständige Namen geben: ‹Wir haben genug Kevins. Wir brauchen wieder Klaus.›» Da es guter journalistischer Brauch ist, Informationen nicht ungeprüft zu übernehmen, sondern wenigstens mit zwei unabhängigen Quellen belegen zu können, wird die Redaktion der SZ nachgeschaut und festgestellt haben, dass ähnliche Meldungen schon 2007 im «Stern» und im März 2017 in der «tageszeitung» standen.

Hätte sie weiter nachgeforscht, wäre sie im Online-Archiv der «taz» auch auf den am 6. Januar 2004 erschienenen Beitrag «Die

Söder-Agenda» von Stefan Kuzmany gestoßen, in dem noch mehr Vorschläge des damaligen CSU-Generalsekretärs zum Besten gegeben wurden, zum Beispiel dass «die Vollmitgliedschaft der Türkei in der EU für seine Partei kein Problem» sei, «sofern mindestens zwei Drittel der Türken bereit wären, zum christlichen Glauben überzutreten». Kurz: Es war eine Satire, die die konservative Gedankenwelt Markus Söders (der dann schon am 16. März 2018 Horst Seehofers Nachfolge als bayerischer Ministerpräsident antrat) durch Überspitzung deutlich machte.

Die vierte Gewalt

Wunder über Wunder

Zeitungsenten sind älter als die Zeitung: Flugblätter und Flugschriften verbreiteten schon seit dem späten 15. Jahrhundert Tatarennachrichten. Wunderliches ereignete sich zum Beispiel 1490: Ein Einblattdruck meldete den Einwohnern Nürnbergs, bei Konstantinopel hätten vom Himmel fallende Flammen ein türkisches Feldlager vernichtet; bebildert war die Nachricht mit einer geflügelten Frauengestalt mit haarigen Löwenbeinen und zwei Schlangenschwänzen, die sich um die Fesseln eines hinter ihr stehenden Ritters winden, der drei Köpfe hat: von links nach rechts einen Halbmond, eine gekrönte Sonne und einen Stern, versehen jeweils mit menschlichen Attributen wie Augen und Nase.

Erstaunliches geschah auch im Jahr 1516: «In der romer land hatt ein mutter pferd ein hasen bracht / an stat eines jungen fuls»; das zugehörige Bild zeigt eine Stute mit einem Häschen unter sich statt eines Füllens. Nicht im Römerland, sondern in einem Wald bei Salzburg geschah 1531 dies: «Im m d xxxi Jar ist zu salzburg von des bischoffs waidleutten ain wunderbarlich thier gefangen worden in dem holtz / das gantz graw vnnd haarig gewesen ist / mitt einem bartigen menschen kopff / mit vier fuessen vnd scharpfe claen [Klauen] das hat ge hof bracht [hat man an den Hof gebracht] aber es hat weder essen noch trincken wollen vnnd sich [siechte, litt] gancz grausam».

Offensichtlich handelt es sich um Nachrichten, die mehr Fantasie als Realität enthalten. Ein wahrer Kern mag gleichwohl in ihnen stecken: die Beobachtung von Missgeburten vielleicht; und bei der erstgenannten womöglich ein höchst ungewöhnliches Wetterphänomen, nämlich das im südlichen Europa sensationelle Schauspiel von Nordlichtern, das in einem Biwak für Angst und Schrecken gesorgt haben mochte. Der Bericht wird dann auf dem langen Weg nach Mitteleuropa verfälscht und zum Schluss vom Illustrator fantasievoll ausgeschmückt worden sein.

Der Text des Flugblatts von 1490 hat noch keine Überschrift. Das ändert sich im 16. Jahrhundert, als diese frühen Vertreter des Pressewesens die Kennzeichen der späteren Zeitung ausformen: fette Schlagzeile, großes Bild und darunter der Text. «Ein wunderbarlich und warhafft geschehen Wunderwerck» verkündet ein Flugblatt von 1547 über einem Holzschnitt im Querformat, der die ganze Seitenbreite einnimmt, und bringt darunter die Nachricht von einem Getreideregen in Kärnten.

Im 16. Jahrhundert wurden Schilderungen derlei schröcklicher Naturphänomene auch in Büchern gesammelt. Eines von ihnen war das 1552 in Augsburg gedruckte «Wunderzeichenbuch», das in Bild und Wort, angefangen bei der alttestamentlichen Überlieferung und endend in der unmittelbaren Gegenwart, von Kometen, Nebensonnen, Finsternissen, Unwettern, Erdbeben, Missgeburten und noch anderen Unglücken und Katastrophen berichtet. Nicht immer ist klar zu entscheiden, ob und inwiefern eine Falschmeldung vorliegt. Keine Ente könnte die nüchtern gehaltene und zutreffend bebilderte Nachricht von der in Rickatshofen bei Lindau gefundenen Taube mit zwei Hinterleibern sein: «Nach Cristy geburt 1550 Jar ist ain solchen Tauben / gefunden worden / Jn ainem dorff haißt Rickennshoffen bey Linden gelegen / wie hie gemalt ist / mitt.4. fussen Vnnd zwayen hindern».

Dass dieses Kompendium in Augsburg gedruckt wurde, war kein Zufall. Die Stadt unterhielt schon in der frühen Neuzeit weitgespannte Handelsbeziehungen, die sich über Europa bis nach

Übersee erstreckten. Bescheid zu wissen über ökonomische, politische und militärische Entwicklungen, war für das Geschäft unabdingbar. Ein Korrespondentennetz versorgte die Stammhäuser mit den notwendigen Informationen und lieferte auch «soft news» von «human interest».

Einerseits zeugt das «Wunderzeichenbuch» von einem neuen Verständnis von Gott und der Welt, wie es seit der Renaissance im Entstehen begriffen war. War im Mittelalter das irdische Sein bedeutsam nur als Ausdruck einer verborgenen christlichen Wahrheit, so wurde nun die Wirklichkeit an sich, das sinnlich wahrnehmbare und erfahrene Dasein wichtig. Um Handel zu treiben, Geschäfte zu machen, fremde Märkte in fernen Ländern zu erobern, musste man über die Realität im Bilde sein. Man brauchte Nachrichten, in der Sprache der Zeit: die «Zeitung» über die Zustände anderswo.

Die nüchtern denkenden Kaufleute standen auf der einen Seite. Andererseits suchte inmitten dieser neuen, auf Gelderwerb ausgerichteten Gegenwart eine noch im mittelalterlichen Weltbild befangene, religiös aufgeregte Bevölkerung nach Zeichen des göttlichen Zorns über diese diesseitig denkenden, verkommenen Menschen und Zeiten – wovon das «Wunderzeichenbuch» ebenfalls zeugt. Deshalb wurde den außergewöhnlichen Ereignissen eine Meinung beigeschrieben, die willkürlich und unlogisch, aber religiös motiviert ist wie in dieser Bildunterschrift: «Im m cccli iar [1351] nach christi gepurt / in dem monat decembris / ward gegen mitternacht / ein comnet an dem himel gesehen / darnach gros windt vnd man sahe ain feurigen palcken vom himel fallen / das / dan gros vnainigkait: zwischen dem babst vnnd kaisser angezaigt hatt».

Ob solche nach dem Maßstab des gesunden Menschenverstandes falschen Folgerungen und Standpunkte als Fake gelten dürfen? Sicher ist, dass, sieht man von diesen angehängten Meinungen ab, viele der Nachrichten selbst, die auf Flugblättern und Flugschriften sowie in Sammelbänden wie dem Augsburger

«Wunderzeichenbuch» verbreitet wurden, als Falschmeldungen zu betrachten sind – dass sie damals für wahr gehalten worden sein mögen, steht dem so wenig entgegen wie im Fall heutiger Fake News.

Ein toller Hecht

«Erdbeben zerreißt Chicago» lautete die Schlagzeile der «Chicago Daily News» über dem vier Spalten breiten Foto eines Risses im Erdreich von Lincoln Parc, einem Stadtteil am Lake Michigan. Der Text darunter berichtete, dass Zeugen zufolge das Geschirr in den Schränken geklirrt habe und sie selbst von den Erschütterungen zu Boden geworfen worden seien.

Die «Daily News» brachten diese sensationelle Meldung exklusiv in der Metropole an den Großen Seen und machten Auflage, während die Konkurrenz sich die Augen rieb und fragen mochte, warum sie von diesem Ereignis nichts mitbekommen hatte. Das konnte sie auch nicht, denn das Ganze war ein Fake: Zwei Stunden lang hatten der Reporter Ben Hecht und ein Bildjournalist im Erdreich gewühlt, um einen tiefen Graben zu buddeln und ein Foto zu schießen.

1910 war der damals 16-jährige Ben Hecht in die Redaktion des «Chicago Daily Journal» eingetreten und mit 20 zu den «Chicago Daily News» gewechselt. Wenn Flaute herrschte und keine richtige Story aufzutreiben war, half er nach. Bis 1925 ging das gut. Dann trat er ins Fettnäpfchen: Er schrieb über eine rumänische Prinzessin, die mit ihrem Geliebten nach Amerika geflohen sei, um nicht den Mann heiraten zu müssen, den das Königshaus für sie vorgesehen hatte. Nun arbeite sie in einem griechischen Restaurant als Kellnerin. Die beigefügten Fotos zeigten eine schöne, glückliche Frau.

Dumm nur, dass diese Frau, die der Bildreporter auf der Straße aufgelesen hatte, eine ganz andere war! In seiner Autobiografie erinnerte sich Ben Hecht, dass der Verleger Mr. Eastman mit einem Exemplar seiner Zeitung in die Redaktion stürmte und brüllte: «Wer hat diese gottverdammte Hure auf die Titelseite geschanzt? Das ist Gloria Stanley! Jeder gottverdammte Ficker in Chicago kennt sie!» Mr. Eastman kannte sie, und Ben Hecht wurde gefeuert.

Nach einer Zwischenstation bei der «Chicago Literary Times» verlegte sich Ben Hecht auf die Schriftstellerei, für die Fantasie Bedingung ist. Er schrieb Kurzgeschichten, Romane und für den Broadway die erfolgreiche, mehrmals verfilmte Komödie «The Front Page» («Extrablatt»), ging nach Hollywood und verfasste Drehbücher für Klassiker wie «Monkey Business» («Die Marx Brothers auf See»), «Stagecoach» («Ringo»), «Notorious» («Berüchtigt»), «Rope» («Cocktail für eine Leiche») und «Mutiny on the Bounty» («Meuterei auf der Bounty»). Außerdem betätigte er sich als Script Doctor, der fremden Drehbüchern den letzten Schliff gab – beispielsweise dem von «Gone with the Wind» («Vom Winde verweht») –, und half Marilyn Monroe als Ghostwriter ihrer Autobiografie «My Story» («Meine Geschichte»). Ob die Storys, die Ben Hecht in seiner eigenen erzählt («Von Chicago nach Hollywood. Erinnerungen an den amerikanischen Traum»), allesamt hundertprozentig stimmen, ist heute kaum nachprüfbar.

April, April!

Die Presse ist die vierte Gewalt im Staat. Aufmerksam und kritisch, wahrhaftig und unbestechlich begleiten die Journalisten das politische, wirtschaftliche und soziale Leben und sichern, indem sie die nötige Öffentlichkeit herstellen, das demokratische Gemeinwesen. Ein ernstes Geschäft! Damit es nicht zu ernst wird, braucht es das Gewürz der Ironie. Seit Jahrzehnten muss deshalb der gute alte Aprilscherz am 1.4. im Blatt erscheinen oder über den Äther gehen. Die BBC beispielsweise ließ 1976 den Astronomen Patrick Moore morgens im Radio verkünden, dass genau um 9.47 Uhr der Pluto hinter dem Jupiter stehe und deshalb die Erdanziehung schwächer sei. Man werde sich leichter fühlen und könne, wenn man in die Luft springe, zu schweben glauben. Hunderte Hörer riefen wenig später bei dem Sender an und teilten mit, dass das Experiment geklappt habe. Sie hätten besser auf den Kalender geguckt: Es war der 1. April.

Mediziner wiederum warnten 2015 in der Zeitschrift «bild der wissenschaft» vor dem übermäßigen Gebrauch des Handys: Weil man zum Telefonieren den Arm anwinkeln müsse, könne das zu einer verkürzten Armsehne führen. Auch dies ein Jux, den sich das Magazin in seiner Aprilnummer erlaubte.

Allerdings ein Spaß mit realem Hintergrund, weil sich die Telefonitis zu einer lästigen Erscheinung des öffentlich privaten Lebens ausgewachsen hat. Überhaupt können Aprilscherze oder andere Fake News Missstände leichter ins Bewusstsein heben als mancher sturztrockene Artikel. So war es eine gute Tat der «Süddeutschen Zeitung», als sie am 1.4.1995 die – so der Titel – «Riesensauerei von Patting» aufdeckte. Dass genmanipulierten Turboschweinen zusätzliche Koteletts angezüchtet würden, klang so glaubwürdig, dass sich Fernsehteams in Marsch setzten, um über den Skandal zu berichten.

Inzwischen allerdings hat der «Süddeutschen Zeitung» die Flut gefährlicher Fake News die Laune am Aprilscherz verdorben. Er wurde per redaktionellen Beschluss auf den Index gesetzt. Ohnehin ist er Routine geworden und droht als witzige und aufklärerische Waffe stumpf zu werden. 2014 machte sich die «Titanic» lustig: «Die meisten Aprilscherze in deutschen Medien sind so gut, daß sie jedes Jahr wiederholt werden», schrieb sie auf ihrer Internetseite und machte selber neue, indem sie zum Beispiel behauptete: «Alle 175 Jahre fällt der 1. April auf Freitag, den 13.»

Außerdem schlug sie vor, April-Fakes übers Jahr zu streuen: «Die gelungensten Aprilscherze werden nicht am 1. April gemacht, sondern am 6. Mai, am 27. August und am 19. Oktober.»

Kummer mit der Wahrheit

Ob die Grenze zwischen Realität und Fiktion, Tatsache und Meinung, Information und Unterhaltung jemals klar war und von Journalisten nicht schon immer unabsichtlich oder mutwillig übertreten wurde, ist die Frage. Im New Journalism, der in den USA der 1960er Jahre propagiert wurde, in der literarischen Erzähltheorie wurzelte und bewusst oder ungewusst in den glänzend geschriebenen Reportagen eines Egon Erwin Kisch einen Vorläufer hatte, war die Verquickung Programm. Genauer gesagt, die Informationen sollten sorgfältig recherchiert sein, die Story aber fesselnd und anschaulich erzählt werden. So wurde aus dem sachlichen Bericht eine gut verkäufliche Geschichte, die sich besser an die Leute bringen lässt.

Nachdem die Grenze zwischen Journalismus und Literatur durchlässig geworden war, wurde mit der Zeit auch der Gegensatz von hoher Kultur und bloßer Unterhaltung durch die Aufnahme popkultureller Themen und Schreibweisen in den Medien aufgeweicht. «Erzählung statt Wiedergabe, Intuition statt Analyse, Menschen statt Dinge, Stil statt Stilistik» lautete das Programm, das Hannes Haas und Gian-Luca Wallisch 1991 in ihrem Aufsatz mit dem Titel «Literarischer Journalismus oder journalistische Literatur?» verkündeten. Ihnen ging es um Ästhetik, weniger darum, die Barriere zwischen Fakten und Fiktion endgültig niederzureißen. Doch der nächste Schritt ließ nicht auf sich warten.

• Der Schweizer Tom Kummer arbeitete zwischen 1996 und 2000 als US-Korrespondent für deutsche und Schweizer Zeitungen und Zeitschriften wie den «Spiegel», «Die Zeit», den «Stern» und den «Tages-Anzeiger». Insbesondere für das «SZ-Magazin» der «Süddeutschen Zeitung» erfand er zahlreiche Exklusivinterviews mit Hollywood-Größen und anderen Stars, beispielsweise mit den Schauspielern Charles Bronson, Johnny Depp, Demi Moore, Brad Pitt und Sharon Stone, mit der Popmusikerin Courtney Love, dem Boxer Mike Tyson und der Unternehmergattin (und Tochter des jetzigen US-Präsidenten) Ivanka Trump, der er Sätze von Andy Warhol in den Mund legte. Nachdem das Magazin «Focus» im Mai 2000 die Fälschungen enthüllt hatte, rechtfertigte Tom Kummer seine Arbeitsweise als «Borderline-Journalismus» und «Konzeptkunst»: Er habe Journalismus und Dichtung verschmelzen, das gängige Verständnis von Realität infrage stellen und durch seine Erfindungen und Zitatmontagen zu einer tieferen Wahrheit vordringen wollen. Zu diesem Behufe halluzinierte er Äußerungen wie «Die Leute sollten sich öfter mal für eine Abreibung mit Meersalz entscheiden» (angeblich: Demi Moore) oder «Ich spiele mit meinen Brüsten, nicht um zu protzen, sondern um eine Art Ekel zu demonstrieren» (vorgeblich: Courtney Love).

Kummer, der damit Kasse für sich und Auflage für seine Auftraggeber machte, verschwand für mehrere Jahre in der Versenkung. Ulf Poschardt und Christian Kämmerling, die als Chefs des «SZ-Magazins» über die Mogeleien mehr oder weniger Bescheid gewusst haben müssten, nahmen ihren Hut. Kämmerling ging in die Werbebranche, deren Beziehung zu Fakten notorisch ist; Poschardt blieb im Zeitungsjournalismus und landete nach mehreren Zwischenstationen bei der Springer-Zeitung «Die Welt», deren Chefredakteur er 2016 wurde.

Tom Kummer trat 2005 wieder in Erscheinung und erlitt bei der «Berliner Zeitung» prompt Schiffbruch mit einer Reportage, die er aus zwei älteren Texten zusammengebastelt hatte; vier Jahre später, 2009, musste er sich für den in der Schweizer «Wochenzeitung» unter dem Titel «Nation ohne Boden» erschienenen Beitrag über den amerikanischen Super Bowl vorhalten lassen, Informationen verfälscht zu haben. Abermals vier Jahre später engagierten ihn die Schweizer Blätter «Weltwoche» und «Reportagen». Doch 2016 hagelte es erneut Plagiatsvorwürfe, weil er für seine Beiträge unter anderem aus dem «Spiegel», der «Süddeutschen Zeitung» und der «Zeit» abgeschrieben hatte, wie die «Neue Zürcher Zeitung» aufdeckte.

Statt im Journalismus versuchte sich Kummer daraufhin als Literat – und wurde wieder ertappt: Für seinen 2017 erschienenen Roman «Nina & Tom» bediente er sich bei Kathy Acker («Harte Mädchen weinen nicht»), Frédéric Beigbeder («39,90») und Richard Ford («Rock Springs»). Der Journalist Tobias Kniebe, der die Sache in der «Süddeutschen» publik machte, lobte gleichwohl das Buch – es sei teilweise brillant, die geklauten Passagen aber schwach.

• «Sie kennen meine Situation», hatte der US-amerikanische Filmschauspieler und Vater zweier Adoptivkinder Tom Cruise gegenüber dem Interviewer Günter Stampf von der «Bunten» 1996 geäußert. Daraus wurde unter Chefredakteur Franz Josef Wagner das Bekenntnis: «Ich kann leider keine Kinder zeugen. Medizinisch ausgedrückt, ist die Anzahl meiner Spermien gleich Null.» Cruise klagte auf 60 Millionen Dollar Schadensersatz. Er rückte später gnädigerweise von seiner Forderung ab, doch Stampf war seinen Job los. Wagner blieb – später wechselte er zur «B. Z.» und zu «Bild» sowie «Bild am Sonntag», allesamt Springer-Blätter.

• Jayson Blair war der Starreporter der «New York Times». Er berichtete über den Heckenschützen, der 2002 Washington in Angst und Schrecken versetzte, und schilderte im April 2003 in einer atmosphärisch dichten Reportage seinen Besuch im Marinehospital in Bethesda (Maryland), wo im Irakkrieg verwundete und traumatisierte Soldaten behandelt wurden. Dann war die Karriere vorbei, denn seine Berichte stellten sich als ganz oder teilweise gefälscht heraus. Die Palette reichte von untergeschobenen Zitaten bis zu vollständig erfundenen Berichten. Begonnen hatte Blair damit im Herbst 2001, als er nach dem Anschlag auf das World Trade Center von einem Benefizkonzert im Madison Square

Garden berichten sollte, aber lieber zu Hause blieb und die Fernsehübertragung für seine Reportage fantasievoll ausschmückte. Das erhob er zum Prinzip: Während er vorgab, unterwegs zu sein, saß er in seinem Apartment, telefonierte herum oder dachte sich eine Story aus. Obwohl es von Anfang an Zweifel an seiner Arbeit gab, konnte er sich zwei Jahre halten und sogar befördert werden – wohl auch, weil seine Arbeitsweise nicht ganz unüblich ist: Von zu Hause oder aus dem Büro zu recherchieren, zu telefonieren statt vor Ort zu sein, Erfragtes als Erlebtes auszugeben, ist nicht Standard, aber auch nicht völlig ungewöhnlich selbst bei einer Zeitung wie der «New York Times», die sich zur Elite zählt. Eben der hohe Anspruch setzt die Journalisten unter Druck, ständig beste Qualität zu liefern: Jayson Blair – der auch deshalb bei Chefredaktion und Eigentümer einen Stein im Brett hatte, weil sie mit einem Schwarzen als Starjournalisten werben konnten – wird kaum der Einzige gewesen sein, den der Stress verleitete, Kokain zu schnupfen und systematisch zu manipulieren.

• Jayson Blair hatte seine Artikel teils erfunden, teils abgeschrieben. Texte auswerten und paraphrasierend Fremdes übernehmen ist eine selbstverständliche Übung und gängige journalistische Praxis. Man darf nur nicht so weit gehen wie Malte Lehming. 2003 – Blairs Schwindeleien waren wenige Wochen zuvor aufgeflogen – schrieb er ausgerechnet aus der «New York Times» einen Artikel über die sogenannten Metrosexuellen ab. In deren Rubrik «Fashion & Style» war am 22. Juni 2003 ein Beitrag von Warren St. John unter dem Titel «Metrosexuals Come Out» erschienen. Den schlachtete der Washington-Korrespondent des Berliner «Tagesspiegels» weidlich aus. Sein Beitrag erschien am 26. Juni 2003 unter der Überschrift «Mannomann» und wurde zwei Tage später von der Berliner Konkurrenz der «taz» als Plagiat entlarvt: «Es können alle sachlichen Aussagen, schmückenden Details und persönlichen Zitate im ‹Tagesspiegel› auf den vier Tage früher erschienenen Beitrag von St. John in der NYT zurückgeführt werden. Was Lehming als eigenes Werk vor-

gibt, ist nichts anderes als Übersetzung – mal wörtlich, mal zu-
sammenfassend.»

• Janet Cooke gewann 1981 den Pulitzer-Preis für ihre aufrüt-
telnde und herzergreifende Reportage über einen achtjährigen
Junkie namens Jimmy, die die «Washington Post» am 28. September 1980 auf Seite eins veröffentlicht hatte. Der Artikel weckte
große Anteilnahme unter der Bevölkerung und setzte die Politiker derart unter Druck, dass sich Bürgermeister Marion Barry auf
einer Pressekonferenz zu der Lüge gezwungen sah, die Behörden würden den heroinabhängigen Jungen kennen und kümmerten sich um ihn. Wenig später bedauerte die Stadtregierung,
der Kleine sei tot.

In Wahrheit hatten Polizisten und Sozialarbeiter die Stadt drei
Wochen lang durchkämmt, ohne das Kind aufzuspüren. Konnten
sie auch nicht, weil Janet Cooke die Geschichte erfunden hatte:
Es gab keinen Junkie Jimmy. Der achtjährige afroamerikanische
Heroinabhängige war eine Kunstfigur, um der Drogenszene Wa-
shingtons ein Gesicht zu geben – allerdings ein falsches, erfunden
nach der Devise: Wenn die Wirklichkeit nicht ausreicht, muss die
Fantasie aushelfen.

Diesen Grundsatz hatte Janet Cooke nicht nur im Fall Jimmy
angewandt, sondern auch in ihrem eigenen. Es stellte sich heraus,
dass sie sich schon für ihre Vita einiger Kunstgriffe bedient hatte,
um sie für die Bewerbung bei der hoch angesehenen «Washington
Post» aufzuhübschen: Sie hatte weder einen akademischen Ab-
schluss an der Universität von Toledo (Ohio) erworben noch während ihrer Zeit am «Toledo Blade» einen Journalistenpreis gewonnen, weder hatte ihr Studienaufenthalt an der Pariser Sorbonne je
stattgefunden, noch beherrschte sie vier Fremdsprachen.

• Dem französischen Journalisten Alexis Debat wurde 2007
nachgewiesen, zwei Interviews erfunden zu haben, die das namhafte Magazin «Politique Internationale» abgedruckt hatte: das eine
mit dem damaligen US-Präsidentschaftsbewerber Barack Obama,
das andere mit US-Notenbankchef Alan Greenspan. Auf das Blatt

aufmerksam geworden, bezichtigten auch Bill Clinton, der frühere US-Außenminister Colin Powell, Microsoft-Gründer Bill Gates und der vormalige UN-Generalsekretär Kofi Annan den Journalisten, Interviews fingiert zu haben. Debat räumte ein, die Antworten seiner prominenten Gesprächspartner aus deren öffentlichen Reden montiert zu haben, was Patrick Wajsman, der Chefredakteur von «Politique Internationale», gebilligt habe.

Damit war der Kelch nicht geleert, da nun auch der Wahrheitsgehalt von Debats Beiträgen für den US-amerikanischen Fernsehsender ABC und das Magazin «The National Interest», mit denen er sich einen Ruf als Experte für Terrorismusthemen und Geheimdienstfragen erworben hatte, angezweifelt wurde. Beispielsweise ließen sich Informationen in seinen Artikeln über eine sunnitische Untergrundarmee im Iran und über einen Plan des Pentagons für einen Drei-Tage-Blitzkrieg gegen den Iran nicht verifizieren. Als haltlos erwies sich darüber hinaus Debats Behauptung, er habe als Berater des französischen Verteidigungsministers gearbeitet und sowohl die Deutsche Bank als auch die japanische Außenhandelsorganisation JETRO (Japan External Trade Organization) in Fragen des islamischen Finanzrechts beraten. Ob er heute irgendwo irgendwen berät, ist unbekannt; als Journalist jedenfalls betätigt sich Alexis Debat seit September 2007 nicht mehr.

• Die meisten Fälschungen, Verdrehungen, Manipulationen und Mystifikationen kommen nie oder spät ans Tageslicht. Sie werden großmütig zugegeben, wenn es nicht mehr schadet. Der Journalist und Verleger Michael Naumann, der unter Bundeskanzler Gerhard Schröder den Posten des Staatsministers für Kultur und Medien bekleidete, arbeitete zwischen 1978 und 1983 für die «Zeit», wo er das Ressort «Das Dossier» leitete. In seiner 2017 erschienenen Autobiografie «Glück gehabt. Ein Leben» räumt er ein, in einem anderen Ressort Folgendes beobachtet zu haben: «Reportagen des ‹Zeit-Magazins› fanden nicht selten als Last-minute-Reisen im Archiv statt» und führten die Verfasser «ohne Visum, ohne Flugticket, aber mit viel Chuzpe und einem wohlsortierten Vorrat an Pseudonymen» bis «nach Afghanistan, China, Japan und andere erlesene Länder».

Michael Naumann bezeichnet das als «journalistische Schande» – einerseits. Andererseits sei solches Tun auch beim «Spiegel» gebilligt worden: «Das Fake-Verfahren, damals noch ohne Verfasserangabe Reisen ins eigene, legendäre Archiv als Vorortrecherchen auszugeben», sei dort «ebenfalls üblich gewesen» – was die Sache, so die implizite Botschaft, halbwegs entschuldbar mache.

• Entschuldbar erscheint das Vermischen von Fakten und Fiktion insbesondere, wenn die Sache mit einem großen Namen verbunden ist: etwa dem von Theodor Fontane, der Ende des 19. Jahrhunderts zum bedeutendsten deutschen Romancier des bürgerlichen Realismus aufstieg. Davor hatte er jahrzehntelang als Journalist gearbeitet.

Mitte des 19. Jahrhunderts sahen sich mehr und mehr deutsche Zeitungen gezwungen, Korrespondenten ins Ausland zu entsenden, um auf Agenturberichte verzichten zu können und sich von der Konkurrenz abzuheben. Fontane hatte bereits für die «Kreuz-Zeitung» geschrieben, als er in London Presseattaché der preußischen Botschaft war. Auch als er längst nicht mehr in der englischen Hauptstadt weilte, berichtete er von dort – mit Wissen des Blattes, weil Auslandskorrespondenten teuer waren. Statt vor Ort zu sein, wertete Fontane die Nachrichten anderer Zeitungen aus und schmückte sie mit erdachten Details aus, wie die in den USA tätige Germanistin Petra S. McGillen im Rahmen ihrer (noch nicht abgeschlossenen) Dissertation herausfand. Beispielsweise berichtete er 1861 über einen verheerenden Brand in der Tooley Street und erfand einen Freund, dessen gute Beziehungen zur Polizei es ihm ermöglicht hätten, näher als andere Journalisten an den Unglücksort zu gelangen; so konnte er glaubhaft dramatische Einzelheiten in seine Reportage einfügen.

Ein schlechtes Gewissen hatte Fontane wohl nicht. Vielmehr sah er seine Aufgabe darin, das Faktenwissen durch sinnliche Anschauung zu ergänzen und die Tatsachen mit dem Anschein persönlicher Erfahrung zu versehen. Als Romanautor dürfte Theodor Fontane aus seiner Tätigkeit als unechter Korrespondent gelernt haben, wie man fiktive Ereignisse schildert, erfundene Dinge und Personen realistisch beschreibt und in Gestalt von Romanfiguren verschiedene Standpunkte und Perspektiven einnimmt. Es kam ihm nicht auf die Fakten an, sondern «die Hauptsache», heißt es im Roman «Frau Jenny Treibel», ist «das eigentlich Menschliche».

Münchhausen, May und Meier

Der Münchhausen des 19. Jahrhunderts hieß Karl May. Wie der bramarbasierende Junker aus Niedersachsen, der durch Rudolf Erich Raspe und Gottfried August Bürger zur literarischen Gestalt veredelt wurde, verstand es der angebliche Reiseschriftsteller aus Sachsen zu fabulieren; gleich dem durch das Buch «Wunderbare Reisen zu Wasser und Lande, Feldzüge und lustige Abentheuer des Freyherrn von Münchhausen» zum Lügenbaron modellierten Hieronymus Carl Friedrich Freiherr von Münchhausen beharrte Karl May darauf, seine Abenteuer wirklich erlebt zu haben und tatsächlich Old Shatterhand und Kara ben Nemsi gewesen zu sein.

Ihn nahm sich der Fußballfunktionär Michael Meier zum Vorbild – nicht, um als Märchenerzähler in seine Fußstapfen zu treten; vielmehr stiftete er als geschäftsführendes Vorstandsmitglied des Fußball-Bundesligisten Borussia Dortmund Anfang der 90er Jahre den Karl-May-Preis, mit dem er den Verfasser der «schönsten Lügengeschichte» über die Borussia auszeichnete. 1992 erhielt den Preis ein Dortmunder Lokaljournalist, der unter dem Titel «Bruderkampf im Westfalenstadion» über die bevorstehende Heimpartie der Borussia gegen Bayern München berichtete, in der die Brüder Knut Reinhardt (Dortmund) und Alois Reinhardt (München) aufeinanderträfen. Um mehr herzumachen, wurde in dem Artikel sogar die Mutter der Brüder mehrfach zitiert. Dumm nur: Die Reinhardts sind nicht verwandt, und die als Mutter präsentierte Frau war genauso fiktiv wie die ihr in den Mund gelegten Zitate.

Die Preisträger bekamen beispielsweise ein Indianerzelt – so 1994 jener Boulevardjournalist, der die Ente von der bevorstehenden Ablösung des BVB-Trainers Ottmar Hitzfeld durch Christoph Daum produziert hatte – oder ein Werk von Karl May. «Unter Geiern» hieß der Roman, mit dem 1996 ein Autor der «Bild am Sonntag» und 2001 ein Redakteur der «Westfälischen Rundschau» beschenkt wurden. Beide hatten über zigmillionenschwere Geldsorgen des Dortmunder Klubs berichtet.

Für eine ähnliche Nachricht hätte 2003 beinahe das «kicker-sportmagazin» den Preis gewonnen. Meier zog allerdings zurück. 2005 zog er vollends zurück: Er musste als Geschäftsführer zurücktreten, weil er die Öffentlichkeit beharrlich über die wahre, nämlich katastrophale finanzielle Lage des Vereins getäuscht hatte. Michael Meier hatte selbst den Karl-May-Preis verdient.

Sicherheit vor Schnelligkeit

lautet eine bekannte Devise – im Wettlauf um die aktuellste Wasserstandsmeldung drehen Journalisten sie auch mal um.

Als am 15. April 2013 ein Anschlag auf den Boston-Marathon verübt wurde, wurden im Minutentakt neue Opferzahlen verbreitet, doch keine einzige stimmte. Der «Boston Globe» begann mit 46 Toten, erhöhte auf 100, ging auf 64 herunter und endete bei rund 130. Tatsächlich wurden drei Menschen getötet und über 260 verletzt.

Vier Monate zuvor, am 12. Dezember 2012, wurden bei einem Amoklauf an der Sandy Hook Elementary School in der Kleinstadt Newtown im US-Bundesstaat Connecticut 20 Kinder und sieben Erwachsene erschossen. Ein US-Nachrichtensender wusste gleich, wer der Täter war, und nannte seinen Namen: Ryan Lanza. Kurz darauf wurde sein Foto gesendet. Ryan Lanza saß derweil in seinem Büro und sah im Fernsehen, was er angeblich angerichtet hatte. Der richtige Täter war sein Bruder Adam.

Deutsche Medien können es auch. Bald nach dem Attentat auf den Weihnachtsmarkt am Berliner Breitscheidplatz 2016 wurde ein Mann pakistanischer Herkunft festgenommen. Die Polizei, die unter Erfolgsdruck stand, präsentierte ihn als Täter, und die Journalisten folgten brav der öffentlichen Verlautbarung, statt nachzuforschen. Doch der Mann erwies sich als unschuldig.

Am 17. Januar 2017 meldeten «Spiegel online», die «Tagesschau» der ARD und weitere Medien, das Bundesverfassungsgericht habe die NPD verboten. Tatsächlich hatte Andreas Voßkuhle als Präsident des Gerichts eingangs der Urteilsverkündung gerade mal einen Satz verlesen: «Die Nationaldemokratische Partei Deutschlands (…) ist verfassungswidrig und (…) wird verboten.» Es klang wie eine Entscheidung, die auf dem Infokanal Phoenix sogleich mit Erleichterung kommentiert wurde, weil ein anderes Urteil «ein schwerer Schlag für die Demokratie» gewesen wäre. Indes – Voßkuhle zitierte nur den Antrag auf das Parteiverbot. Und der wurde abgelehnt, weil die NPD viel zu unbedeutend sei, um die Demokratie zu bedrohen.

Zeitdruck und ungenügende Vorbereitung, wenn nicht mangelhafte Vertrautheit mit einer Materie – hier: der Justiz, der Arbeitsweise eines Gerichts, den Gepflogenheiten einer Urteilsverkündung – sorgten für die Falschmeldung. Auch ungenügende Sprachkenntnisse können zu solch einem Ergebnis führen. Am 29. Januar 2017 meldeten mehrere Medien unter Verweis auf ein Interview der «Bild»-Zeitung, Donald Trump habe die Nato als «obsolet» bezeichnet, und folgerten, der US-Präsident halte das Militärbündnis für «überflüssig». Das war falsch. Das englische «obsolete» bedeutete hier «veraltet» – ein Blick in ein Wörterbuch hätte geholfen, um sich über die richtige Nuance klarzuwerden. Aber das hätte wertvolle Minuten gekostet.

Um kostbare Zeit zu sparen und die Konkurrenz abzuhängen, wird ein Bericht schon mal vorformuliert. Manchmal merkt man es, weil der Artikel Dinge schildert, die nicht geschehen sind; noch besser: weil aus Versehen der Bericht schon vor dem Ereignis erscheint. So geschehen in der bildungsbürgerlichen Wochenzeitung «Die Zeit»: Da konnten die Leser online die Kritik des Eröffnungskonzertes der Hamburger Elbphilharmonie vom 11. Januar 2017 schon lesen, bevor es stattgefunden hatte.

Absturz einer Exklusivgeschichte

Jedes Massenmedium zieht Leute an, die öffentlich wirken wollen, und Personen, deren Ehrgeiz und Eitelkeit größer sind als ihr Realitätssinn. Die einen, die Journalisten, suchen die große Story, die anderen liefern sie: nicht nur Politiker und Promis, sondern auch Normalsterbliche, die einmal im Mittelpunkt stehen wollen.

Zwar muss man, was Boulevardmedien in die Welt posaunen, nicht ganz ernst nehmen, doch ein Körnchen Wahrheit wird schon dran sein: Warum sollte es also nicht seine Richtigkeit haben, wenn am 28. März 2015 in der «Bild»-Zeitung groß, lang und breit Maria W. zu Wort kommt, Flugbegleiterin von Beruf und ehemalige Freundin von Andreas Lubitz, jenem Ko-Piloten, der die Germanwings-Maschine gesteuert hatte, die vier Tage zuvor in den französischen Alpen abgestürzt war?

«Jetzt spricht die Freundin des Amok-Piloten» lautete die Schlagzeile auf der Titelseite, unter der in großen Lettern stand: «Er drohte: Eines Tages wird jeder meinen Namen kennen +++ Nachts träumte er von Flugzeug-Abstürzen +++ Er war wütend, weil er nie Kapitän werden würde». Im Innenteil prangte die Überschrift: «In Gesprächen ist Andreas plötzlich ausgerastet».

Gut ist es, wenn im Konkurrenzkampf mit den anderen Medien eine Story möglichst reißerisch formuliert ist. Je sensationeller, noch nie dagewesener (wenn das Wort ausnahmsweise erlaubt ist), desto besser: und am besten, man hat eine Story nicht nur als Erster, sondern als Einziger. Die Story von Maria W. hatte die «Bild» als Einzige, es war eine Exklusivgeschichte. Wie hätte es anders sein sollen, sie war erfunden. Die Dame war zwar Stewardess, aber nie Andreas Lubitz' Freundin gewesen, sie kannte ihn nicht einmal näher. Von wegen «Fünf Monate lang flogen sie im vergangenen Jahr zusammen durch Europa und übernachteten heimlich gemeinsam in Hotels», wie die Zeitung fabulierte. «BILD-Reporter John Puthenpurackal hat ihre Identität überprüft. Er ließ sich unter anderem ein Foto zeigen, das die Stewardess und den Amok-Piloten bei einem Flug in derselben Crew zeigt.» Wenn das nicht ein Beweis ist!

Dem Privatsender RTL, der auch nicht für eine zimperliche Auswahl der Berichte in seinen Boulevardformaten bekannt ist, hatte er nicht genügt: Ihm hatte Maria W. zuvor ihre tolldreiste Geschichte andrehen wollen, aber der Fernsehsender hatte sie als unglaubhaft abgelehnt.

Die unheilige Familie

Ödipus tötete nichts ahnend seinen Vater und schlief unwissentlich mit seiner Mutter. Als er die Wahrheit erfuhr, stach er sich die Augen aus und floh ins Exil.

Die antike Sage, die dem Ödipuskomplex den Namen gab, ist nicht die einzige tragische Geschichte um unerkannte Verwandte. Eine erzählt Albert Camus in seinem 1942 erschienenen Roman «Der Fremde»: Ein junger Mann kehrt, reich geworden, nach 25 Jahren mit Frau und Kind in sein Heimatdorf zurück. Während er seine Familie anderswo unterbringt, nimmt er ein Zimmer im Gasthof seiner Mutter, ohne seine Identität zu lüften. Die Mutter aber hat Wind davon bekommen, dass der Fremde Geld hat. Nachts ermorden sie und seine Schwester ihn. Am nächsten Morgen kommt die Frau des Mannes in den Gasthof. Als die Mutter erfährt, wer ihr Gast war, erhängt sie sich, die Schwester stürzt sich in einen Brunnen.

Bei Camus liest ein Gefangener von dieser Begebenheit in einer alten Zeitung, die er in seiner Zelle findet. Und alt ist die Geschichte tatsächlich. Hans Reimann, der zwischen 1952 und 1968 in seiner «Literazzia» die Literaturproduktion eines Jahres begutachtete und nebenher allerlei Döntjes einstreute, hat ihren Gang zurückverfolgt und in der ersten «Literazzia» dokumentiert. Zunächst einmal stand die Geschichte ihm zufolge wirklich in einer Zeitung, und zwar 1932 in Passau: Ein Soldat, aus Sibirien in sein Grenzstädtchen im Böhmerwald zurückkehrend, hatte sich bei den Eltern einquartiert, ohne sich zu erkennen zu geben, und wurde von ihnen, weil er Geld bei sich hatte, nachts ermordet. Zugetragen habe sich das in Neuern (tschechisch: Nýrsko) in der Tschechoslowakei.

Hans Reimanns Schriftstellerkollege Erich Kästner, den die Sache interessierte, forschte damals nach. In Neuern verwies man ihn auf die Gemeinde Seewiese (tschechisch: Javorná), aber dort wusste man ebenfalls von nichts. Ein Zufallsfund brachte Reimann weiter: In den 1846 erschienenen «Lebensbeschreibungen berüchtigter Räuber» wird, abermals als realer Fall, geschildert, wie 1809 ein ungarischer Pferdehändler namens Zichy aus Wien in seine Heimat reist und in einem Dorf am Bakonygebirge Halt in einer Schenke macht. Nachts dringt ein Betrunkener in sein Zimmer, woraufhin der Händler ängstlich unters Bett kriecht. Der fremde Kerl wirft sich aufs Lager und schläft ein – da schleichen der Wirt und sein Sohn in die Stube, ermorden den Mann und nehmen Zichys Geldbeutel mit. Zichy geht sofort zur Polizei, die den Wirt zu später Stunde noch auf den Beinen findet: Er erwarte noch seinen anderen Sohn, der bei einer Lustbarkeit im Nachbardorf mitfeiere …

Auch diese Geschichte ist kaum wahr, obwohl ein Name genannt sowie Zeit und Ort eingegrenzt werden. Wahr ist hingegen, dass 1810, 36 Jahre vor der Veröffentlichung der «Lebensbeschreibungen», am Weimarer Hoftheater das von Goethe bei Zacharias Werner in Auftrag gegebene Stück «Der 24. Februar» uraufgeführt wurde, und zwar passenderweise am 24. Februar. Dramatischer Höhepunkt des Einakters: In einem Alpenwirtshaus wird der Sohn von den ahnungslosen Eltern gemeuchelt.

Doch auch dieses Schauerspiel ist nicht das Original. Das stand vielmehr in der in Berlin erscheinenden «Vossischen Zeitung». In der Nummer 85 des Jahres 1727 findet sich diese Meldung:

«Paris, den 7. Julii. Ein gewisser Mensch, so von Corbeil gebürtig und 18 Jahr in Indien gewesen, ohne jemals an seine Eltern geschrieben zu haben, kam die verwichene Woche unverhofft nach Corbeil zurück und begab sich zu einem von seinen Paten, welchem er sich zu erkennen gab und dabey sagte, daß er unbekannter Weise bey seinen Eltern, so Wirtschafft trieben, logiren und folgenden Tages erst sich zu erkennen geben wollte. Solches geschahe auch. Weil aber die Eltern dieses Menschen vermerketen, daß er viel Geld bey sich hatte, so schlugen sie ihn des Nachts im Schlaffe todt und begruben ihn auf dem Hof. Der Pate kam den andern Morgen in die Herberge, und als er den Sohn vom Hause nicht fand, auch bey den Eltern eine große Alteration verspührete, so argwohnete er gleich was Böses, gab solches bey der Obrigkeit an, welche denn sogleich dazu kam und beym Haußsuchen den todten Cörper fand, worauf die Eltern, nebst einer Tochter, beim Kopff genommen, und wohl verwahret alhier eingebracht worden.»

So weit alles nach Hans Reimann. Er stellt zum Schluss die Frage: «Und wo hatte der Korrespondent der ‹Voß› den Mord am eigenen Sohn gestohlen?»

«Nudeln an die Ohren hängen»

Wenn Pinguine Flugzeuge und Hubschrauber betrachten, fallen sie auf den Rücken: Jahrelang geisterten solche erstmals im Falklandkrieg zwischen Argentinien und Großbritannien aufgekommenen Berichte durch die Presse. Angeblich, so hieß es, können die Vögel nicht wieder aufstehen, sondern müssen von Menschenhand aufgerichtet werden. Die Sache wurde so ernst genommen, dass im November 2000 Wissenschaftler des Forschungsprogramms British Antarctic Survey der Sache auf den Grund gingen. Vier Woche lang überflogen sie die Brutkolonien der Pinguine, doch die Vögel blieben ruhig und unbeeindruckt. Manche watschelten bloß in Bereiche, in denen sie vom Fluglärm verschont blieben.

Der unbekannte Erfinder der Geschichte von den umkippenden Pinguinen ließ sich vermutlich von der kerzengeraden Steifheit und Unbeholfenheit der menschenähnlich aufrecht stehenden und gehenden Pinguine anregen. Der Fabel wohnt aber nicht mehr Wahrheit inne als der Großstadtmythe von den Krokodilen im New Yorker Kanalsystem oder der Fama vom Tierpfleger im westfälischen Zoo Safaripark Stukenbrock, der einem an Verstopfung leidenden Elefanten ein Abführmittel ins Futter mischte und in dem Schwall aus Exkrementen sein Ende fand.

Schrecklich lustige Wandersagen wie diese scheinen allerdings der Vergangenheit anzugehören. Die Angstlust, die neuere Großstadtsagen wecken, schüren oder im besten Fall bannen, beruht vielmehr auf sozialen, ethnischen oder religiösen Vorurteilen. Beispielsweise steht eine Mutter in der Schlange an der Supermarktkasse. Der Mann vor ihr, offensichtlich ein Araber, zahlt und vergisst seine Aktentasche. Die Mutter nimmt sie, findet darin ein Bündel Hundert-Dollar-Scheine und läuft dem Mann hinterher. Der ist so dankbar, dass er ihr verstohlen zuflüstert: «Gehen Sie nächste Woche nicht auf den Weihnachtsmarkt. Dort wird etwas

Schreckliches passieren!» Die Anspielung auf das Attentat, das am 19. Dezember 2016 dem Berliner Weihnachtsmarkt am Breitscheidplatz galt und zwölf Tote forderte, ist offensichtlich.

Ähnlich wie solche Erzählungen, die privat weitergereicht werden und bei geeigneten Adressaten Gehör finden, funktionieren Fake News: Was ins eigene Weltbild passt, wird ungeprüft gedruckt oder ins Internet gesetzt. In der Silvesternacht 2015/16 waren am Kölner Hauptbahnhof zahlreiche Frauen von Ausländern bestohlen, belästigt und sexuell bedrängt worden. Ein Jahr später schien sich das wiederholt zu haben: «Sexmob tobte in der Frankfurter Fressgass» titelte am 6. Februar 2017 die Frankfurter Ausgabe der «Bild»-Zeitung; «Massen von Migranten» hätten in der Silvesternacht Frauen bedrängt. Wilde Szenen hätten sich in der Straße abgespielt, berichtete das Blatt unter Berufung auf den Wirt einer Bar und zitierte beispielhaft die Zeugin «Irina A.»: «Sie haben mir unter den Rock gegriffen.» Gegenüber der misstrauisch nachhakenden Berliner «taz» bestätigte der Wirt, dass dreißig arabisch sprechende junge Männer im Lokal und weitere dreißig auf der Straße gepöbelt, fremde Getränke ausgetrunken, Jacken gestohlen und Frauen belästigt hätten. Die Polizei habe er nicht gerufen: «Ich habe die Sache ja selbst regeln können», so der Kneipier.

Geregelt war die Sache schon deshalb, weil es sie nicht gab. Die Geschichte war von A bis Z falsch, und ob die «Bild» bloß naiv war oder an dem Lügengewirk mitstrickte, bleibt unklar. Ihr Urheber jedenfalls tauchte ab und beteuerte: «Ich habe gar nichts gegen Ausländer.»

• Nachrichten erfinden oder lancieren ist keine Frage rechter oder linker Gesinnung, und Falschmeldungen aufzusitzen ebenso wenig; Leichtgläubigkeit ist keine Eigenschaft, die mit einer bestimmten politischen Verortung zusammenhängt.

2014 war der sogenannte Islamische Staat, der große Teile Syriens und des Irak in seine Gewalt gebracht hatte, auf dem Höhepunkt seiner Macht. Er setzte die Scharia ein, zwang Frauen unter den Schleier und tötete Ungläubige. Sogar die Beschneidung der Mädchen und Frauen wurde angeordnet! Das meldeten am 27. Juli 2014 übereinstimmend BBC, der arabische Sender Al-Dschasira und die Nachrichtenagentur Agence France Press. In Deutschland griff unter anderem die «Frankfurter Allgemeine Zeitung» die Horrornachricht auf.

Die Medien beriefen sich auf Jacqueline Badcock, die im Irak für eine Hilfsorganisation der Vereinten Nationen tätig war. Sie berichtete von einer Fatwa, einem religiösen Gutachten, das Abu Bakr al-Baghdadi als Kalif des IS erstellt habe, dem zufolge allen Frauen zwischen elf und 46 Jahren die Genitalien verstümmelt werden müssten. Doch die UN-Gesandte war auf eine Fälschung hereingefallen: Die scheinbare Fatwa kursierte bereits seit einem Jahr im Netz, ist auf den 11. Juli 2013 datiert und hat keinen erkennbaren Urheber. Die Extremisten des Islamischen Staates waren es nicht. Ob es sich um den bösen Tagtraum eines radikalen Muslims handelt oder im Gegenteil auf dem Mist eines Islamhassers gewachsen ist bzw. sogar von einem fehlgeleiteten Menschenfreund stammt, der vor möglichen Auswüchsen des islamischen Fanatismus warnen will, weiß niemand.

• «Nudeln an die Ohren hängen» ist eine russische Redensart für «Lügen auftischen». Am 11. Januar 2016, einem Montag, wird im Berliner Bezirk Marzahn ein Mädchen als vermisst gemeldet. Es handelt sich um die 13-jährige Lisa, die mit ihren Eltern 2004 aus Russland nach Deutschland eingewandert war. Am Dienstagmittag taucht das Mädchen wieder zu Hause auf und behauptet gegenüber der Polizei, drei südländisch aussehende Männer hätten sie an einem S-Bahnhof in ihr Auto gezerrt, in eine Wohnung gebracht und vergewaltigt. Obwohl der medizinische Befund Letzteres ausschließt, schießen die Gerüchte ins Kraut. Die NPD streut aus, «mindestens fünf Ausländer» hätten «über 30 Stunden lang» das Mädchen vergewaltigt. Flüchtlinge sollen es gewesen sein, die NPD spricht von «arabischen Männern», obwohl die Polizei gegen einen deutschen, einen türkischen und russische Staatsbürger ermittelt. Russlands Außenminister Sergej Lawrow schaltet sich ein und beschuldigt die deutschen Behörden, nicht gegen Flüchtlinge zu ermitteln und «die Realität politisch korrekt zu übermalen». Die 13-Jährige, die die deutsche und die russische Staatsbürgerschaft besitzt, nennt er «unser Mädchen». Der «Internationale Konvent der Russlanddeutschen» ruft zu einer Demonstration vor dem Bundeskanzleramt auf; die «Volksdeutsche Stimme» nutzt die Gelegenheit und äußert sich abfällig über Migranten – sie ist die Online-Zeitung der «Russlanddeutschen Konservativen», einer 2008 von der NPD gegründeten Splittergruppe.

An sich gelten Russlanddeutsche als gut integriert, doch nicht wenige kritisieren, dass sie zwar als Deutsche ins Land geholt wurden, aber gemeinhin als Fremde betrachtet werden. Zudem spielen sie in der öffentlichen Wahrnehmung kaum eine Rolle – im Unterschied zu anderen Einwanderern, um die sich der Staat scheinbar mehr kümmert. Das ist der Boden, auf dem Ressentiments sprießen, die an die Oberfläche drängen, als 2015/16 Hunderttausende Flüchtlinge willkommen geheißen werden.

Die banale Wahrheit kommt erst drei Wochen später ans Licht. Aus Angst vor einem Schulgespräch, bei dem die Eltern von ihren schlechten Noten erfahren würden, ist das Mädchen an jenem Montag, dem 11. Januar, nicht nach Hause gefahren, sondern hat bei ihrem 19-jährigen Freund und dessen Mutter in Berlin-Mahlsdorf übernachtet: Sie war nur eine kleine Ausreißerin, die eine Notlüge auftischte. Streit mit den Eltern hatte sie bereits, weil sie in schlechte Gesellschaft geraten war – doch das waren keine Flüchtlinge, sondern, siehe oben, Deutsche, Türken und Russen. Vergewaltigt wurde sie nicht. Missbraucht aber schon: politisch und als Objekt sensationslüsterner Medien.

• Als wenn das politische Gleichgewicht wiederhergestellt werden müsste: Im selben Monat wie die geschändete Lisa sorgte in Berlin auch ein toter Flüchtling für Schlagzeilen. In der Nacht zum Mittwoch, dem 27. Januar 2016, soll ein 24-jähriger Syrer auf der Straße entkräftet zusammengebrochen sein, nachdem er tagelang vor dem Landesamt für Gesundheit und Soziales (abgekürzt:

Lageso) angestanden habe. Der Flüchtlingshelfer Dirk Voltz habe den stark fiebernden Mann zu sich geholt und den Krankenwagen gerufen. Auf dem Weg in die Klinik sei der Mann gestorben.

Die von Voltz zuerst auf Facebook mitgeteilte Geschichte macht schnell die Runde. Noch am Mittwoch tragen die ehrenamtlichen Mitglieder der Initiative «Moabit hilft» zum Zeichen der Trauer einen schwarzen Stoffstreifen um den Arm. Vor dem Haus, in dem sie Kleider und Hygieneartikel an Geflüchtete ausgeben, stehen Kerzen in weißen und roten Plastikbechern. Ein in schwarzes Papier eingeschlagenes Notizheft dient als Kondolenzbuch.

Unterdessen teilt die Senatsverwaltung mit, in der Nacht sei nirgendwo ein Flüchtling eingeliefert worden. Auch Feuerwehr und andere Hilfsorganisationen, die den Einsatz von Krankenwagen koordinieren, wissen nichts. Dirk Voltz ist nicht zu erreichen, aber die Moabiter Initiative versichert auf einer Pressekonferenz, er sei «absolut vertrauenswürdig». Das bleibt er bis zum nächsten Tag, dem Donnerstag – dann taucht er via Facebook aus der Versenkung auf und gesteht: Es war ein Fake und buchstäblich eine Schnapsidee, die auf einer Feier mit syrischen Freunden geboren worden sei. Man habe viel gezecht. Durch sein Engagement «an die Grenzen der psychischen und auch körperlichen Belastung gebracht», habe er Entlastung gesucht und in einer Lügengeschichte gefunden. Die hatte insofern einen realen Hintergrund, als Flüchtlinge tatsächlich tagelang vor dem Lageso anstehen mussten, um sich die Sozialhilfe auszahlen oder einen Krankenschein ausstellen zu lassen.

Also von wegen Gleichgewicht – Dirk Voltz beging seine Dummheit als Menschenfreund.

Rang und Namen

Welches ist das beliebteste Auto? Wie jedes Jahr fragte der ADAC Ende 2013 seine fast 19 Millionen Mitglieder. Am 16. Januar 2014 gab er das Ergebnis bekannt: Mit 34 299 Stimmen wurde der VW Golf zum Lieblingsauto erkoren.

Das war nicht ganz richtig. Nicht 34 299, sondern nur 3271 hatten für den Golf votiert. Der Automobilclub hatte die Teilnehmerzahlen geschönt, um der Öffentlichkeit mehr Interesse an seiner Abstimmung vorzugaukeln. Die Reihenfolge aber stimme, beruhigte Kommunikationsleiter Michael Ramstetter. Von wegen: Der auf Platz zwei gewählte BMW 3er war auf der publizierten Rangliste nicht einmal unter die besten fünf gelangt.

Nicht nur der ADAC, auch Fernsehanstalten wie das ZDF, der HR, der NDR, RBB und der WDR mussten im selben Jahr einräumen, an den Ergebnissen ihrer durch Online-Votings zustande gekommenen Ranglisten gedreht zu haben. Das ZDF, das in zwei Abstimmungen «Deutschlands beste Frauen und Männer» zu ermitteln vorgab, schob bei den Männern Franz Beckenbauer, abgeschlagen 31. geworden, auf Tabellenplatz neun und Frank-Walter Steinmeier von zehn auf sechs; bei den Frauen marschierte Helene Fischer von zehn auf fünf. Beim SWR gab es 2014 ein «Handbuch Ranking Formate», in dem ein «Verbindlicher Leitfaden» vorschreibt, dass Votings «immer redaktionell begleitet sein» sollen. Unverblümt heißt es: «Über die endgültige Reihenfolge entscheidet auf jeden Fall die Redaktion.»

Nun sind solche populären Votings, ob über «Die beliebtesten Motorräder Norddeutschlands» oder «Die beliebtesten Talsperren Nordrhein-Westfalens», bloß pseudodemokratische Spielchen, die Volkes Stimme dort ertönen lassen, wo sie bedeutungslos ist. Repräsentativ sind sie sowieso in den seltensten Fällen. Wenn bei einer Umfrage nach den «spektakulärsten Rücktritten» Howard Carpendale auf Platz eins landet, Willy Brandts Demission nur auf dem fünften, wird auch klar, dass solche Listen Muster ohne Wert sind. Damit ist nichts gegen das Publikum gesagt, im Gegenteil: Das beteiligt sich nämlich so gut wie nicht an dem Zirkus. Bei der eben zitierten Wahl siegte Carpendale mit läppischen 64 Stimmen; auf Willy Brandt entfielen 28.

Das Stimmvieh kann sich aber auch auf eine Weise einmischen, die der Erfinder nicht vorgesehen hat. Möglich ist das nicht nur bei Belanglosigkeiten, sondern auch bei politischen Themen, wo die Abstimmung ein Meinungsbild ergibt, das die Entscheidungsträger beeinflussen kann und ebenso die Bürger, weil sich die meisten an der wirklichen oder gefühlten Mehrheit orientieren. Beispielsweise lehnten in einer Online-Umfrage des «Münchner Merkur» über die geplante dritte Startbahn des Münchner Flughafens 54 Prozent der Teilnehmer die Piste ab, 43 Prozent stimmten dafür. Ein Experiment bewies: Wer die Speicherung von Cookies deaktivierte, konnte statt einer bis zu 30 Stimmen abgeben, wer den Router neu startete und damit eine andere IP-Adresse erhielt, konnte abermals bis zu 30-mal votieren – und so weiter. Der grüne Lokalpolitiker Dirk Wildt probierte aus, ob er auf diese Weise das Ergebnis in seinem Sinne manipulieren könne: In der Tat hatte er nach einer Stunde 182-mal votiert und den Nein-Anteil auf 58 Prozent angehoben.

Auch wenn die Zeitungen und andere Medien solche Umfragen als «Mitmach-Elemente für die Leser» einsetzen (wie es der Online-Redakteur des «Münchner Merkur», Markus Knall, formuliert) und als Möglichkeit der Kundenbindung nutzen: Es liegt auf der Hand, dass diese enge Sichtweise die größeren politischen Zusammenhänge ausblendet.

Augenwischerei

Dass Fotografien keine ungefilterte Wirklichkeit zeigen, ist eine Binsenweisheit. Dass es infolge der heutigen Möglichkeiten der Bildbearbeitung leicht ist, Fotos zu manipulieren, dürfte ebenfalls ein Gemeinplatz sein. Noch nicht gleichermaßen herumgesprochen hat sich vielleicht, dass es auch um die Glaubwürdigkeit von Filmaufnahmen nicht gut steht.

Das Video, das im Internet den Untergang des Kreuzfahrtschiffes Costa Concordia in stürmischer See präsentiert: gefälscht, das Schiff lief 2012 bei ruhigem Seegang auf Grund. Das Filmchen, das einen Knaben im syrischen Bürgerkrieg zeigt, der unter Beschuss ein Mädchen in Sicherheit bringt: Es wurde auf Malta produziert, wie die BBC herausfand. Der auf russischen Internetseiten zu sehende Clip, in dem ein amerikanischer Junge sein Zimmer betritt, dessen Wand mit riesigen Bildern halbnackter, ihr Geschlechtsteil präsentierender Männer tapeziert ist: nichts weniger als ein Beweis für amerikanische Dekadenz, im Originalfilm hängt in dem Kinderzimmer das Foto eines Trucks.

Im Fernsehen kann man die Leute nicht ganz so einfach an der Nase herumführen, weil die Redaktionen angehalten sind, das Bildmaterial zu prüfen. Im Internet hingegen gibt es diese «Gatekeeper», solche Wächter, nicht. Jeder darf seine Zerrbilder ins Netz stellen, und dank PC, Tablet und Smartphone kann die Propaganda jeden blitzschnell erreichen und ihm die Sinne vernebeln.

Nicht immer steht eine politische Absicht hinter den Fälschungen. Viele scheinbar dokumentarischen Fotos und Filme dienen kommerziellem Interesse. Dazu zählen die hochbezahlten Bilder von Prominenten, die wütend auf den Paparazzo losgehen. Das Foto ist der untrügliche Beweis für die Gewalt, doch dass das Opfer wahrscheinlich provoziert wurde, sieht man nicht: dass nämlich die Paparazzi zu zweit sind, von denen der eine den Star belästigt und der andere die Szene festhält, und zwar am besten so, dass der Kollege nicht im Bild erscheint.

Kurz vor Weihnachten 2014 konnten sich Nutzer der «Bild»-Website an einem Video ergötzen, auf dem Herbert Grönemeyer auf dem Flughafen Köln-Bonn mit seiner Tasche einen Fotografen attackiert. «Da rastet er aus», kommentiert ein Sprecher das Geschehen. Zwei (!) Reporter (womit der erste Verdacht aufsteigt) zeigten den Rocksänger wegen Körperverletzung an. Sodann legte die Videoanalyse nahe, dass Grönemeyer den Fotografen mit der Tasche nicht berührt hatte. Außerdem begründete ein rechtsmedizinisches Gutachten erhebliche Zweifel an den Verletzungen des vorgeblichen Opfers. Und schließlich war das als Beweis vorgelegte Video geschnitten worden – offensichtlich, weil darauf ursprünglich mehr zu sehen war: Grönemeyers Freundin und sein Sohn, die laut Aussage des Musikers von den Reportern bedrängt wurden. Damit kehrte sich die Rechtslage um: Das Recht am eigenen Bild ist nach herrschender Rechtsprechung notwehr- und sogar nothilfefähig, das heißt, Grönemeyer durfte eingreifen, sich wehren und notfalls mit Gewalt verhindern, dass man seine Begleiter «abschießt», wie man im Paparazzi-Jargon sagt.

Bilder können lügen, und die, die das Laufen gelernt haben, ebenso. In Zukunft wird die Manipulation noch leichter möglich sein. Es gibt bereits Software, um Mundbewegungen und Mimik von einer Person auf eine andere zu übertragen, so dass man einem Politiker Sätze unterjubeln kann, die er nie von sich gegeben hat. Nimmt man Wörter, die derjenige tatsächlich gesagt hat, und setzt sie zu neuen Aussagen zusammen, passt auch die Stimme. (Immerhin könnte dieses Verfahren bei der Nachsynchronisation von Filmen nützlich sein, wenn der originale Synchronsprecher nicht mehr lebt. In dem Italo-Western-Klassiker «Zwei glorreiche Halunken» von 1967 wurden für die erste deutsche Version mehrere Sequenzen herausgeschnitten, die zusammen eine halbe Stunde lang sind und später mit anderen Sprechern nachsynchronisiert wurden, was sich störend bemerkbar macht.)

Bereits heute kann man einen Menschen dreidimensional scannen und daraus einen Avatar formen, der in einem Computerspiel agiert. Es ist abzusehen, dass diese Technik es eines Tages erlauben wird, eine solche einer lebenden Person nachgebildete Figur in einem Film mitspielen zu lassen – oder in einem Korrespondentenbericht fürs Fernsehen auftreten zu lassen.

An der Universität Michigan entwickelt die Forschergruppe «Generative Adversarial Text to Image Synthesis» zusammen mit dem Saarbrücker Max-Planck-Institut für Informatik ein System, das aus bloßen Beschreibungen wirklichkeitsnahe Bilder erschafft. Den Satz «Ein paar Menschen auf Skiern stehen im Schnee» verwandelt das Programm in ein Gruppenfoto vor winterlichem Bergpanorama unter blauem Himmel: eine täuschend echte Fotografie nicht existierender Menschen in einer inexistenten Landschaft! Dabei wird es kaum bleiben, sondern eines Tages wird die Maschine Filme träumen. Die darin auftretenden Menschen werden mithilfe von Softwareprogrammen, die täuschend echt künstliche Stimmen erzeugen, zum Sprechen gebracht.

Mehrere Unternehmen entwickeln auch Apps fürs Smartphone, mit denen sich die eigene Stimme so verändern lässt, dass sie wie die eines Prominenten klingt – das wiederum kann ein Spaß werden, weil Telefonstreiche ein Kinderspiel wären. Es ließen sich auch Liveinterviews fürs Radio faken. Und wenn die Filmsoftware so weit ist, auch fürs Fernsehen und das Internet.

USAIS

Die USA stecken mit den Dschihadisten vom sogenannten Islamischen Staat unter einer Decke! Mit dieser sensationellen Enthüllung überraschte am 14. November 2017 das russische Verteidigungsministerium die Weltöffentlichkeit. Als Beleg präsentierte es

Luftaufnahmen einer Drohne. Die Schwarzweißfotos bewiesen, dass «die USA Kampfeinheiten des IS Schutz bieten».

Wenige Stunden später war der Coup zum Rohrkrepierer geworden: Die Fotos stammten aus dem Computerspiel «AC-130 Gunship Simulator: Special Ops Squadron». Das russische Verteidigungsministerium löschte die Bilder und lastete die Fake News einem externen Mitarbeiter an.

Ein Mann von bestechenden Qualitäten

«Edu Martins ist tot», ließ der brasilianische Fotograf Fernando Costa Netto im September 2017 über seine Internetkolumne die Welt wissen. Die Frage war bloß: Lebte Eduardo «Edu» Martins jemals? Kriegsfotograf und außerdem begeisterter Surfer soll er gewesen sein; seine Fotos erschienen in brasilianischen Magazinen, im «Wall Street Journal», in «Le Monde», im britischen «Telegraph» und in der «Iswestija»; Al-Dschasira und die Deutsche Welle sendeten seine Reportagen über die Gräuel des Islamischen Staates im Nahen Osten, er berichtete aus Syrien und dem Irak. Er hatte auf Instagram über 60 000 Fans und auf Twitter 120 000 Follower.

Die gab es wirklich. Ihn selbst nicht. Als die BBC, die im Juli 2017 Fotos und Videos von Martins samt einem Interview auf ihrer Website veröffentlicht hatte, noch mehr über den Helden wissen wollte, musste sie erfahren, dass niemand auf der Welt ihn persönlich kannte, auch Fernando Costa nicht. Zwar machte der britische Sender fünf Geliebte des attraktiven 32-Jährigen ausfindig – doch die hatten ihn nie zu Gesicht bekommen, sondern nur per WhatsApp mit ihm geflirtet.

War das schon erstaunlich, so wunderte sich der englische Surfer Max Hepworth-Povey noch mehr: Sein Gesicht war es, das den Instagram-Account von Martins zierte. Nicht der einzige Diebstahl. Es erwies sich, dass sich Martins bei anderen Fotografen bedient hatte, deren Bilder er spiegelte, mit digitalen Kniffen bearbeitete oder durch Ausschnittvergrößerung veränderte – und das so erfolgreich, dass weltweit tätige Agenturen wie Getty Images und Zuma Press seine geklauten Fotos ankauften.

Als der Schwindel aufflog, löschte «Eduardo Martins» alle Netzaktivitäten und löste sich in Luft auf. Selbst sein beeindruckender Lebenslauf konnte fortan niemand mehr von den Socken holen: Mit 25 Jahren hatte er eine langjährige Krebserkrankung besiegt und begann danach ein neues Leben, indem er von São Paulo nach Gaza zog, als Freiwilliger mit Flüchtlingen in Nahost, danach mit aidskranken Kindern in Afrika arbeitete und schließlich beschloss, die Welt aufzurütteln, indem er sie mit drastischen Fotos von Unterdrückung und Kriegsverbrechen bombardiert. Was für ein toller Hecht!

Und was für ein Held! In einem Interview mit dem «Recount Magazine» schilderte er, wie er einen Jungen, der von einem Molotowcocktail getroffen worden war, in Sicherheit brachte: «In solchen Augenblicken, die in meiner Arbeit normal sind, bin ich kein Fotograf mehr, sondern ein Mensch.»

Ein Mann von bestechenden Qualitäten! Und wohl nicht der Einzige: Fernando Costa Netto, dem Eduardo Martins als letztes Lebenszeichen eine einjährige Auszeit angekündigt haben soll, warnt: «Ich habe keinen Zweifel, dass es noch mehr Eduardos gibt.»

Kein Platz für Frauen

Schon das Original war ein Fake. Als am 11. Januar 2015 in Paris 1,5 Millionen Franzosen an einem Trauermarsch für die Opfer der Attentate islamischer Terroristen auf die Redaktion des Satiremagazins «Charlie Hebdo» und einen jüdischen Supermarkt teilnahmen, setzten sich scheinbar die Staats- und Regierungschefs von 40 Ländern an die Spitze des Zuges, vorneweg Jean-Claude Juncker, Benjamin Netanjahu, François Hollande, Angela Merkel, Mahmud Abbas und Matteo Renzi. In Wirklichkeit waren die Politiker nicht so volksnah: Sie hatten sich fotogen in einer Nebenstraße aufgestellt.

Als Dokument völkerumspannender Solidarität ging das Foto um die Welt. Genauer gesagt, fast um die Welt. In Israel schnitt die ultraorthodoxe Zeitung «Hamodia» (Der Verkünder) alle Frauen heraus: In der Mitte verschwand Angela Merkel, links die Pariser Bürgermeisterin Anne Hidalgo, und ganz links fiel Federica Mogherini, die Außenbeauftragte der EU, der Schere zum Opfer – allerdings nicht vollständig. Mogherinis linke Hand ragt noch ins Bild, aber zum Seelenheil der Betrachter ist das Geschlecht des Greifwerkzeuges nicht zu erkennen.

Aus der Gerüchteküche

«Der Schwarzmarkt der Information»

20 Millionen Muslime leben in Deutschland, sie machen 21% der Bevölkerung aus. Dass diese Zahl nicht stimmen kann, schon weil Deutschland dann über 100 Millionen Einwohner haben müsste, fiel den Leuten, die dieses Gerücht verbreiteten, nicht auf. Tatsächlich liegt der Anteil bei 5% von etwas über 80 Millionen Einwohnern.

Vor allem 2015/16, als mehr Flüchtlinge als sonst nach Deutschland kamen, schossen Lügengeschichten ins Kraut, in denen sich die Angst vor den Fremden widerspiegelte und die wiederum Angst vor ihnen machen oder Empörung über sie schüren sollten. Über Internetforen und im alltäglichen Gespräch pflanzten sich die Fake News fort: Dass Flüchtlinge im Supermarkt straflos stehlen. Dass Ausländer deutschen Omas mit dem Ausruf «Merkel zahlt!» die prall gefüllte Einkaufstasche entreißen. Dass sie sich bei C & A neu einkleiden, ihre alten Klamotten in der Umkleidekabine liegenlassen und unbehelligt aus dem Geschäft spazieren. Dass südländisch aussehende Jugendliche im Schwimmbad deutsche Mädchen begrabschen. Dass die Fremden «unsere» Frauen vergewaltigen. Dass den Flüchtlingen der Führerschein vom Staat bezahlt wird. Oder, eine Meldung aus Österreich, dass in Kärnten 20 Asylbewerber in Hungerstreik getreten sind, um ein Taschengeld von monatlich 2000 Euro zu erpressen.

Es ging hoch her auf dem «Schwarzmarkt der Information» (Noël Kapferer). Bereits nach fünf Monaten hatte die Anfang 2016 eingerichtete Internetseite hoaxmap.org 385 Gerüchte über Flüchtlinge verzeichnet und überprüft: Wahr war keines. Sie alle erwiesen sich nach Recherchen von Lokalzeitungen, polizeilichen Ermittlungen oder Nachfragen bei den vermeintlich Geschädigten als falsch. So postete im nordrhein-westfälischen Oberhausen die lokale «Bürgerwehr» auf Facebook, Asylbewerber hätten ein zwölfjähriges Mädchen in einem Park unsittlich berührt und zusammengeschlagen: erfunden, um Stimmung zu machen. Oder die mit «Beschämend!!!!» überschriebene Meldung eines Facebook-Nutzers über den «Streichelzoo» im ostdeutschen Lostau, wo sich Flüchtlinge gütlich getan hätten: «Ziegen wurden geschlachtet und am Lagerfeuer verzehrt» – erlogen, gibt es in Lostau doch seit vielen Jahren keinen Streichelzoo mehr. Der Wildpark (wie es richtig hieße), in dem zu DDR-Zeiten Wildschweine, Rehe und Ziegen gehalten wurden, war kurz nach der Wende geschlossen worden.

Die einen Schauermärchen werden aus dem Blauen heraus erdichtet, andere werden geschickt lanciert, indem man mit erfundenen Straftaten von Asylsuchenden oder «Südländern» zur Polizei geht. Die nimmt die Anzeige pflichtgemäß auf und teilt der Presse mit: «Drei weibliche Jugendliche wurden durch zuerst zwei männliche Afghanen im Alter von 19 und 26 Jahren beobachtet, verfolgt und schließlich mit Mobiltelefonen fotografiert beziehungsweise gefilmt. Minuten später fanden sich 20 bis 30 weitere Personen mit Migrationshintergrund ein, belästigten, beobachteten, verfolgten die Geschädigten» – so der Bericht der Kieler Polizei am 26. Februar 2016, einen Tag nach dem zur Anzeige gebrachten Vorkommnis im Einkaufszentrum Sophienhof. Sechs Wochen später, am 8. April, folgt das Dementi durch die Staatsanwaltschaft: «Die Mädchen sind nicht gefilmt und fotografiert worden. Es gab keinen Mob.» Die Sache hat sich in Luft aufgelöst – oder eben nicht, denn das Gerücht hat längst Kreise gezogen, und die

Einstellung des Verfahrens geht im Strudel neuer Meldungen unter. Oder das Dementi wird, weil es die willkommene Geschichte zerstört und die Fantasie lähmt, abgetan und ignoriert.

Hilfreich für die Verbreitung eines Gerüchts ist, wenn eine Autoritätsperson es streut oder aufnimmt. Am 13. Januar 2016 unkte die AfD-Politikerin Beatrix von Storch auf Facebook: «Ich nehme Wetten an: Wenn sie [Angela Merkel, P. K.] bald zurücktritt, wird sie das Land verlassen. Aus Sicherheitsgründen.» Am 24. Januar setzte sie in der von Anne Will moderierten Talkshow hinzu, dass Angela Merkel womöglich nach Südamerika, nach Chile gehe, was die Kanzlerin in die Nähe von Margot Honecker rückte, die seit 1991 bis zu ihrem Tod in dem Land gelebt hatte. Zwei Monate später war die Sache so gut wie bewiesen: «Und die Merkel hat ihr Geld schon ins Ausland geschafft, das weiß man von Insidern», weiß jener Bürger, den am 5. März 2016 der «Spiegel» zitiert.

Nützlich ist es ferner, wenn man nicht nur Worte, sondern auch Fotos und Filme parat hat. 2015 wurde in sozialen Netzwerken ein Videoclip geteilt, auf dem angeblich Muslime bei einem Freudenfest anlässlich der Terroranschläge in Paris zu sehen waren. In Wahrheit war das Filmchen ein paar Jahre alt und zeigte pakistanische Sportsfreunde, die den Sieg ihrer Mannschaft beim Cricket-Worldcup 2009 in London feiern.

Oder ein Beispiel aus Deutschland: Ein 2016 ins Internet gestelltes Foto zeigt Muslime vor der Münchner St.-Gertrud-Kirche, die an der Mauer des Gotteshauses stehend ihr kleines Geschäft verrichten. Doch es sieht nur so aus: Erstens sind es keine Muslime, sondern äthiopische und eritreische Christen, die, zweitens, nicht pieseln, sondern wie in ihrer früheren Heimat an der Außenmauer stehend beten, weil die Kirche voll ist. Das war bei Gottesdiensten in der St.-Gertrud-Kirche bereits seit acht Jahren zu beobachten. Der ehemalige NPD-Vorsitzende und jetzige Europaabgeordnete Udo Voigt, der als einer von vielen das Foto mit falscher Legende im «Weltnetz» (NPD-Jargon) verbreitet hatte, löschte es mitnichten, nachdem die Sache aufgeklärt worden war, sondern erst, als ein Fernsehteam zu einem Gespräch mit ihm anrückte.

Er ließ sich so lange wie möglich in seiner Meinung nicht von Tatsachen beirren – eine Praxis, die weit verbreitet ist. Als sich herausstellte, dass die Nachricht von der Entführung und Vergewaltigung der 13-jährigen Lisa durch Flüchtlinge in Berlin nicht stimmte (s. S. 58), erklärte eine Passantin einem Reporter des Norddeutschen Rundfunks ungerührt: «Wahrheit oder nicht – ich glaube die Geschichte.»

«Was die Massen überzeugt, sind keine Fakten, noch nicht einmal erfundene Fakten, sondern die Konsistenz der Illusion», klagte einst Hannah Arendt. Sie hatte unrecht, weil auf die Konsistenz gepfiffen werden kann. Als im baden-württembergischen Landkreis Zollernalb keine Schafe mehr auf der Weide standen, wussten es manche Leute sofort: Flüchtlinge hatten die Tiere gestohlen, geschächtet und aufgegessen! «Gerüchte sind improvisierte Nachrichten, die aus einem kollektiven Diskussionsprozess hervorgehen», schreibt der französische Gerüchteforscher Noël Kapferer: Zuerst findet ein Ereignis statt. Dann fragt sich die Bevölkerung, was hier vorgeht. Daraufhin wird eine Erklärung gesucht. Die verdichtet sich zu einem Gerücht. Hier: Die Flüchtlinge waren es! Die eigentlich zutreffende Erklärung bestand darin, dass die Schafe wie jedes Jahr ins Winterquartier gebracht worden waren. Nichtsdestoweniger hielt sich das Gerücht. Der Reporter Michael Würz vom «Zollern-Alb-Kurier» erinnerte sich: «Einmal saß der Schäfer selbst beim Arzt im Wartezimmer, als das Thema aufkam. Er gab sich zu erkennen, erzählte von seinen quicklebendigen Schäfchen, doch die Wartenden schnitten ihm das Wort ab: Er habe doch keine Ahnung. Der Schäfer gab auf.»

Dass kein Beweis, kein Augenzeuge, kein Dementi ein Gerücht zum Schweigen bringen kann, zeigt, dass es Emotionen befriedigt, die tief unterhalb von Logik und Vernunft siedeln. Ein Dementi kann sogar das Gegenteil bewirken – es wird als Beweis angesehen, dass die Wahrheit skrupellos im Interesse finsterer Mächte unterdrückt wird.

Gerüchte hat es immer gegeben. Sie sind in Politik, Wirtschaft und Gesellschaft ebenso zu Hause wie im Privatleben, sie dienen handfesten Interessen im Kampf um Macht, Geld und Ansehen wie dem menschlichen Bedürfnis nach Klatsch, Abwechslung und Aufregung. Neu ist, dass sie sich durch das Internet schneller und weiter verbreiten können, dass es leichter ist, im Netz Zeugen und Beweise zu fingieren, und dass die Anonymität dazu ermutigt, Gemeinheiten in die Welt zu setzen, weil man kaum je zur Verantwortung gezogen werden kann. Das Gerücht ist die Fake News des kleinen bösen Mannes.

Es liegt auf der Hand, dass der Nährboden, auf dem ein Gerücht gedeiht, bereits mit dem passenden Weltbild, der geeigneten Ideologie gedüngt sein muss. In einem Experiment, das Wissenschaftler der Harvard-Universität und des University College London 2016 durchführten, wurden die Probanden mit Forschungsergebnissen zum Klimawandel konfrontiert. Die ihn als harmlos abtaten, waren von alarmierenden Nachrichten unbeeindruckt und änderten ihre Meinung nicht im Geringsten. Legte man ihnen Meldungen vor, die ihre Einschätzung bestätigten, fanden sie den Klimawandel noch unwichtiger als zuvor. Bei der Vergleichsgruppe derer, die der Klimawandel ängstigt, verhielt es sich umgekehrt. Das Ergebnis: Die meisten Menschen lassen sich von störenden Fakten nicht behelligen. Passen sie ihnen jedoch in den Kram, akzeptieren sie sie.

Wäre das alles, so wäre es trivial. Doch das Gift von Gerüchten und Fake News wirkt noch auf andere Weise: Eine Falschnachricht wird leichter geglaubt, wenn man die in ihr steckende Kerninformation schon einmal gehört hat. Bloße Wiederholung sorgt dafür, dass selbst kritisch und analytisch denkende Menschen ihr mit der Zeit etwas abgewinnen: Schon beim zweiten Mal erhöht sich die Akzeptanz. Schnappt man dann ein ähnliches Gerücht auf, geht man ihm womöglich auf den Leim: Zwar wandert Angela Merkel nicht aus, aber, wie der anonyme Bürger sagt, sie hat ihr Geld ins Ausland geschafft.

Andererseits eröffnet sich so die Chance, Einstellungen nach und nach zu ändern. Man kann unter dem Trommelfeuer bösartiger Propaganda selber hasserfüllt werden, aber wenn an der menschenfreundlichen Wahrheit beharrlich festgehalten wird, kann sie sich vielleicht durchsetzen. Die Frage ist nur: Wer verkündet sie? Die als «Lügenpresse» beschimpften Medien? «Tatsächlich bezeugt die starke Ausbreitung von Gerüchten oft, daß die Leute das Vertrauen zu den offiziellen Informationskanälen und sogar zu den Behörden verloren haben», schrieb Noël Kapferer bereits vor 20 Jahren. Er selbst wusste kein Patentrezept und setzte sein Vertrauen in die Zeit: Statt sofort einzugreifen, zu argumentieren und zu dementieren, ist es in vielen Fällen das Beste, den richtigen Moment abzupassen, wenn sich das Gerücht totläuft, die Fakten unabweisbar sind und die Gerüchteköche blamiert werden.

Ganz anders und sehr engagiert gingen die Sache die Dresdner Studenten an, die im August 2016, unterstützt vom sächsischen Staatsministerium für Soziales und dem Gaststättenverband, 120 000 Bierdeckel drucken ließen und in die Kneipen gingen, um mit den Leuten ins Gespräch zu kommen. «Flüchtlinge kriegen mehr Geld als einer mit Hartz IV», steht beispielsweise auf einem Bierdeckel, «Deutschland nimmt doch die ganze Welt auf» auf einem anderen; wenn jemand darauf anspringt, wird der Deckel umgedreht: «Nach Asylbewerberleistungsgesetz erhält ein Asylbewerber 354 Euro im Monat. Der Hartz-IV-Satz beträgt 404 Euro», steht auf dem einen, und auf dem anderen: «Lediglich 0,7 Prozent der weltweit vertriebenen 65 Millionen Menschen haben einen Asylantrag in Deutschland gestellt.»

Ob dieser «Faktencheck am Zapfhahn», der in den Worten der Studenten «politische Bildung auf Pappquadraten» vermittelt, fruchtet und nicht nur kurzfristig die Gäste beeindruckt, steht dahin. Solch mühselige Kleinarbeit können sowieso die wenigsten leisten. Außerdem bleibt das Hauptverbreitungsgebiet von

Gerüchten außen vor, das die Leute vor und nach der Kneipe aufsuchen: das Internet, die asozialen Geschwätzwerke. Dort ist Facebook eines der Hauptmedien zur Verbreitung von Fake News. Sein anderer Name: «Fakebook».

Kinderprostitution, Mädchenhandel

Am 4. Dezember 2016 betrat der mit einem Gewehr bewaffnete Familienvater Edgar M. Welch in Washington die Pizzeria Comet Ping Pong und feuerte. Niemand wurde verletzt, doch fand die Polizei, die ihn abführte, eine weitere Handfeuerwaffe bei ihm.

Aufgestachelt von grotesken Fake News, die seit Oktober 2016 in sozialen Netzwerken kursierten und über Internetseiten verbreitet wurden, Donald Trump im Wahlkampf gegen Hillary Clinton von Nutzen waren und sogar von seinem Berater Michael T. Flynn über den Kurznachrichtendienst Twitter abgesetzt worden waren, hatte der Mann im Keller des Lokals die Zentrale eines Kinderprostitutions- und -pornorings ausgemacht, der Kinder als Sex-Sklaven für Pädophile halte und von den Clintons, Hillarys Wahlkampfmanager John Podesta und anderen Politikern der Demokratischen Partei betrieben werde. Unzählige Nutzer von Twitter, Facebook und Instagram waren bereits derselben Lügengeschichte aufgesessen, hatten sich aber damit begnügt, das Restaurant in Worten zu attackieren.

Seriöse Medien wie die «New York Times» oder die «Washington Post», die auch online vertreten sind, und der Faktenrecherchedienst Snopes hatten das Lügenmärchen längst entlarvt, doch die Aufklärung prallte an dessen hartgesottenen Verfechtern ab. Kurz nachdem ein richtigstellender Artikel erschienen war, postete der Abgeordnete Steven Smith aus dem 15. Wahlbezirk in Georgia auf Twitter, nicht die Nachrichten über den Kinderschänderring seien falsch, sondern was die «Mainstream-Medien» dagegen schreiben.

Der Tweet wurde Dutzende Male weitergeleitet – aber es gibt keinen Abgeordneten Steven Smith und keinen 15. Wahlkreis in Georgia.

Merkwürdig ist, dass Gemunkel dieser Art sich heute um Kinderpornografie dreht und früher um Mädchenhandel, der nahezu aus dem Fokus der Allgemeinheit verschwunden ist. In der zweiten Hälfte der 1960er Jahre hingegen, als sich die rigide Sexualmoral lockerte, wurde Frankreich geradezu von einer Gerüchtewelle erfasst. Beispielsweise wurde 1966 in Rouen ein Konfektionsgeschäft als Deckadresse für den Mädchenhandel denunziert; die Inhaberin verließ die Stadt, weil das verleumderische Gerede nicht abzustellen war. Im Mai 1969 wurde ein Bekleidungsgeschäft in Orléans verdächtigt, junge Frauen würden aus den Umkleidekabinen entführt; im Keller habe die Polizei zwei oder drei Mädchen gefunden, die unter Drogen standen und einem Mädchenhändlerring übergeben werden sollten. Hier gelang es nach und nach, dem Gerücht beizukommen.

Falschnachrichten führen nicht nur hinters Licht, sondern verführen auch. Die Vorlage für das Gerücht in Orléans war ein Artikel, der unmittelbar zuvor in der Illustrierten «Noir et Blanc» erschienen war: In Grenoble habe ein Industrieller seine junge Gattin vermisst, die in einem eleganten Konfektionsgeschäft verschwunden war, und rief die Polizei, die die «in tiefem Schlaf liegende junge Frau in einem Hinterzimmer des Ladens entdeckte[n]. Die Polizisten bemerkten am rechten Arm der Frau einen Einstich: Man hatte ihr eine Betäubungsspritze gegeben.» Die Geschichte wurde als kürzlich geschehene, wirkliche Begebenheit ausgegeben, war aber dem Skandalbuch «L'Esclavage sexuel» (Die sexuelle Sklaverei) entnommen und pure Fantasie – und heizte wiederum die Fantasie an. In Orléans wie anderswo, wo von Mädchenhandel geflüstert wurde, waren die «Inkubationsorte des Gerüchtes» (Noël Kapferer) die Mädchenklassen der Gymnasien: «Diese von den gesellschaftlichen Realitäten isolierten jungen Schülerinnen, die in einem geschlossenen Milieu leben, sind ein günstiger Nährboden für das Aufkommen sexueller Phantasievorstellungen, und solche imaginären Szenarios bringen verdrängte Begierden zum Ausdruck». Nicht zu vergessen, schüren sie die Angst und die Sorgen der Eltern. Heute sind die Kinder von den gesellschaftlichen Realitäten nicht isoliert und in sexueller Hinsicht durch Videos und Internet auf dem neuesten Stand. Folglich ist es das Netz, das die Fantasie der Erwachsenen nährt und sie beunruhigt – zu Recht, aber auch zu Unrecht.

Nessie, Bigfoot & Co.

Immer wieder werden neue Tierarten entdeckt. Einige aber entziehen sich bis heute dem Beweis ihrer Existenz ebenso hartnäckig, wie sie behauptet wird.

• Manche sind ausdrücklich ein Produkt der Fantasie und verdanken sich der Lust an Spiel und Spaß. So der wilde Waldmops, von dessen Existenz 1972 Loriot in seiner Fernsehserie «Cartoon» die Welt in Kenntnis setzte. In der Maske des Journalisten und engagierten Tierschützers Horst Stern parodierte Loriot dessen Sendung «Sterns Stunde» mit einem «Tierstunde» genannten Beitrag, in dem er die «Schamlosigkeit» anprangerte, mit der der Mensch «die äußeren Körpermerkmale ganzer Tiergattungen umzüchtete». Als «eindrucksvolles Beispiel» führte Loriot alias Horst Stern den Mops an: Der genösse «einen zweifelhaften Ruf als ringelschwänziges Schoßtier», während er einst «als Herr des Waldes Europa vom Ural bis zum Fichtelgebirge» durchstreifte; «durch blinden Züchterehrgeiz» habe er in den letzten 500 Jahren seine Nase eingebüßt und sei seiner «mächtigen Mopsschaufeln» verlustig gegangen, weil sich «14-Ender im Schoß älterer Damen als hinderlich erwiesen». Einige Exemplare lebten allerdings noch in der Wildnis und besäßen ein «kurzes, kräftiges Gehörn», das ihnen bei der Jagd zustattenkomme.

Die Legende vom wilden Waldmops ist eine freundliche Satire. Bei anderen mythischen Tieren sind Ernst und Scherz weniger einfach auseinanderzuhalten.

• Das bekannteste bevölkert einen See im schottischen Hochland: Nessie, das Ungeheuer, das sowohl im Loch Ness als auch im Sommerloch sein Unwesen treibt. Jährlich strömen Touristen herbei, von denen jeder hofft, als Erster das leibhaftige Tier zu erblicken. Nachgewiesenermaßen gelungen ist es bis heute niemandem.

Schon im Jahr 565 soll der irische Missionar Kolumban einen Mann gerettet haben, der dort von einem Wasserungeheuer angegriffen wurde, das «ähnlich einem Frosch und doch kein Frosch» gewesen sei. Behauptet wird das allerdings erst gut hundert Jahre später in der vom irischen Heiligen Adamnanus verfassten Lebensbeschreibung Kolumbans, der «Vita Columbae».

Der Biograf selbst hatte keinen Beweis für die Existenz des Monsters zur Hand oder gar vor Augen, und die über tausend seither registrierten Meldungen von Anwohnern, Besuchern, Tauchern und Forschern hielten keiner Nachprüfung stand. Weder den Wissenschaftlern, die dem Untier mit dem Echolot nachstellten und es mit dem U-Boot jagten, noch den Kameraleuten von Google, die den See abfilmten, damit ihn jedermann über Google Street View abfahren kann (sogar Abtauchen ist möglich), ging Nessie ins Netz.

Was als handfester Beweis angesehen wurde, erwies sich durch die Bank als gefälscht. Das berühmte Schwarz-Weiß-Foto von 1934, auf dem man eine Seeschlange oder den langen Hals und kleinen Kopf eines Sauriers aus dem Wasser ragen sieht, zeigt in Wahrheit ein 30 Zentimeter großes Modell aus Holz, das auf einem Spielzeug-U-Boot befestigt war. Der Journalist Marmaduke Wetherell war 1933 von der «Daily Mail» angeheuert worden, um den zunehmenden Nessie-Sichtungen nachzuspüren. Er hatte das U-Boot bei Woolworth gekauft, das Monster von seinem Stiefsohn Christian Spurling basteln lassen und das am 19. April 1934 geschossene Foto mit dem Namen von Robert Wilson versehen,

einem bekannten Chirurgen, der die Sache seriös wirken ließ: Die
«Daily Mail» fiel darauf herein und veröffentlichte das Bild am
21. April 1934. Erst am 12. März 1994, kurz vor seinem Tod, lüftete
der Stiefsohn das Geheimnis.

Auch die riesigen Fußabdrücke am Ufer des Sees, die im Dezember 1933 entdeckt und schon bald als gefälscht entlarvt wurden, sollen ein Scherz Marmaduke Wetherells gewesen sein.
70 Jahre später, 2003, fand man sogar ein fossiles Fragment am
Strand, das zwanzig Zentimeter lange Bruchstück der Wirbelsäule
eines Plesiosauriers. Plesiosaurier sind allerdings vor 150 Millionen Jahren ausgestorben, während Loch Ness sich erst nach der
letzten Eiszeit vor 12 000 Jahren mit Wasser füllte; zudem wies der
Sandstein, in dem das Fossil eingebettet war, Löcher von mariti-
men Bohrwürmern auf: Ein Spaßvogel muss das Stück an der nahen Meeresküste gefunden und zum See geschleppt haben.

Doch nicht alles ist gemogelt; es gibt auch bloße Irrtümer. Die
öfter beschriebenen dunklen, zielgerichtet schwimmenden Objekte im See erwiesen sich allemal als Seehunde, die nach Lachsen
jagen. Andere Bewegungen im Wasser entpuppten sich als Wellen: Sie schlagen an engen Stellen des Sees ans Felsufer, überlagern
beim Zurückfluten ankommende Wellen und bilden dabei, wie
Laborversuche ergeben haben, ungewöhnliche Formen.

Fest steht, dass die Nessie-Meldungen 1933 zunahmen. Das
hatte einen einfachen, eigentlich mehrfachen Grund: Erstens war
im Juli jenes Jahres eine Fernstraße eröffnet worden; der zuneh-
mende Verkehr hatte mehr Augenzeugenberichte zur Folge. Zweitens hatte zu dieser Zeit ein Zirkus seine Zelte in der Nähe aufgeschlagen. Dessen Direktor Bertram Hills lobte 20 000 Pfund
(nach heutigem Kurs rund 700 000 Euro) für die Ergreifung des
Ungeheuers aus und stachelte die Fantasie der Leute an, indem er
seine Elefanten im See baden ließ. Hinzu kam drittens, dass im
selben Jahr der Film «King Kong» im Kino lief und der Riesenaffe
in einer Szene gegen einen Saurier kämpft – für den ganzen Zirkus um Nessie ein glücklicher Zufall.

Der Rummel um den mutmaßlichen Meeressaurier kam in den Folgejahren nie völlig zum Erliegen und erfuhr 1972 einen neuen Höhepunkt. Der US-amerikanische Unterwasserforscher Robert H. Rines leitete eine Nessie-Expedition und verkündete auf einer Pressekonferenz am 1. November 1972, er sei sich «jetzt sicher, dass dieses Tier tatsächlich existiert». Die Fotos, die er als Beweis präsentierte, erwiesen sich allerdings als stark bearbeitet und zeigten bei genauer Analyse nur aufgewirbelten Schlamm. Scheinbar voreilig hatte «dieses Tier» auf Vorschlag des Ornithologen und Naturschützers Sir Peter Scott einen wissenschaftlichen Namen erhalten: Nessiteras Rhombopteryx, das heißt Raupenflossenmonster. Das erwies sich bei näherer Prüfung als Anagramm von «Monster Hoax by Sir Peter S».

Auch das Foto, das der Bootskapitän George Edwards im Jahr 2012 von dem Biest geschossen haben wollte, entpuppte sich samt der beigebrachten Expertise der US-Army als Schwindel. Edwards, der seit über 25 Jahren über den See schipperte, hatte das Gutachten selber verfasst – egal: Selbst nach Aufdeckung seiner Büberei hielt er unverdrossen daran fest, dass in Loch Ness «ungewöhnliche Kreaturen» leben.

Die schottische Regierung scheint ähnlich zu denken und stellte Nessie vorsorglich unter Artenschutz. Weniger Erfolg hatte die Künstlervereinigung The Doing Group: Sie hatte, nachdem die britische Bevölkerung für den Austritt aus der Europäischen Union votiert hatte, beim United Kingdom Home Office einen Antrag auf unbefristete Aufenthaltserlaubnis für Nessie gestellt und musste am 11. April 2017 der Presse mitteilen, dass die Londoner Behörde weniger Sinn für Humor als die schottische Regierung hat: Das Gesuch war abgelehnt worden.

• Das zweite so berühmte wie ominöse Geschöpf bevölkert den Himalaya, die Sagenwelt der Sherpa und die Medien: der Yeti. Die Einheimischen in Nepal und Tibet beschreiben ihn als zwei Meter großen, aufrecht auf zwei Beinen gehenden, bräunlich-rötlich behaarten Schneemenschen. Für den Meti, den seltenen Himalaya-Braunbären (Ursus arctos pruinosus), gibt es tatsächlich glaubhafte Sichtungen; ihn hat wohl auch Reinhold Messner gesehen, wenn er behauptet, der «Yeti» sei «circa 2,20 Meter groß, ist ein Nachtwesen und frisst Yaks».

Von einem richtigen Schneemenschen gibt es keine auch nur einigermaßen belegten Sichtungen, weshalb er als Fabelwesen gelten muss. Die im Himalaya geborgenen Knochen, Zähne, Haare und Exkremente, die von manchen Leuten als Yeti-Überbleibsel betrachtet wurden, erwiesen sich als Überreste realer Tiere: Von neun Proben, die Wissenschaftler der University of Buffalo im November 2017 auf DNS-Spuren untersuchten, stammten acht vom Tibet-Petz und eine – von einem Hund. Die Fußabdrücke, die unzweifelhaft gefunden wurden, rührten ebenfalls vom Tibet-Bären her oder von den Schneeschuhen der Bergsteiger. Oder sie wurden zu Tourismuszwecken angelegt wie in der zweiten Oktoberwoche 2011, als die Verwaltung der russischen Provinz Kemerowo die Entdeckung mehrerer Yeti-Spuren im Altai-Gebirge verkündete. Unzweifelhaft gefälscht ist auch der sogenannte Yeti-Skalp, den 1960 Edmund Hillary und Marlin Perkins von einer Himalaya-Expedition mitbrachten und der im nepalesischen Khumbu ausgestellt wird: Er besteht aus Ziegenfell.

• Der Dritte in der Reihe der Fabelwesen ist der etwa zwei Meter große, über 200 Kilogramm schwere, stark behaarte und auf riesigen Füßen laufende Bigfoot, der angeblich durch die nordamerikanischen Bergwälder streift und in Kanada «Sasquatch» heißt, was so viel wie «Wilder Mann aus dem Wald» heißt. Dem tierischen Rübezahl widmet sich in den USA die «Bigfoot Field Researchers Organization», ohne bei der Suche nach dem mutmaßlichen Menschenaffen je fündig geworden zu sein.

Ihren Namen bekam die scheue Bestie, nachdem 1958 zwei Arbeiter sie auf einer Baustelle im nordkalifornischen Del Norte gesehen haben wollten und auf riesige Fußabdrücke wiesen: «Witnesses See Bigfoot» betitelte der «Humboldt Standard» seinen Bericht. 1967 schien ein Video die Existenz des auf großem

Fuß lebenden Bären zu beglaubigen, doch es war ein Jux des Amerikaners Ray Wallace, der seine Ehefrau und Freunde im Pelzkostüm durch die Botanik gescheucht hatte. 2002 ließ sein Sohn die Katze bzw. Bigfoot aus dem Sack und gestand, dass Ray Wallace auch 1958 mitgewirkt hatte, indem er mit großen Holzschuhen durch den Matsch der Baustelle gestapft war.

Nichts zu tun hatten die Wallaces mit dem 1996 gedrehten Video eines rennenden Bigfoots, der in Wirklichkeit ein Mann im Gorillakostüm war. Ähnlich war es um die «tiefgefrorene Sasquatch-Leiche» bestellt, deren Foto im Sommer 2008 den Medien über die Sauregurkenzeit half. Sie stellte sich als lebendiger Mensch in Karnevalsmaskerade heraus: Matt Whitton und Rick Dyer aus dem US-Bundesstaat Georgia hatten Dyers Bruder mit einem Affenkostüm ausstaffiert und von ihm ein Foto in der Tiefkühltruhe gemacht.

• Ebenfalls in den USA treibt angeblich der Mothman sein Unwesen. Erstmals gesichtet wurde er am späten Abend des 14. November 1966 in der Kleinstadt Point Pleasant im US-Bundesstaat West Virginia von den Ehepaaren Roger und Linda Scarberry sowie Steve und Mary Mallette. Sie waren im Auto der Scarberrys unterwegs, als sie gegen halb elf in der Dunkelheit eine kräftige, zwei Meter große, geflügelte Gestalt wahrnahmen, die auf einem Gebäude saß, abhob und mehrmals über das Auto flog. Der «Point Pleasant Register» berichtete am 16. November unter der Schlagzeile «Couples See Man-Sized Bird» über den Vorfall und spekulierte über die «Creature».

Die wuchs in den nächsten Monaten auf vier Meter Größe an, nahm eine schwarze Hautfarbe an und bekam den düsteren Namen «Mothman» verliehen, der aus «Batman» und dessen Gegenspieler «Killer Moth» (deutsch: Motte, daher auch «Mottenmann») gebildet wurde.

Der Mothman blieb ein Phantom, obwohl ihm sogar mit Spürhunden nachgejagt wurde. Das Gefühl der Unsicherheit und Angst aber verbreitete sich, zumal ein indianischer Mythos be-

kannt wurde, der von einem ähnlich beschriebenen Unglücks-
boten handelt – und als am 15. Dezember 1967 die Silver Bridge
zwischen Point Pleasant und dem Nachbarort Kanauga einstürzte,
31 Autos in den Ohio River stürzten und 46 Menschen ertranken,
kippte die Bangigkeit in Hysterie. Dass Materialermüdung, kleine
Risse im Beton und rostende Stahlträger das Unglück verursacht
hatten, war das eine – der Glaube, dass der Mothman die Katastrophe angekündigt habe, das andere. Der Vogelmann sollte, so
stellte sich nun durch Berichte weiterer Personen heraus, schon in
der Vergangenheit mehrmals Unglück vorhergesagt haben.

Es musste erst ein Mann mit dem Schießgewehr kommen, der
in Point Pleasure einen Mothman erlegte – und alle sahen: Es
handelte sich um einen der seltenen, großen Virginia-Uhus. Die
Beschreibung als «Man-Sized Bird» zielte in die richtige Richtung:
Es war ein Vogel, wahrscheinlich eben eine Eule, vielleicht auch
ein Kanadakranich.

Der Mothman war erlegt und erledigt – und lebt doch fort. 1975
brachte der Ufologe John A. Keel «The Mothman Prophecies» zu
Papier, die Anstoß zu dem gleichnamigen Film von 2002 (deutsch:
«Die Mothman Prophezeiungen») gaben, in dem Richard Gere
die Hauptrolle spielt. Daraufhin wurde der Mothman statt nur in
Point Pleasant überall in den USA gesichtet.

• Die nächste Kreatur geistert weiter südlich umher und ist
hierzulande weniger bekannt: das bis zu anderthalb Meter große
Chupacabra, das erstmals 1995 in Puerto Rico gesichtet wurde
und seither vor allem in Mittel- und Südamerika Ziegen und
Schafe reißt und wie ein Vampir aussaugt. Es liegt nahe, dass sich
in dieser Bestie der Hass der Bauern und Hirten auf Raubtiere ein
Ventil geschaffen hat: Die in der Presse abgedruckten Fotos des
Untiers lassen auf abgemagerte Wildtiere (aber auch verweste
Katzen und vermoderte Hunde) schließen; auf große Fantasie
hingegen die Beschreibungen, das Chupacabra habe Stacheln auf
dem Rücken, könne seine Farbe chamäleongleich der Umgebung
anpassen und habe einen übergroßen Kopf mit riesigen Augen

wie ein Außerirdischer. Nur um plumpe Fälschung handelte es sich bei dem Fall eines im August 2005 von einem texanischen Bauern getöteten Chupacabras. Der Kadaver verschwand spurlos, aber das Foto blieb und ließ den Schluss zu, dass es sich um das präparierte Aas eines Kojoten handelte.

• Hin und wieder geistern Mutmaßungen über ein Monster im Gardasee durch die Presse. Der Schatzsucher Angelo Modina, der den Seegrund mit einem Sonar abtastete, entdeckte bloß ein Flugzeugwrack, will aber auch schlängelnde Umrisse gewahrt haben. Suchaktionen von Tauchern blieben ergebnislos. Sollte es mehr als ein Phantom sein, so käme ein Stör infrage: Dieser Fisch kann acht Meter lang werden. Er gilt jedoch in Italien seit 1960 als ausgestorben.

• Kein Stör, sondern ein Hai wurde 2017 im Mondsee, einem Gewässer im österreichischen Salzkammergut, gesichtet und mehrmals fotografiert. Die malerische Rückenflosse ließ auf einen Bullenhai schließen – und auf eine Fälschung, weil ein Hai im Süßwasser keine Stunde überlebt. Der Grafiker Gerald Herrmann hatte sich den Spaß erlaubt und die Fotos ins Internet gestellt.

• Der Hai vom Mondsee war ein Scherz, aber wie steht es um das Ungeheuer vom Gardasee und die anderen? Gefunden, geschweige denn gefangen wurden sie bis heute nicht. Aber was nicht ist … Wie im Fall der kanadischen Pelzforelle: Seit dem 17. Jahrhundert, als ein Schotte sie in einem Brief erwähnte, wurde das hervorragend an Kanadas eiskalte Bäche angepasste Geschöpf zu fangen versucht. Um 1990 gelang es endlich einem Angler aus Ontario. Er legte den Fang dem Royal Scottish Museum vor, dessen Gutachter allerdings bemängelten, dass der Forelle bloß ein weißes Kaninchenfell übergestülpt worden war.

Das Museum warf den Hybriden fort, zum Unmut der Öffentlichkeit, weshalb es ein zweites Exemplar anfertigte, das seither im Britischen Museum gezeigt wird, zusammen mit dem Horn des sagenhaften Einhorns und verwandten Exponaten.

• «Ein warhafftig / doch wunderseltsam thier / Hangmümmel genannt» wurde im Juni 1620 «von ettlichen namhafften Personen» in Österreich gesichtet, wovon acht Jahre später ein Flugblatt berichtete. Anfang 2018 war im Stadtmuseum Alzey in Rheinhessen ein ausgestopftes Exemplar des Hangmümmlers, der einer Bergziege ähnelt, zu sehen. Es war 400 Jahre jünger und das Ganze eine Aktion des Kurators Claus Maywald. Er wollte, sagte er gegenüber der «Süddeutschen Zeitung», «dass die Menschen ins Nachdenken geraten, sich Gedanken machen, ob etwas stimmen kann oder nicht. Die Welt ist viel komplexer, als man denkt.»

• Es existiert weder in Österreich noch in kanadischen Wildbächen, sondern auf Computermonitoren oder Smartphone-Displays: das Taschen- oder Pocket Monster, kurz Pokémon. Das von Satoshi Tajiri erfundene, von seiner Firma Game Freak weiterentwickelte und von Nintendo 1996 auf den Markt gebrachte Fantasiewesen ist das Herzstück eines Videospiels, das seither über 200 Millionen Mal verkauft wurde.

In der 2016 veröffentlichten und weltweit über 750 Millionen Mal als App heruntergeladenen Version «Pokémon Go» spiegelt das Taschenmonster sogar vor, real zu existieren. Mithilfe des Global Positioning Systems GPS werden der Standort des Spielers lokalisiert und virtuell Pokémons bei einem auffälligen Objekt in der Nähe, etwa an einem See im Park oder bei einem markanten Gebäude, positioniert, womit künstliche Spielwelt und Realität sich verbinden.

Ähnlich verhält es sich wohl auch mit den anderen Fabelwesen, ihre Existenz verdankt sich der Verknüpfung von Gedankenwelt und äußerer Wirklichkeit. Genauer gesagt: Ihr Sein gründet darauf, dass die Gedankenwelt der Wirklichkeit übergestülpt wird. Real sind nicht sie selbst, sondern die Fantasie, die sie erschafft, ob nun aus Scherz oder weil in den Ungeheuern tief eingewurzelte Sorgen, Ängste und Verstörungen an die Oberfläche gehoben werden und – sei's gut, sei's schlecht, sei's ernsthaft, sei's zum Spiel – zum Ausdruck kommen. Deshalb werden, während sich die Liste der bedrohten Tierarten täglich erweitert, all die Nessies, Bigfoots, Yetis und so weiter der Menschheit noch lange erhalten bleiben.

«Singende Katze kennt 36 Lieder auswendig!»

«Er ging hinein und kam nie wieder … Makler verschwindet in Drehtür!» – «Priester treibt bösen Geist aus: Kühlschrank vom Teufel besessen!» – «Meine Mutter bekommt mein Baby – damit ich meine Figur behalte!» Mit diesen Schlagzeilen war nicht etwa die «Bild»-Zeitung aufgemacht, sondern die «Neue Spezial»: eine die Boulevardmedien parodierende, auf erfundene Nachrichten spezialisierte Zeitschrift, die zwischen 1993 und 1996 vierzehntäglich erschien. Unter der Leitung des Lügenbarons bzw. Chefredakteurs Joachim Steinkamp konterkarierten Schreiber und Grafiker das journalistische Ideal von Realismus und Objektivität, in dem die Falschmeldung nur als Störfall vorkommt und die Lüge eine Todsünde ist. Sie frönten stattdessen unverhohlen der kreativen Lust an der Fälschung und ließen der journalistischen Neigung zum Aufbauschen freien Lauf. «Wie Sie wissen», gaben die Redakteure offenherzig gegenüber ihrer zeitweilig 40 000 Köpfe zählenden Leserschaft zu, «lassen wir uns nicht von der Frage, ob etwas ‹wahr› oder ‹unwahr› ist, beeinflussen.»

Die «Neue Spezial» erhob zum Programm, was Regenbogenpresse und Gossenjournale lieber verhehlen. Doch anders als diese hielt sie sich, die mit Absicht lügte wie gedruckt, bloß drei Jahre. Das lag nicht nur daran, dass das Publikum unter dem Dauerfeuer der Falschmeldungen abstumpfte und manche Meldung («Wollüstige Frau hatte Sex mit 51 Priestern») den Voyeurismus nicht anders bediente als die Yellow Press. Es war auch dem Umstand geschuldet, dass die Blattmacher sich zu wenig Mühe mit der Zubereitung ihrer Enten gaben: Die Geschichten unter den effektvollen Schlagzeilen waren oft nicht mehr als ein bemühter Nachklapp; Druckfehler und andere Nachlässigkeiten im sprachlichen Ausdruck sowie schlechte Fotos, schlampige Retuschen und lausige Montagen vergraulten die Kundschaft. Da halfen auch Überschriften wie «Skelette von Adam und Eva gefunden»,

«Riesenbaby drückt Oma tot» oder «Singende Katze kennt 36 Lieder auswendig!» nicht mehr, das Lied war aus.

Mehr Erfolg hatte das US-amerikanische Mutterblatt, die «Weekly World News», mit dem münchhausenhaft die Wahrheit ihrer Nachrichten beteuernden Untertitel «The World's only reliable Newspaper» (Die einzige vertrauenswürdige Zeitung der Welt). Das Blatt erschien erstmals 1979, damals tatsächlich als windige Boulevardzeitung, mauserte sich in den 1980er Jahren zum komischen Lügenblatt und fand mit Meldungen wie «Loch Ness Monster Has A Baby» (14. April 1992) zeitweise fast eine Million Käufer, von denen der eine Teil die erfundenen Reportagen und Interviews als Pressesatire schätzte; der andere war so gut- oder bösgläubig, dass er die Tatarenmeldungen als Bestätigung seines von teuflischen Komplotten geprägten Weltbildes vereinnahmte: Headlines wie «Arche Noah in Nordkorea entdeckt!», «Bundeslade war Atomreaktor der Aliens!», «SARS eine Massenvernichtungswaffe der Chinesen» fielen besonders bei Verschwörungstheoretikern und christlichen Fundamentalisten auf fruchtbaren Boden. Besonderen Erfolg hatte ein Bericht im Frühjahr 1988, dem zufolge eine Hausfrau Elvis Presley im Supermarkt gesehen habe: Das Gerücht «Elvis lebt!» geistert seither durch die USA und ist nicht mehr totzukriegen. Nur die Zeitung, die es in die Welt setzte, existiert seit 2007 nicht mehr. Sie verschwand vom Markt, weil die Konkurrenz im Internet übermächtig wurde.

Dort kann jeder Falschmeldungen und Aprilscherze, sogenannte Hoaxes, in Umlauf bringen bzw. kostenlos konsumieren. Für diejenigen, die sich nicht sporadisch hinters Licht führen lassen wollen, sondern regelmäßig Freude an Schwindeleien haben möchten, gibt es längst geeignete Websites, auf Deutsch zum Beispiel den von Stefan Sichermann 2008 gegründeten «Postillon» (www.der-postillon.com), der unter dem Motto «Ehrliche Nachrichten – unabhängig, schnell, seit 1845» seine Falschmeldungen unter die mutmaßlich über vier Millionen Besucher seiner Netzseiten streut.

In Österreich ist es «Die Tagespresse» (www.dietagespresse.com)

und in der Schweiz «Der Enthüller» (www.der-enthueller.ch), die
die Kundschaft mit albernen Fakes unterhalten. Länger als sie alle
ist das US-amerikanische Satiremagazin «The Onion» (Die Zwie-
bel) im Netz; 1988 als Witzblatt gegründet, richtete es bereits 1996
die Seite www.theonion.com ein. Erheblich jünger ist die «Khabaristan Times» (www.khabaristantimes.com), die 2014 gegründet
wurde und nebenbei das naheliegende Vorurteil widerlegt, in islamischen Ländern gäbe es keine Satire. Das Satireportal ist nämlich in Pakistan zu Hause und provoziert mit Schlagzeilen wie
«Nasa finds evidence of Allah in Mars» (NASA findet auf Mars
Beweis für Allah): Prompt wurde die Homepage am 25. Januar
2017 für Nutzer in Pakistan gesperrt.

Lesen kann man die Meldungen aus Khabaristan (was mit
«Nachrichtistan» übersetzt werden kann) nach wie vor, weil sie
auch in der pakistanischen «Daily Times» gedruckt werden. So
sehr nämlich Macher und Publikum aufs Internet setzen und inzwischen auch das Smartphone nutzen, die alten Medien haben
nicht ausgedient: 2014 strahlte der Norddeutsche Rundfunk sechs
Folgen der «Postillon24 Nachrichten» im Fernsehen aus, der Mit-
teldeutsche Rundfunk versendete die «Postillon Hörfunk Nachrichten», und ebenfalls im selben Jahr erschien als gutes altes Buch
«Der Postillon. Das Beste aus 160 Jahren».

Ob gedruckt, versendet oder online verbreitet, schüren solche
Medien das Misstrauen, das nicht nur gegen die Revolverpresse
und die Boulevardmagazine, sondern auch bei Edelblättern und
seriösen Nachrichtensendungen am Platz ist. Den Anfang hatte
bekanntlich vor über hundert Jahren Arthur Schütz gemacht, als
er die Wiener «Neue Freie Presse» mit seinem erfundenen «Grubenhund» hereinlegte. «Der Grubenhund» hieß auch das zwölfseitige
Journal, das Schütz als «Dr.-Ing. Erich Winkler Edler von Huben-
grund» zu Pfingsten 1914 in Wien herausbrachte und das wegen
der großen Nachfrage prompt eine zweite Auflage erfuhr. Das Blatt
sollte vierteljährlich erscheinen, fiel aber dem Ersten Weltkrieg
zum Opfer. Da waren ganz andere Falschmeldungen gewünscht.

Die Aliens kommen!

Belgien, November 1989: Eine UFO-Sichtung jagt die andere. Immer wieder werden rätselhafte Lichtobjekte am Nachthimmel wahrgenommen. Die meisten Augenzeugen sprechen von drei triangelförmig angeordneten Leuchtquellen. Mehr als 1000 Menschen nehmen in den nächsten Monaten solche Erscheinungen wahr. Im April 1990 gibt es endlich ein Foto in der Presse: Es zeigt über Pétit-Rechain, einem Ortsteil von Verviers in Wallonien, ein Objekt mit sogar vier Lichtquellen, und zwar drei gelblichen Streifen und mittig einem gelben Kreis mit roter Korona. Ein Hubschrauber, wie sie im Rahmen der damals häufigen NATO-Manöver über den Himmel kreuzten, kann es nicht sein, weil die Lichter nicht zu einem Helikopter passen.

Also ein Flugobjekt der Aliens? Nein: 2011, nach über 20 Jahren, gibt ein gewisser Patrick M. zu, das Foto als Scherz für seine Arbeitskollegen inszeniert zu haben. Durch sie erst sei es in die Medien gelangt. Er hatte ein Dreieck aus Styropor gebastelt, mit Lampen angestrahlt und etwas unscharf vor schwarzem Hintergrund abfotografiert, so dass der Eindruck eines bewegten Objekts entstand.

Weit über 10 000 Sichtungen fliegender Untertassen und anderer Unbekannter Flugobjekte hat es seit Ende des Zweiten Weltkriegs gegeben; Beweise, dass sie extraterrestrischer Herkunft wären, keinen einzigen. Stets fand sich eine natürliche oder menschengemachte Ursache für die Vorfälle: Wetterballons, ungewöhnliche Wolkenbildung, Positionslichter von Flugzeugen, Reflexionen irdischer Beleuchtung, Drohnen, neuartige Flugzeugtypen, Raketentests – und Fotos von fliegendem Geschirr oder in die Luft geworfenen Attrappen aus dem Baumarkt, die Spaßvögel an die Presse verkaufen. 1965 zum Beispiel hatte ein Mann namens Gordon Faulkner eine fliegende Untertasse über der Kleinstadt Warminster in der südwestenglischen Grafschaft Wilshire abgelichtet. Der «Daily Mirror» druckte das grobkörnige Foto am 10. September 1965 ab – es war jedoch, wie ein Komplize 1992 zugab, ein Fake der genannten Art.

Die Bundeswehr, die UFO-Meldungen in Deutschland nachgeht, fand jedes Mal eine plausible Erklärung. Dass Außerirdische bis zur Erde fliegen, ist schon angesichts einer Mindestentfernung von vier Lichtjahren bis zum nächsten Sonnensystem eine unrealistische Annahme – eine Raumsonde bräuchte schätzungsweise 32 000 Jahre, um unseren Planeten zu erreichen. Dieser Aufwand lohnt sich nicht, wenn man nur mal eben vorbeischauen will – und mehr als Stippvisiten können es nach allem, was man bisher beobachtet haben will, nicht sein.

Obwohl also UFOs sich bei sorgfältiger Prüfung als IFOs, als Identifizierte Flugobjekte, herausstellen, reißen die Meldungen nicht ab. Mehr noch: Zwei Millionen US-Amerikaner behaupten sogar, von Außerirdischen entführt worden zu sein. Auch dafür gibt es eine Erklärung, die diesmal die Medizin liefert: Das Gefühl zu schweben und Lichterscheinungen wahrzunehmen, rührt physiologisch von einer Blutunterversorgung des Gehirns beim Aufwachen her, während psychologisch das Unterbewusstsein trügerische Bilder assoziiert und falsche Erinnerungen hervorruft, die einem durch die fantasievollen Berichte in den Massenmedien vertraut oder unbewusst nach oben gespülte Traumreste sind.

Es gibt einen weiteren Grund, unbekannte und deshalb bedrohliche Erscheinungen Außerirdischen zuzuschreiben: Man projiziert auf sie unbewusst die Angst vor dem Fremden, vor einer äußeren Gefahr. Insofern ist es kein unerklärliches Phänomen, dass mit dem Zusammenbruch der Nachkriegsordnung 1989/90 vermehrt UFOs den Himmel bevölkerten – und dass die Sichtungen überhaupt erst mit dem Kalten Krieg begonnen hatten.

Im Juni 1947, wahrscheinlich am 14., entdeckte 50 Kilometer nördlich der Ortschaft Roswell im US-Bundesstaat New Mexico William Brazel seltsame Trümmer auf seiner Schaffarm, die die US-Army als Reste einer fliegenden Untertasse bezeichnete. Seither sind Sache und Name in der Welt: «RAAF Captures Flying Saucer On Ranch in Roswell Region», titelte der «Roswell Daily Record» am 8. Juli 1947 (RAAF ist das Kürzel für Roswell Army Air Field, das Übungsgelände der Luftwaffe). Das kurz danach erfolgte Dementi, dass es sich vielmehr um Teile eines abgestürzten Wetterballons handelte, kam zu spät, um den Spekulationen über Besuche aus dem Weltall die Spitze abzubrechen.

In Wahrheit waren beide offiziellen Verlautbarungen falsch. In der Einöde New Mexicos, Arizonas und Nevadas entwickelte und testete das US-Militär neue Techniken. Dort wurden Atombomben gebaut – 200 Kilometer von Roswell entfernt wurde am 16. Juli 1945 die erste Plutoniumbombe der Welt gezündet –, dort wurden flügellose Flugzeuge erprobt, dort wurden Höhenballons mit Schallsensoren konstruiert, um sowjetische Langstreckenraketen und Atombombentests aufzuspüren und aufzuzeichnen. Das Militär, auf Geheimhaltung bedacht, führte die Öffentlichkeit lieber an der Nase herum, als die Wahrheit bekannt zu geben.

Die Geheimnistuerei sorgte dafür, dass wilde Gerüchte ins Kraut schossen. Das tollste, erst viel später entstandene besagt, dass 1947 auch verstümmelte Leichen von Außerirdischen gefunden worden seien. Wie zum Beweis wurden Fotos veröffentlicht, die schon dadurch Argwohn hätten hervorrufen müssen, dass die Wesen aus einer fremden Welt seltsamerweise menschenähnlich aussahen. Man hätte sich auch wundern können, dass diese Aliens aus einer technisch weit fortgeschrittenen Zivilisation Billionen Kilometer zurücklegten, nur um auf der Erde wie der letzte Depp eine Bruchlandung hinzulegen.

Dass ein Zeuge wie der Leichenbestatter Glenn Dennis sich erst 1989 an den sensationellen Fund erinnerte, war ebenfalls merkwürdig. Er wurde denn auch als Lügenbold überführt, weil es im Lazarett keine Krankenschwester namens «Naomi Maria Shelff» gab, auf die er sich berief und die bald nach 1947 mysteriöserweise verschwunden sei. Die Leichen gab es ebenso wenig; es handelte sich um Testpuppen, abgeworfen aus großer Höhe, um für Fallschirmspringer das Fallverhalten zu testen. Nicht alle Dummys wurden von den Suchteams gefunden und eingesammelt, manche wurden erst nach Jahren zufällig entdeckt.

Für viele Ufologen sind solche Erklärungen zu realistisch, ihre Fantasie verlangt mehr. Unbeirrt von Fakten, trat deshalb 2011 die Journalistin Annie Jacobsen mit der Theorie hervor, bei den außerirdischen Wesen handele es sich um Kinder, die der Auschwitzarzt Josef Mengele bei seinen Experimenten grässlich zugerichtet habe. 1945 seien sie den Sowjets in die Hände gefallen und mit Flugobjekten in die USA geschossen worden, um die Amerikaner in Panik zu stürzen.

Die meisten UFO-Gläubigen steigern sich in eine andere Paranoia hinein und wissen ihre Argumentation hermetisch gegen Widerspruch zu schützen: Die Außerirdischen sind da. Dafür gibt es keine Beweise? Weil sie unter dem Deckel gehalten werden! Warum werden sie unter dem Deckel gehalten? Weil niemand wissen darf, dass sie da sind!

Den Einwohnern Roswells ist's recht: Als Wallfahrtsort für UFO-Gläubige und Alien-Forscher fließt ihnen bares Geld in die Tasche, wenn sie jedes Jahr das Roswell UFO Festival feiern. Auch das englische Warminster konnte eine Zeit lang gut von den Fans fliegender Untertassen leben.

Wissenschaft, die kein Wissen schafft

Ein Bischofsgrab geerntet

Giancarlo Rossi hatte sich als Numismatiker einen Namen gemacht und 1880 das Grundlagenwerk «Catalogo delle monete italiane medioevali e moderne» veröffentlicht, das bis heute zu Rate gezogen wird, wenn es um italienische Münzen aus Mittelalter und Neuzeit geht. Noch im selben Jahr glaubte er, seinem Ruhm die Krone aufsetzen und das Geschäft seines Lebens tätigen zu können: Ein Bauer wandte sich an ihn, der auf seinem Acker auf ein Bischofsgrab gestoßen war. Bucheinbände, goldene und silberne Kreuze und weitere christliche Kultgegenstände wurden nach und nach gefunden und von Rossi gegen gutes Geld in Empfang genommen, der der Welt «einen der bedeutendsten Kunstschätze aus der Zeit der christlichen Apostel», ergänzt um solche des vierten Jahrhunderts, anzeigte. 1890 ließ er eine 491-seitige, reich illustrierte Beschreibung seines Schatzes veröffentlichen.

Damit begannen die Zweifel an der Echtheit, die bereits fünf Jahre später von Hartmann Grisar in der «Zeitschrift für katholische Theologie» zu einem vernichtenden Urteil verdichtet wurden: «Ich glaube, daß die sämmtlichen Gegenstände gefälscht sind», denn «der Schatz trägt sowohl in der Geschichte seiner Findung und seines ersten Auftretens als in seinem Charakter alle Anzeichen der Unechtheit.» Der glückliche Finder war ebenso unbekannt geblieben wie der Fundort ungenannt; ein Acker aber war als Grabstätte eines Bischofs ebenso unglaubwürdig wie der Brauch, einem Kleriker Wertgegenstände in den Sarg zu legen. Mehr noch: «Unser räthselhafter Schatz umfasste überdies eine ganze Anzahl von Dingen, Metallsachen und Büchern, von denen man nicht begreift, wie eine Domkirche sich ihrer berauben konnte», wunderte sich Grisar. «Es sind Geräthe, die das ganze Jahr hindurch im Dienste des Cultus Verwendung fanden, wie der Kelch, die Patenen [Hostienschalen, P. K.], die Taufutensilien usw.» Dass die auf den liturgischen Geräten und den anderen Kostbarkeiten verwendete Symbolik auf nachgemachtes achtes und neuntes Jahrhundert und noch spätere Epochen verwies, weil sie erst im Mittelalter aufgestellte christliche Lehren (etwa die von der Letzten Ölung) verbildlichte, ließ nur den Schluss zu, «ein Fälscher habe diese Thorheiten begangen». Fazit: «Ich glaube, daß seine [des Schatzes, P. K.] Entstehung nicht vor das Jahr eintausendachthundert und achtzig zurückzudatieren ist.»

Nur auf wessen Kerbholz die Entstehung geht, blieb im Dunkeln.

Leonardos Fahrrad

Ob Karl Friedrich Freiherr Drais von Sauerbronn 1817 wirklich das Fahrrad erfand, darf man bezweifeln. Aus Stolz über den Erfindergeist des badischen Forstmeisters und Tüftlers wird gern darüber hinweggesehen, dass es sich bei seinem Gefährt bloß um ein Laufrad handelte: Es war ein Holzgestell mit zwei Rädern, einer Lenkstange und ohne Pedalkurbeln, das der Fahrer mit seinen Füßen bewegte und deshalb auch «Laufmaschine» genannt wurde.

Mehr noch: Man vergisst, dass bereits Leonardo da Vinci über 300 Jahre früher das Fahrrad erfunden hatte! Eine Zeichnung im Codex Atlanticus, der bedeutendsten Sammlung von Skizzen aus dem Nachlass des Universalgenies, belegt es, und der handfeste Beweis stand im September 2002 im Vestibül der Münchner Pinakothek der Moderne: ein nach Leonardos Entwurf von dem italienischen Konstrukteur und Designer Giovanni Sacchi angefertigter Nachbau – mithin das Modell des ersten Fahrrads der Welt.

Hatte das italienische Multitalent also nicht nur das U-Boot, das Flugzeug und den Panzer erfunden, sondern war auch der Urvater des Velozipeds?

Die Zeichnung eines als Fahrrad deutbaren Fortbewegungsmittels hatte man 1974 auf der Rückseite eines Manuskripts im Codex Atlanticus gefunden. Merkwürdigerweise war sie bei einer in den 1960er Jahren vorgenommenen Durchsicht dieser Sammlung von Leonardos Zeichnungen und Notizen nicht vorhanden gewesen, weshalb der Technikhistoriker Hans-Erhard Lessing davon ausging, dass es sich um eine Fälschung handeln musste. 1997 überzeugte der italienische Wissenschaftshistoriker Federico Di Trocchio auf der achten Internationalen Konferenz für Fahrradgeschichte in Glasgow die Gelehrten, dass eine von Leonardo gezeichnete Brunneneimerkette den unbekannten Fälscher angeregt hatte, dem italienischen Universalgenie die Zeichnung von einem Fahrrad mit Tretkurbel unterzuschieben.

Die Nachricht vom Fahrraderfinder Leonardo da Vinci war also eine Falschmeldung und das Fahrrad selbst ein Fake. Das Deutsche Museum in München hatte es deshalb abgelehnt, Sacchis Nachbau in seinen Bestand aufzunehmen. Die Pinakothek der Moderne aber stellte ihn werbewirksam im Foyer einem modernen Rennrad gegenüber.

Galileo Galilei, der Künstler

Wissenschaftler forschen selten ins Blaue hinein. Sie haben ein Erkenntnisinteresse, stellen eine Hypothese auf und wollen sie beweisen. Was dazu passt, ist willkommen. Entsprechend leicht ist es manchmal, Forscher hereinzulegen.

2005 hatte der weltweit renommierte Kunsthistoriker Horst Bredekamp Grund zur Freude: Seine These, dass Galileo Galilei nicht nur ein wissenschaftliches Genie, sondern auch ein großer Künstler gewesen sei und seine Künstlerschaft ihn erst zur naturwissenschaftlichen Erkenntnis befähigt habe, hatte sich bestätigt. Von Galileis «Sidereus Nuncius», seinem «Sternenboten», war ein neues Exemplar aufgetaucht, das anscheinend die Urfassung jenes 1610 veröffentlichten Werkes verkörperte, in dem der italienische Astronom bewies, dass die Mondoberfläche nicht glatt, sondern uneben war. Während die bislang bekannten Ausgaben Holzschnitte und Radierungen anderer Künstler enthielten, wies das neu aufgetauchte Exemplar, bei dem es sich offenbar um einen Korrekturabzug handelte, fünf eigenhändige Tuschezeichnungen des Forschers vom Erdtrabanten auf und machte augenfällig, wie Hand und Kopf, künstlerische Gestaltung des Gegenstandes und dessen gedankliche Durchdringung bei Galileo Galilei zusammenwirkten.

In seiner 2007 im Akademie-Verlag erschienenen Monografie «Galilei der Künstler. Der Mond. Die Sonne. Die Hand» gab Bredekamp die Früchte seiner Forschung an die Öffentlichkeit. Mehrere wissenschaftliche Institutionen, darunter die Alexander von Humboldt-Stiftung, hatten zuvor die Echtheit des Fundes bestätigt.

Doch in Wahrheit kündete dieser eine «Sternenbote» weniger vom künstlerischen Genie des italienischen Astronomen als vom Talent eines italienischen Fälschers. Der britische Renaissance-Experte Nick Wilding von der Georgia State University in Atlanta hatte sich bereits 2005, als das neue Stück von dem New Yorker Antiquar Richard Lan in den Handel gebracht wurde, über den Besitzstempel auf dem Buch gewundert, der Herkunft des Buches nachgeforscht und erfahren, dass es nie zur Bibliothek des römischen Aristokraten und Galilei-Förderers Federico Cesi gehört hatte; die Herkunftsgeschichte des Exemplars verlor sich im Dunkeln. Dann entdeckte er in einem Auktionskatalog ein mit dem vermeintlichen Korrektur-Unikat identisches Exemplar, das die gleichen verzerrten Buchstaben und den gleichen Tintenklecks aufwies. Exakt dieser Fleck taucht auf einem 1964 publizierten Faksimile-Nachdruck des «Sternenboten» auf. Schließlich stieß Wilding auf einen Namen: Marino Massimo de Caro, einen Privatgelehrten, Mitarbeiter des italienischen Kulturministeriums und – Fälscher.

Wilding informierte Bredekamp, der, von seiner schönen Theorie geblendet, außerstande war, die störenden Argumente wahrzunehmen. Erst 2013 ließ es sich nicht mehr verdrängen: Der Professor für Kunstgeschichte war zugegebenermaßen einer Fälschung aufgesessen. Einer plumpen Fälschung zudem: Das Papier sah alt aus, ohne es zu sein, die Aquarelle hatte ein Restaurator in Argentinien nach de Caros Vorlagen gemalt, das Buch selbst wurde ebenda mithilfe billiger Fotopolymerplatten unter Verwendung der Faksimile-Ausgabe gedruckt. Vergeblich redete sich Marino Massimo de Caro damit heraus, sein «Sternenbote» sei keine Fälschung, sondern bloß eine Reproduktion. Vergeblich auch deshalb, weil de Caro nicht nur Fälscher, sondern auch Schwarzhändler war: Er war 2011 Direktor der neapolitanischen Biblioteca dei Girolamini geworden und hatte reihenweise echte Handschriften und jahrhundertealte Bücher aus ihrem Bestand verscherbelt. Er wurde zu einer mehrjährigen Gefängnisstrafe verurteilt.

Die schmutzige Wahrheit über den Diesel

«Der Diesel ist sauber!», lautete die Botschaft der Autobauer. Vorbei sei die Zeit, als der Dieselmotor mit seinem hohen Ausstoß an Ruß und Stickstoffoxiden Umwelt und Gesundheit schädige. Ersterer kann Lungenkrebs verursachen, Letztere reizen Augen und Atemwege und können sogar das Risiko für Schlaganfall und Herzinfarkt erhöhen.

In millionenschweren Kampagnen warb zum Beispiel der Volkswagenkonzern für seinen «Clean Diesel» und machte Reklame für die mit seiner neuen «Turbocharged Direct Technology», d. h. TDI-Technik, ausgerüsteten Fahrzeuge wie den «Golf TDI Clean Diesel», den «Passat NMS TDI Clean Diesel» oder den «Audi A4 3.0 TDI Clean Diesel»; manche Vehikel wie der Audi R 10 waren sogar mit sagenhafter «TDI-Power» hochgemendelt. Ein Fernsehspot führte unwiderleglich vor Augen, wie rein das Dieselauto jetzt war: Eine ältere Dame hält einen weißen Schal an den Auspuff ihres laufenden VW-Diesel, womit sie beweist, dass ihr neuer Golf keine dreckigen Abgase wie die früheren Modelle ausstößt. «Seht ihr, wie sauber der ist», prahlt sie, woraufhin der Slogan «Clean Diesel – wirklich sauberer Diesel» eingeblendet wird.

Nicht zu vergessen, die neuen Diesel sollten sehr sparsam sein. Der Passat TDI könne mit einer Tankfüllung 814 Meilen fahren, protzte VW in einer in den US-amerikanischen Zeitungen geschalteten Anzeige. 814 Meilen sind umgerechnet 1302 Kilometer! Solche Versprechen überzeugten die Journalisten. Im «Eco-Test» des ADAC erhielt der Audi-A4-Diesel vier Sterne und eine «echte Kaufempfehlung».

Dabei konnte man wissen, dass die Angeberei der Industrie keine Substanz hatte: Laut Herstellerangabe verbraucht der Diesel-Audi A4 bloß 5,6 Liter auf 100 Kilometer, obwohl er Vierradantrieb hat – indes, «bei normaler bis zügiger Fahrt konsumiert der Clean Diesel exzessiver. 8,5 Liter Testverbrauch», staunte die Zeitschrift «auto motor und sport» im Juli 2010.

Bereits 2007 hatte ein Audi-Angestellter in einer betriebsinternen Mail zu bedenken gegeben, «ganz ohne Bescheißen» seien die strengen US-amerikanischen Emissionsvorschriften für Diesel-Fahrzeuge nicht einzuhalten. Sieben Jahre später konnte das auch die Öffentlichkeit wissen. Im Mai 2014 testete das International Council on Clean Transportation in Zusammenarbeit mit der West Virginia University zwei VW-Diesel-Modelle: Die Abgaswerte lagen beim VW Jetta VI um das bis zu 35-Fache und beim VW Passat um das bis zu 20-Fache über dem erlaubten US-Grenzwert. «Der Spiegel» berichtete im September 2014 über diese Studie und resümierte, moderne Motorsteuerungen vor allem in den Modellen deutscher Autokonzerne würden «erkennen, wenn sich das Auto auf einem Rollenprüfstand befindet, und (können) daraufhin in einen optimierten Testmodus schalten». Das «Handelsblatt» behauptete sogar, der Schmu sei bereits seit einem Jahr bekannt. Kurzum, die Grenzwerte für Stickstoffdioxid wurden nur im Labortest eingehalten, im Straßenverkehr lagen sie weit darüber. Selbst neueste Modelle, die vorgeblich die strenge Euro-6-Norm einhielten, bliesen statt der erlaubten 80 Milligramm pro Kilometer satte 507 Milligramm in die Luft.

Niemand hätte also überrascht sein dürfen, als am 18. September 2015 die Umweltbehörde der USA die fragwürdige Praxis des VW-Konzerns offenlegte und die US-Justiz zu ermitteln begann. Auch in Frankreich, Italien, Spanien, Belgien und notgedrungen Deutschland wurden nach und nach die Staatsanwaltschaften tätig. Im Zentrum stehen die Volkswagenmarken Audi, Porsche, VW, Seat und Skoda, von denen weltweit knapp elf Millionen Dieselfahrzeuge mit manipulierter Software alias moderner Motorsteuerung verkauft wurden. Betroffen sind darüber hinaus weitere Hersteller, in Deutschland auch Daimler. Gegen die Edelmarke wurde die Stuttgarter Staatsanwaltschaft «wegen des Verdachts des Betrugs und der strafbaren Werbung» auf den

Plan gerufen: Nach Ansicht der Deutschen Umwelthilfe steht die C-Klasse im Verdacht, den Stickoxid-Ausstoß keineswegs um 90 Prozent zu reduzieren, wie die Reklame der Autoschmiede vorgebe. BMW schließlich behauptete im März 2018, es habe die betrügerische Software, die nur im Labor für die vorschriftsmäßige Abgasreinigung sorgt, «irrtümlich» bei 11 700 Fahrzeugen eingesetzt.

Die Autohersteller, die lange Zeit die Manipulation der Technik und Irreführung der Kunden abstritten, setzen nichtsdestoweniger weiter auf den Dieselmotor. Neue Verfahren sollen es ermöglichen, den Ausstoß der Schadstoffe wirklich und unter den Bedingungen des Straßenverkehrs drastisch zu verringern. Außerdem wird die Chemie bemüht: Mit einem synthetischen Kraftstoff wie dem in der Erforschung befindlichen «Super Clean Electrified Diesel», dessen Produktion gewiss besonders umweltfreundlich und energiesparend ist, soll jede teure Abgasnachbehandlung im Motor überflüssig werden. Dann heißt es wieder: «Der Diesel ist sauber!»

Der indische Seiltrick

Ein Magier wirft ein Seil hoch, das sich senkrecht aufrichtet; dann klettert ein Junge daran empor und verschwindet hoch oben im Dunst: ein Kunststück, das man aus Märchenfilmen kennt. Aber das soll auch in der Realität möglich sein! Am 9. August 1890 berichtete die «Chicago Daily Tribune», dass ein Reporter und ein Grafiker im indischen Gaya leibhaftige Zeugen dieser Zauberei gewesen seien.

Seither geistert der Mythos vom indischen Seiltrick durch die Kulturgeschichte. Dabei war von Anfang an klar, dass die Sache ein Scherz war. Sein Zweck: Auflagensteigerung. Der Artikel war mit dem Namen «Fred S. Ellmore» gezeichnet, worin sich «sell

more» verbirgt, deutsch: verkauf mehr; und für alle, die das über-
lasen – es müssen viele gewesen sein –, setzte die Redaktion vier
Monate später eine Richtigstellung ins Blatt. Offenbar zu spät, die
Illusion war zu schön: Der Wunderglaube sitzt zu tief; der Wille,
dass die nüchterne Wirklichkeit nicht alles ist, der Wunsch, die
Erdenschwere überwinden zu können – davon träumen eben
nicht nur Kinder, Künstler und Zirkusartisten.

Die Kristallschädel

Er besitzt elektrische Eigenschaften und ist ein Informationsspei-
cher ähnlich einem Computer. Alles Wissen der Menschheit kann
er aufnehmen. Legt man die Hand auf ihn, beantwortet er alle
Fragen. Er löst sämtliche Welträtsel. Nebenbei vermag er globale
Katastrophen vorherzusagen. Und man kann mit ihm töten.

Er – ist ein Kristallschädel. Insgesamt 13 soll es geben, seit der
erste Ende 1878 in Europa auftauchte. Stammen sollen sie aus
Amerika: Die Mayas haben sie angefertigt. Oder es waren die Az-
teken. Vielleicht auch die Inkas. Jedenfalls handelt es sich um die
Hinterlassenschaft einer unbekannten indianischen Hochkultur
aus vorkolumbianischer Zeit. Die Indianer selbst waren aber nur
die Erben. Denn eigentlich waren es Außerirdische, die einst die
Erde besuchten und die Schädel dem Volk von Atlantis schenkten.

So und ähnlich lauten die Legenden, die um diese Kristallschädel gesponnen wurden. «Ich persönlich fühle, dass die Kristallschädel nicht nur hier sind, um altes Wissen und Weisheit mit uns
zu teilen, sondern um unserer Rasse zu einer höheren Spiritualität
und einem besseren Verständnis ihrer selbst zu verhelfen. (…)
Sollten die Kristallschädel nicht von Außerirdischen stammen, so
heißt das, dass es hier Zivilisationen gab, die technisch und spirituell weit höher entwickelt waren als unsere heutige», verkündete
Joshua Shapiro in dem von R. Nocerino, Sandra Bowen und ihm

verfassten Werk «Mysteries of the Crystal Skulls Revealed», in denen die Geheimnisse dieser gehirnlosen Schädel enthüllt wurden. Noch höher als ins bloß Spirituelle entschwebte Phyllis Galde, die das Buch «Crystal Healing. The Next Step» verfasste, in dem sie nicht nur die übernatürlichen Heilungskräfte des Kristalls beschwor, sondern auch den nächsten Schritt ins schier Göttliche wagte: «Das Kristall stimuliert unbekannte Teile des Gehirns und öffnet eine seelische Tür zum Absoluten.»

Berühmt sind vor allem drei Schädel. Der eine wird seit 1878 im Pariser Musée du quai Branly aufbewahrt, der andere ruht seit 1897 im Londoner British Museum. Der dritte, wichtigste und besonders geheimnisumwitterte aber befindet sich in Privatbesitz: der «Schädel der Verdammnis». Die ersten beiden wurden vom französischen Antiquitätenhändler Eugène Boban in den Handel gebracht, der in den 1860er Jahren in Mexiko-Stadt lebte und zum Hof des Kaisers Maximilian I. gehörte. Den dritten, der die unbekannten Teile im Gehirn diverser Leute besonders stimulierte, will der englische Schatzsucher und Autor Frederick Albert Mitchell-Hedges (der übrigens dem Kinohelden Indiana Jones Modell stand) entdeckt haben; bzw. es war seine Adoptivtochter Anna Mitchell-Hedges, als die beiden in Britisch-Honduras (heute: Belize) nach Spuren von Atlantis suchten und in der Maya-Stadt Lubaantun in den Ruinen eines Tempels fündig wurden.

Aufgestöbert worden sein soll das mystische Haupt akkurat am 1. Januar 1924, Annas 17. Geburtstag, bzw. etwas weniger exakt irgendwann in den 1930er Jahren – beide Daten wurden von ihr bei verschiedenen Gelegenheiten genannt. Ihr Adoptivvater hingegen erwähnte den Fund in seinem Expeditionsbericht nicht einmal. Er äußerte sich erst 1954 in seiner Autobiografie «Danger My Ally». Da er über den Schädel nichts wusste, bemühte er seine Fantasie und behauptete, er sei «mindestens 3600 Jahre alt und wurde der Überlieferung gemäß vom Hohepriester der Mayas bei esoterischen Riten eingesetzt. Man sagt, wenn er jemandem den Tod wünschte mithilfe des Kristallschädels, dann starb unweigerlich derjenige.» Welche Überlieferung hier spricht und wer dieses «man» ist, das da redet, bleibt im Dunkeln. Der Autor selbst muss gemerkt haben, dass seine Ausführungen unglaubhaft wirkten, denn in späteren Auflagen wurden sämtliche Angaben über den Kristallschädel getilgt.

Weitaus glaubhafter als seine Geschichten ist die Wahrheit, dass nämlich der Schädel ohne sein Zutun nach England kam. 1933 erwarb ihn der Londoner Kunsthändler Sydney Burney. Im Juli 1936 wurde dieses Kristallhaupt in der anthropologischen Fachzeitschrift «Man» beschrieben – und 1943 bei Sotheby's in London versteigert. Der Käufer: Frederick Albert Mitchell-Hedges. 400 Pfund bezahlte er dafür.

1959 starb der Abenteurer, und damit war die Bahn frei für seine Adoptivtochter Anna Mitchell-Hedges. Sie rührte die Reklametrommel für den verruchten «Schädel der Verdammnis», den mittlerweile die Atlantiker den Mayas vererbt haben sollen, und ging mit dem Objekt seit 1967 auf Tour. Vor allem bei Okkultisten fand sie Gehör und Geld und wusste erfolgreich auf der bald anschwellenden Esoterik- bzw. New-Age-Welle zu reiten. Denn der Kristallschädel kann zwar alles, aber eines nicht: garantieren, dass seine Verehrer einen klaren Kopf behalten.

Über ihre Herkunft aber können die Kristallschädel durchaus Auskunft geben. Unter dem Mikroskop zeigen die in Paris und London aufbewahrten Köpfe Spuren von Schleifmaschinen, die erst Mitte des 19. Jahrhunderts von Europäern nach Amerika mitgebracht wurden. Der Quarz, aus dem die Objekte bestehen, weist Einschlüsse auf, die darauf weisen, dass er statt aus Mittelamerika aus Brasilien oder der damaligen französischen Kolonie Madagaskar stammt. Beide exportierten im 19. Jahrhundert Quarz nach Frankreich. Die Spur weist auf Eugène Boban, den Pariser Antiquitätenhändler, als Anstifter.

Das dritte und berühmteste Haupt konnte untersucht werden, nachdem Anna Mitchell-Hedges 2007 gestorben war. Sie selbst hatte die Mär verbreitet, dass in grauer Vorzeit Generation um

Generation in täglicher lebenslanger Arbeit einen riesigen Kristall-block geduldig mit Sand abgerubbelt habe, bis der etwas mehr als 13 cm hohe und elf Pfund schwere Kristallschädel vollendet gewesen sei. Es ging auch einfacher und schneller, denn der Schädel weist Spuren eines Diamantschneiders auf, den es erst seit Ende des 19. Jahrhunderts gibt. Für Esoteriker ist das der Beweis, dass der «Schädel der Verdammnis» von den Atlantikern stammt, deren technisches Wissen bekanntlich von höchstem Niveau war. (Wie das nun wieder mit dem primitiven Szenario vom Abrubbeln mit Sand unter einen Hut zu bringen ist, ist ein großes Geheimnis.)

Näher als Atlantis liegt das reale Idar-Oberstein im Hunsrück. Seit dem 19. Jahrhundert und bis heute genießen die Kunstschleifer der kleinen Stadt Weltruhm. Sie arbeiten für Edelhäuser wie Cartier, erledigen Aufträge für Könige und Konzerne, fertigten zum Beispiel einen kleinen Hubschrauber aus Bergkristall als Geburtstagsgeschenk für einen Potentaten, und sind in der Lage, aus einem Rohblock einen transparenten Kopf zu schleifen. Den Quarz für solcherlei Kunstwerke bezogen die Hunsrücker im 19. Jahrhundert aus Madagaskar und Brasilien.

Dichterische Freiheiten

Abaelard und Heloisa

Die Liebe zwischen Lehrer und Schülerin: Dass das eine heikle Angelegenheit ist, weiß man nicht erst seit der hochgeschätzten «Tatort»-Folge «Reifezeugnis» von 1977 (ARD) mit der jungen Nastassja Kinski in der weiblichen Hauptrolle. Dreh- und Angelpunkt des Krimis ist ein Mord. Das Mädchen hat einen eifersüchtigen Mitschüler getötet, der sie zu vergewaltigen im Begriff war. Das prinzipiell Skandalöse, die ungleiche Beziehung eines älteren Mannes (hier: des Klassenlehrers) zu einer von ihm abhängigen Minderjährigen, steht nicht im Zentrum. Anders im berühmtesten und tragisch endenden Fall, der sich bereits im frühen 12. Jahrhundert ereignete, bei der Liebesaffäre zwischen dem Pariser Philosophen Peter Abaelard und seiner Elevin Heloisa.

Ende dreißig war Abaelard, als ihm ein Kanoniker von Notre-Dame in Paris namens Fulbert seine hochbegabte 16- oder 17-jährige Nichte Heloisa zum Privatunterricht anvertraute. Lehrer und Schülerin verliebten sich und bekamen einen Sohn. Fulbert, darob empört, setzte Häscher auf Abaelard an. Die wurden 1118 oder 1119 seiner habhaft und kastrierten den Unglücklichen.

Abaelard legte daraufhin das Mönchsgelübde ab und wurde Abt. (Seine Lehrtätigkeit gab er jedoch nicht auf, was weiteres Ungemach zur Folge hatte: 1140 wurde er, der rational und dialektisch die Grundlagen des Glaubens und das Wesen Gottes erforschen wollte, als Ketzer verurteilt und floh nach Cluny, wo er 1142 starb.) Heloisa wurde Nonne, trat in das von Abaelard gegründete Kloster Paraklet bei Troyes ein und starb als dessen Äbtissin 1164.

Die Fakten sind unbestritten; auch dass Fulberts Handlanger ihrerseits entmannt und obendrein geblendet wurden, während der Anstifter des Verbrechens, der Mann der Kirche Fulbert, glimpflich davonkam und nur einen Teil seiner Pfründen zeitweise verlor. Die Zweifel setzen bei dem Briefwechsel ein, den Abaelard und Heloisa geführt haben sollen und der von ihrer leidenschaftlichen Hingabe ebenso Zeugnis ablegt wie von ihrem Ringen um ein gottgefälliges Leben, zu dem ihre grenzenlose irdische Liebe im Widerspruch stand. Die Korrespondenz besteht aus Abaelards als Trostbrief formulierter, angeblich 1133/34 verfasster Schrift «Historia calamitatum» (Die Geschichte meiner Leiden), vier Liebesbriefen von Heloisa und drei Lehrbriefen Abaelards über das ideale Klosterwesen. Vor allem Heloisa muss ihrer Zeit weit voraus gewesen sein, plädiert sie doch für die freie Liebe und will lieber Konkubine als Ehefrau sein. Sie beschwört ihre Treue, die so fest ist, dass sie dem Geliebten sogar in die Hölle folgen würde, und gesteht, statt über «begangene Sünden zu seufzen», könne sie nur darüber «seufzen, dass sie vergangen sind» – ja, sie stellt die Liebe zu Abaelard über die Liebe zu Gott.

Solche heftigen emotionalen Bekenntnisse, ja intimen Ergüsse passen allerdings nicht in das frühe 12. Jahrhundert. Dem Innenleben breiten Ausdruck zu geben und die persönliche Erfüllung über den Glauben zu stellen, war undenkbar. Und wirklich: Die älteste Handschrift, die das Konvolut aus Autobiografie und Briefen überliefert, stammt vom Ende des 13. Jahrhunderts, ohne dass in den 150 Jahren zuvor irgendjemand irgendwo Kunde von den Schriften gegeben hätte. Mehr noch: Eine Analyse des Wortschatzes, der Begriffe und der stilistischen Eigenheiten hat ergeben, dass die gesamte Korrespondenz keine zwei Verfasser hat – sondern einen einzigen. Darüber hinaus enthalten die Schreiben

Informationen, die im Widerspruch zu den Zeitgegebenheiten und zu unstrittigen Tatsachen in Abaelards Leben stehen.

An die Öffentlichkeit gebracht hat den ursprünglich auf Lateinisch geführten Briefwechsel, ins Französische übersetzt, Ende des 13. Jahrhunderts der Schriftsteller Jean de Meung in seinem «Roman de la Rose» (Rosenroman), in dem er die freie Liebe verherrlichte. Ob er selbst oder ein Vertrauter es war, der die Korrespondenz erfand, ist so wenig zu beweisen wie die Möglichkeit, dass er einem Fälscher auf den Leim ging. Im ersten Fall hätte er sich wissentlich, im zweiten ungewollt bei einer unechten Vorlage bedient, um anhand eines Beispiels aus der Geschichte Konflikte seiner eigenen Zeit zu veranschaulichen: In dem Briefwechsel aus dem frühen 12. Jahrhundert spiegeln sich Strömungen des späten 13. Jahrhunderts. Autoren historischer Romane verfahren bis heute so – die Vergangenheit, die sie schildern, ist nach den Bedürfnissen ihrer Gegenwart modelliert.

Fälscher und Poet zugleich

Lange Zeit geschah nichts. 1727 hatte man in einer Kirche im südwestenglischen Bristol fünf alte Truhen entdeckt, aufgebrochen und – sich gelangweilt abgewendet. Unter den Fundsachen befand sich so gut wie nichts, was dem neu erwachten Interesse am Mittelalter Nahrung gegeben hätte. Selbst die unter der Hinterlassenschaft des 1474 gestorbenen Kaufmanns und Bürgermeisters William Canynges aufgefundenen Papiere weckten keine Neugier. Die Leute nahmen sich aus den Truhen, was sie gebrauchen konnten, und kümmerten sich nicht mehr weiter darum.

40 Jahre später war doch etwas los. Mit einem Mal wurden die Bristoler mit Funden aus der mittelalterlichen Vergangenheit ihrer Stadt überschüttet. Briefe, Landkarten und Urkunden aus dem 15. Jahrhundert tauchten bei Buchhändlern und Historikern

auf; insbesondere die Gedichte eines Mönchs oder Priesters namens Thomas Rowley sorgten für Aufsehen, dessen Freund und
Gönner jener William Canynges war. Bald kamen Funde zutage,
die in noch weiter entfernte Zeiten hineinleuchteten: Als im September 1768 ein Neubau die alte Brücke aus dem 13. Jahrhundert
ersetzte, konnte das «Bristol Weekly Journal» mit einem halbjahr-
tausendalten Festgedicht punkten, das anschaulich die pracht-
volle Einweihung des Vorgängerbauwerks schildert.

Der Widerhall auf das Preisgedicht war so groß, dass, Wunder,
weitere Elogen auf andere Bauwerke das Licht erblickten. Sogar
eine Chronik der Stadt aus dem 11. Jahrhundert kam zum Vor-
schein, die von einem Mönch namens Turgot stammte und von
Rowley aus dem Altenglischen ins mittelalterliche Englisch übertragen worden war. Ja, die Funde sprengten sogar die Grenzen
Bristols: Ein Gedicht über die Schlacht von Hastings 1066 wurde
entdeckt, ebenfalls verfasst von Turgot und übersetzt von Rowley.

Ob die guten Leute in Bristol alles für bare Münze nahmen,
steht dahin. Wenigstens die Buchhändler, Historiker und Journalisten dürften misstrauisch gewesen sein und haben womöglich
aus geschäftlichem Interesse mitgemacht – sie wussten, was das
Publikum will. Aber auch die Bürger mögen sich bewusst auf das
Spiel eingelassen haben – spätestens als bekannt wurde, dass jener
«Dunelmus Bristoliensis», der den Panegyrikus auf die Bristoler
Obrigkeit anlässlich der Brückeneinweihung im 13. Jahrhundert
verfasst haben soll, eine fiktive Gestalt ist und in Wahrheit ein
15-jähriger Jüngling hinter dem Gedicht steckte: Thomas Chatterton.

Am 20. November 1752 in Bristol geboren, hatte der frühreife
Knabe mit elf Jahren zu dichten begonnen und, abgestoßen vom
Krämersinn und der platten Vernünftigkeit der Bürger, aber fas-
ziniert von der keltischen Vergangenheit Britanniens und dem
Mittelalter, sich in eine Kunstwelt hineingeträumt. Sein Großva-
ter hatte sich damals, 1727, aus der Truhe des Bürgermeisters Canynges bedient. Das alte Manuskriptpapier benutzte der Enkel

für seine Fälschungen, indem er an den Rand Gedichte in scheinbarem Mittelenglisch kritzelte und als angeblichen Verfasser ein Alter Ego erschuf, jenen Rowley, der wie er den Vornamen Thomas trug.

Von dem Erfolg befeuert, wollte Chatterton höher hinaus. Es wurde, nach dem triumphalen Auftakt in Bristol, ein kurzer, schwerer Leidensweg: Der Verleger Robert Dodsley wollte Rowleys Werk – noch ist die Schummelei nicht offenbar geworden – nicht als Buch drucken. Daraufhin wendete sich Chatterton an einflussreiche Persönlichkeiten des literarischen Lebens wie den Schriftsteller Horace Walpole, um mit seiner Fürsprache Rowleys mittelalterliche Gedichte an die breite Öffentlichkeit zu bringen. Walpole bemerkte zwar aufgrund von Hinweisen seines Freundes, des Dichters und Philologen Thomas Gray, die Fälschung, doch Chatterton gab die Hoffnung nicht auf. Er zog in die Weltstadt London, um sein Glück bei Zeitungen und Zeitschriften zu versuchen – vergeblich: Als alles Klinkenputzen nichts einbrachte, nahm er Arsen und wählte am 24. August 1770 im Alter von 17 Jahren, mittellos und halb verhungert, den Freitod.

Sieben Jahre später aber wurden seine Rowley-Gedichte gedruckt und entfesselten vor dem Hintergrund des romantisch verklärten Schicksals ihres Verfassers eine Welle der Begeisterung, die von namhaften Autoren wie Walter Scott geteilt wurde und auf Frankreich überschwappte, wo Alfred de Vignys Drama «Chatterton» von 1835 Selbstmorde unter jungen Leuten auslöste wie einst in Deutschland Goethes «Werther». Im verkannten Genie Thomas Chatterton, das am Unverstand seiner Mitmenschen zugrunde ging, spiegelte sich die Seelenverfassung einer neuen Generation junger Leute.

So vermessen Chatterton in seiner Ruhmsucht war: Seine Rowley-Gedichte sind, weil er sie als echt mittelalterlich ausgab, zwar unecht, aber von einer Ausdruckskraft, dass sie als gutes Kunsthandwerk gelten, vielleicht auch als Kunstwerke bestehen können. Die imitierte alte Sprache voller archaischer Wörter und die naive Rechtschreibung üben einen Zauber aus, den zu erahnen die ersten Zeilen eines Fragments, das in Chattertons Sterbezimmer gefunden wurden, hierher gesetzt seien: «Awake! Awake! O Birtha, swotie mayde! / Thie Aella deade, botte thou ynne wayne wouldst dye, / Sythence he thee for renomme hath betrayde, / Bie hys owne sworde forslagen doth he lye» («swotie mayde» ist sweet maid: süße Maid; «Aella» ist der Name Ella; «botte» ist but: aber; «ynne wayne» ist invain: vergeblich; «Sythence» ist since: denn; «thee» steht für you: dich; «renomme» ist renown: Ruhm; «betrayde» ist betrayed: verraten; «forslagen» steht für slain: getötet).

Thomas Chatterton war Fälscher und Poet zugleich – aber nur, solange er mittelalterliches Pseudo-Englisch schrieb. Die in gewöhnlichem Englisch verfassten Geschichten und Gedichte, die man in Chattertons Kammer fand und in denen er die Rowley-Fiktion hinter sich gelassen hatte, sind literarisch wertlos.

Er war mal Shakespeare

Zweifelsfrei bewiesen ist bis heute nicht, wer die unter dem Namen William Shakespeare an die Öffentlichkeit gelangten Werke geschrieben hat. Viel spricht dafür, dass es nicht William Shakespeare war, der Krämer aus Stratford-upon-Avon.

Kein Zweifel besteht daran, dass es nicht William Henry Ireland war, schon weil er 300 Jahre zu spät kam. Allerdings hätte er es Ende des 18. Jahrhunderts fast geschafft, sich unter Shakespeares Namen in die literarische Welt zu schmuggeln. Zunächst war es wohl nur ein Streich, den der 19-jährige Sohn des Buchhändlers Samuel Ireland seinem Vater, einem besessenen Shakespeare-Anhänger, spielen wollte. Als Notargehilfe mit dem Formulieren von Schriftstücken vertraut, fertigte er einen Taufschein auf Shakespeares Namen an und ließ Quittungen sowie Gerichtsurkunden folgen, um die dünn gesäten Quellen über das Leben des Dichters zu vermehren. Sodann setzte er als ersten Höhepunkt Shakespeares Vertrag mit einem Verleger auf, womit die Frage der Autorschaft geklärt war: Es *war* der Mann aus Stratford.

Der Vater schöpfte keinen Verdacht, zeigte sich im Gegenteil derart begeistert, dass der Sohn aufs Ganze ging: William spielte ihm zwei selbst verfasste Dramen zu, «Vortigern and Rowena», eine zur Zeit der Eroberung Englands durch die Angeln und Sachsen angesiedelte Liebesgeschichte, sowie «Henry II.»; alsdann die Originalfassung von «King Lear», eine frühe Version von «Hamlet» sowie Liebesgedichte und Liebesbriefe, womit nun auch der rätselhafte Adressat von Shakespeares Sonetten aus dem Dunkel der Geschichte ins helle Licht trat: Es war kein Mann, wie manche Leute befürchteten, sondern Shakespeares Ehefrau Anne Hathaway.

Auf die Idee, dass der Sohnemann sich einen Spaß mit ihm erlaubte, kam der Vater nicht. Stattdessen verfiel der so gutgläubige wie geschäftstüchtige Buchhändler darauf, alle Fundsachen als Buch herauszugeben. 1796 gab er es in Druck. Zugleich gelang es ihm, das Theaterstück «Vortigern and Rowena» dem Londoner Drury-Lane-Theater für 300 Pfund Sterling und eine Beteiligung an den Einnahmen zu verkaufen.

Doch mit dem Gang an die Öffentlichkeit setzte der Abstieg ein. Die vermeintliche Sensation auf dem Buchmarkt erwies sich als Rohrkrepierer, nachdem der Kritiker Edmond Malone am 31. März 1796 in einer 400 Seiten langen Analyse mit dem Titel «An Inquiry into the Authenticity of Certain Miscellaneous Papers and Legal Instruments» die Frage nach der Echtheit der Manuskripte und Dokumente verneint und diese ausnahmslos als Mumpitz abqualifiziert hatte.

Zwei Tage später die nächste Pleite: Gänzlich untypisch für ein Stück von Shakespeare fiel «Vortigern and Rowena» bei der Premiere am 2. April durch. Die literarische Welt hatte auch bald den Urheber der Fakes ausfindig gemacht: Samuel Ireland, den Vater! Vergeblich beteuerte der seine Unschuld, vergeblich gestand sein

Sohn; alles vergeblich, denn der Vater war als gebildeter Mann und Shakespeare-Fex bekannt, während niemand vom poetischen Talent des Sohnes wusste. Dem Vater selbst war es ja verborgen geblieben. Es irritierte die Öffentlichkeit nicht einmal, dass William fortan unter eigenem Namen Romane publizierte. Es dauerte 80 Jahre, bis sich die Wahrheit durchsetzte: 1876 kaufte das British Museum den Nachlass der Irelands, aus dem die Unschuld des Vaters und die Verfasserschaft des Sohnes zweifelsfrei hervorgingen.

«Du unsre Sonne, fester Vysehrad!»

Als junge tschechische Intellektuelle sich im frühen 19. Jahrhundert für die Geschichte ihrer Nation zu interessieren begannen und nach historischen Dokumenten fahndeten, fanden sie erschreckend wenig. Nach dem Dreißigjährigen Krieg hatte das habsburgische Österreich Böhmen gewaltsam rekatholisiert und die Oberschicht eingedeutscht, womit die Tschechen ihre kulturelle und politische Elite einbüßten. Eine tschechische Wissenschaft und Literatur gab es nicht mehr. Theater, Schulen und die Prager Universität, Bildung, Handel und Verwaltung waren deutsch. Tschechische Gelehrte sprachen und schrieben Deutsch, weil ihre Muttersprache nicht zum wissenschaftlichen Ausdruck befähigt war.

Selbst der Blick in die Zeit vor dem Dreißigjährigen Krieg vermochte wenig Trost zu spenden. Während die Deutschen das Nibelungenepos besaßen, sich mit dem Minnesang und der monumentalen höfischen Epik eines Gottfried von Straßburg und Wolfram von Eschenbach brüsten konnten, herrschte in der tschechischen Literaturgeschichte weithin Leere.

Das sollte sich schlagartig ändern. 1816 entdeckte der 27-jährige Dichter Josef Linda das «Vysehrad-Lied», das aus dem 13. Jahrhundert stammte und in alttschechischer Sprache verfasst war. Es handelt sich um ein Heldenlied, das acht Jahre später auch ins Deutsche übertragen wurde und mit den Versen beginnt: «Ha, du unsre Sonne, / fester Vysehrad! / Der du kühn und trotzig / auf der steilen Höhe stehst, / auf dem aufgetürmten Felsen, / allen Feinden zum Schreck». Es endet mit der erfolgreichen Abwehr des feindlichen Angriffs. Die letzten vier Zeilen lauten in der damaligen Übersetzung: «In die Ebene wogt nun der Kampf vom Berg: / das war dem Feinde zum Verderben / das zwang die Feinde zur Flucht, / das war ihre Niederlage.»

Ein Jahr später, 1817, förderte Lindas Dichterkollege Václav Hanka aus dem Gewölbekeller der Johanneskirche von Königinhof, einer Stadt in Ostböhmen (heute: Dvůr Králové nad Labem), ein Bündel Blätter zutage, auf denen gleich 14 alttschechische Lieder und Gedichte standen, deren Entstehung zwischen dem 9. und dem 14. Jahrhundert verortet wurde. Genauer als das «Vysehrad-Lied» schildert die Königinhofer Lyrik historische Ereignisse, die das tschechische Nationalgefühl kitzeln: etwa den Sieg über einen König Ludwig im Jahr 805, die Vertreibung der Polen aus Prag im Jahr 1004, den nicht genauer datierten Triumph über ein sächsisches Heer, den Sieg über die Tataren 1241 bei Olmütz (tschechisch: Olomouc).

1818, wiederum nur ein Jahr nach dem Fund dieser «Königinhofer Handschrift», folgte Streich Nummer drei: In einem anonymen Paket wurden dem Prager Königlich Böhmischen Museum vier Pergamentblätter mit alttschechischen Texten zugestellt, die anscheinend aus dem 9. oder 10. Jahrhundert stammten; aufgespürt auf Schloss Grünberg (tschechisch: Zelená Hora), wurde das Konvolut «Grünberger Handschrift» genannt. Das Herzstück dieses Fundes bildete das Lied «Libussas Gericht», das von der an allen Fronten und auch gegen die Deutschen siegreichen Libussa handelt, der mythischen Urmutter des mittelalterlichen böhmischen Königsgeschlechts der Přemysliden.

Das Echo auf die Veröffentlichungen und die Freude unter den tschechischen Gelehrten und Literaten waren groß. Das Tschechische war zu einer ehrwürdigen Schrift- und Kultursprache aufgewertet und die tschechische Geschichte um glanzvolle Siege bereichert worden. Dass mit den Liedern etwas nicht stimmte, war zwar offensichtlich: Nicht nur die Häufung dieser zufälligen Entdeckungen musste misstrauisch machen, sondern es waren auch die geschilderten Ereignisse mit historischen Fakten nicht durchweg in Übereinstimmung zu bringen. Aber Zweifler an der Echtheit der Lieder und Gedichtfragmente wurden wegen ihrer «übertriebenen Kritik» als «Querulanten» beschimpft, die «das tschechische Mittelalter wieder leerfegen wollen». Die Frage, ob es sich um Falsifikate handelte, wurde als zweitrangig abgetan, weil «die Begeisterung (…) durch den Werth der Dichtungen an sich, auch ohne Rücksicht auf Ort und Zeit, welchen sie entstammten, gerechtfertigt» sei, so der Schriftsteller Václav Alois Svoboda, der 1824 alle Texte ins Deutsche übertrug, um die Kleinodien über die böhmischen Grenzen hinaus bekannt zu machen – seine Übersetzungen wurden oben zitiert.

Im selben Jahr 1824 trat allerdings auch der Abbé und Sprachwissenschaftler Josef Dobrovský an die Öffentlichkeit und erklärte rundheraus, es handele sich um Fälschungen. Mehr noch: «Die Fälscher kenne ich persönlich, sie haben bei mir altslawische und russische Sprache studiert», sagte der Störenfried. Die Namen nannte er nicht, doch man konnte sie erraten: eben Josef Linda und Václav Hanka, die die «alttschechischen» Texte, ins «Neuböhmische» übersetzt, 1819 an die Öffentlichkeit gegeben hatten.

Dreh- und Angelpunkt ihrer Falschmünzerei war James Macphersons berühmter und ebenfalls getürkter «Ossian», dessen scheinbar altschottische Dichtungen aus dem 3. Jahrhundert europaweit begeistert aufgenommen worden waren. Linda und Hanka benutzten die 1792 veröffentlichte russische Übersetzung von Jermilo Iwanowitsch Kostrow und bedienten sich reichlich: Nicht nur weisen die äußere Form und die merkwürdige Rechtschreibung auf die russische Vorlage, auch die Sprache kann in

Anbetracht gleicher archaischer Ausdrücke und altertümelnder Metaphern ihren Ursprung nicht verbergen. Sogar russische Wörter fanden Eingang in die Texte der Königinhofer und der Grünberger Handschrift. Das «Vysehrad»-Lied hingegen hatten die Schlitzohren Hanka und Linda, die auch Serbisch konnten, in Sprache und Stil dem serbischen Lied «Pesnarica» nachgedichtet.

Nützlich und anregend waren die fraglichen Texte gleichwohl, und das nicht nur politisch, sondern auch künstlerisch. Tschechische Musiker, Maler und Schriftsteller wurden durch sie zu neuen Schöpfungen inspiriert. So zweifelsfrei die Erkenntnis von den mittelalterlichen Handschriften als einer Mystifikation ist: Hanka und Linda werden bis heute verehrt, weil sie für die Erneuerung und Wiedergeburt der tschechischen Sprache und Literatur Entscheidendes geleistet haben. Zugleich wurde Dobrovskýs Mahnung beherzigt: «Wir dürfen nicht mit einer gelogenen Geschichte prahlen. Uns reicht das, was in unserer Geschichte wahr ist. Die Lüge sollten wir jenen überlassen, die außer ihr nichts anderes besitzen.» Was Josef Linda und Václav Hanka schufen, gilt heute als herausragende Dichtung aus dem frühen 19. Jahrhundert, die einen festen Platz in der vorromantischen Epoche der tschechischen Literatur hat.

Wanderjahre revisited

Goethe war verdattert. Gerade hatte er zur Leipziger Frühjahrsmesse 1821 die lange erwartete Fortsetzung seines 1795/96 erschienenen Romans «Wilhelm Meisters Lehrjahre» auf den Markt bringen können: «Wilhelm Meisters Wanderjahre», verlegt von Cotta in Stuttgart und Tübingen. Doch gleichzeitig erschienen «Wilhelm Meisters Wanderjahre» ein zweites Mal – verlegt von Gottfried Basse in Quedlinburg. Der Autorenname fehlte. Aber was tat das schon!

Goethe gab gerne an, eine laxe Einstellung zu Fragen geistigen Eigentums zu haben und sich in seinem Schaffen bei anderen Autoren bedient zu haben. «Ich verdanke den Griechen und Franzosen viel, ich bin Shakespeare, Sterne und Goldsmith Unendliches schuldig geworden», bekannte er seinem Freund Johann Peter Eckermann gegenüber. Auch billigte er anderen Schriftstellern zu, sich bei ihm zu bedienen: «Walter Scott benutzte eine Szene meines ‹Egmonts›, und er hatte ein Recht dazu, und weil es mit Verstand geschah, so ist er zu loben. (…) Lord Byrons Verwandelter Teufel ist ein fortgesetzter Mephistopheles, und das ist recht!»

Zwar war 1821 schnell klar, welches Werk echt und welches getürkt war, zumal Letzteres nicht mit Kritik an Goethe sparte: Er habe Formtalent, aber sei ein zerrissener Charakter, weshalb er nur Zweifler wie Werther und Faust erschaffen könne; seine Helden seien «ohne festes Wollen, ohne innere Klarheit, ohne sichere Kraft, ohne eigentlichen Muth». Er sei nicht imstande, wahrhaft Schönes und Edles zu erschaffen, ja, seinem Werk fehle es, weil es ohne echten Gehalt sei, an «Ideen», «höchsten Gedanken», «Wahrheit, Gerechtigkeit» und nicht zuletzt «Frömmigkeit».

Niemand kannte den Verfasser dieser als Roman verkleideten Invektive, der sich über wohlwollende Rezensionen freuen konnte und überhaupt auf breite Resonanz beim Publikum stieß: «Die Tageslektüre sind die falschen Meisters Wanderjahre. Die Gegner Goethes jauchzen, dass ein Dritter ihrem Ärger über Goethe Worte gab», berichtete ein namentlich nicht bekannter Briefschreiber noch ein Jahr später, 1822, nachdem im Herbst 1821 sogar ein zweiter Band der falschen «Wanderjahre» erschienen war. Die echten «Wanderjahre» ernteten eher oberflächliche Lobhudeleien.

Dass 1824 obendrein ein zweibändiger Roman «Wilhelm Meisters Meisterjahre» erschien, ebenfalls beim Verleger Gottfried Basse, dürfte Goethes Laune nicht verbessert haben. Zu allem Überfluss weiß darin einer der Protagonisten über den echten Meister Goethe nichts Besseres zu sagen als: «Ja, manches ist recht hübsch geschrieben», und gesteht: «Und wenn es selbst Ihr Göthe ist, ich muß ihn auslachen!»

Zwei Jahre zuvor, Ende 1822, war immerhin der Urheber der falschen «Wanderjahre» enttarnt worden, es war Johann Friedrich Wilhelm Pustkuchen aus Lemgo. Damit war die Sache aber nicht ausgestanden. Im Gegenteil, das Fass zum Überlaufen brachte es, als jetzt eine Abhandlung «Göthe und Pustkuchen oder Über die Wanderjahre Wilhelm Meisters und ihre Verfasser» erschien, in der beide Werke gründlich verglichen wurden – nicht zu Ungunsten Pustkuchens. Goethe machte seinem Zorn in 15 «Zahmen Xenien» Luft, beschimpfte Pustkuchen als «Schuft», «Laus», «Fluch-Dämon» und «Pusterich» und grummelte: «Pusten, grobes deutsches Wort! / Niemand – wohl erzogen – / wird am reinanständigen Ort / solchem Wort gewogen.»

Dann wurde die literarische Welt des Spiels müde. Pustkuchen, im Brotberuf evangelischer Pfarrer und nebenher christlicher, konservativ gestimmter Schriftsteller, hatte mittelmäßige Gedichte, Erzählungen und pädagogische Sachbücher zu Papier gebracht, und die zuvor eher amüsierte literarische Öffentlichkeit schmähte ihn nun als unfähig und, so brachte es August von Platen auf den Punkt: «Neidkragen».

Der Neidkragen fuhr dessenungeachtet fort und publizierte bis 1828 weitere Bände seiner Version der «Wanderjahre», fünf waren es am Ende. (Dass auch die «Meisterjahre» auf seinem Mist gewachsen seien, stritt er ab; bewiesen ist bis heute nichts.) Als der Spuk vorbei war, machte sich Goethe im September 1828 wieder ans Werk und überarbeitete seinen eigenen «Wilhelm Meister». 1829 erschien die neue, wesentlich erweiterte und umgeschriebene Fassung der richtigen «Wanderjahre».

«Die wunderlichen Schicksale, welche dies Büchlein bei seinem ersten Auftreten erfahren mußte, gaben dem Verfasser guten Humor und Lust genug, dieser Produktion neue, doppelte Aufmerksamkeit zu schenken», argumentierte der Olympier nun aus einer Position wiedergewonnener Überlegenheit und bekannte

freimütig: «Es unterhielt ihn, das Werklein von Grund aus aufzu-
lösen und wieder neu aufzubauen, so daß nun in einem ganz Anderen dasselbe wieder erscheinen wird.» Ohne Pustkuchen hätte
sich Meister Goethe nicht diese Mühe gemacht.

Besser als das Original

Wilhelm Hauff träumte davon, ein berühmter Schriftsteller zu
werden. Mit seiner 1824 anonym erschienenen Anthologie be-
liebter «Kriegs- und Volks-Lieder», in der unter anderem Ernst
Moritz Arndt, Joseph von Eichendorff und Friedrich Schiller vertreten waren, konnte der 22-Jährige einen Anfang machen, weil
von den sechs eigenen in die Sammlung geschmuggelten Gedich-
ten zwei populär wurden – «Treue Liebe» mit den Anfangszeilen
«Steh ich in finstrer Mitternacht» sowie «Reiters Morgenlied» mit
dem Auftakt «Morgenrot! Leuchtest mir zum frühen Tod?». Doch
erst einmal musste Hauff Geld verdienen und sich als Hauslehrer
verdingen.

Dagegen der eine Generation ältere, berühmte und erfolgreiche Schriftsteller Carl Heun alias H. Clauren, der seit 1816 mit
schmalzigen Romanen und Erzählungen ein treues Lesepublikum
beglückte! Jahr für Jahr kam nicht nur ein neues Werk von dem
Bestsellerautor heraus, sondern gleich mehrere. Und so erschien
im Herbst 1825 auch dieses Buch: «Der Mann im Mond, oder:
Der Zug des Herzens ist des Schicksals Stimme. Von H. Clauren»,
das der Franckh'sche Verlag aus Stuttgart in der «Abendzeitung»
vom 15. Oktober 1825 mit den Worten anpries: «Die unnachahmliche Manier des Verfassers ist zu bekannt, zu beliebt, als daß sie
noch irgend einer Empfehlung bedürfte. Seine reizende, überraschende [sic] Situationen, seine wahre Charakterzeichnung, seine
lebendige Sprache, die Herz, Gemüt und alle Sinne bezaubert –
wer wollte sie nicht kennen; wir finden ihn ganz auch in diesem

Buche wieder, ja wir möchten, wenn es möglich wäre, behaupten, er habe hier sich selbst übertroffen.»

Prompt lief der Verkauf gut an. Doch zehn Tage nach der Reklame erschien in derselben Zeitung eine «Warnung vor Betrug». Die Leserschaft musste zur Kenntnis nehmen, dass sie gefoppt worden war, denn das bewusste Werk «ist von dem (…) unter dem Anagramm seines Namens bekannten Geh. Hofrate Carl Heun nicht verfasst».

Überraschung: Dem Absatz des Romans tat das keinen Abbruch, eher beförderte es ihn. Die Rezensenten lobten einhellig das Werk, und sie durften schließlich einen neuen Namen auf der literarischen Landkarte zur Kenntnis nehmen, als das «Morgenblatt für gebildete Stände» am 9. Dezember 1825 enthüllte, dass der wahre Verfasser «Dr. Wilhelm Hauff von Stuttgart sei». Ihm war es gelungen, Claurens «unnachahmliche Manier» nicht nur nachzuahmen, sondern zu übertreffen: «Der Mann im Mond» erwies sich als Parodie auf die sentimental-amourösen, stereotyp gearbeiteten Werke des Trivialautors.

Es war ein Coup, der Hauff mit einem Schlag in Deutschland bekannt machte. Dass der beleidigte Hofrat Heun vor Gericht zog, weil man seinen Namen unrechtmäßig benutzt und zu geschäftlicher Spekulation missbraucht habe, dass er den Prozess gewann und der Verlag zu einer Geldstrafe verurteilt wurde, änderte nichts. Im Gegenteil, Hauff schob ein Jahr später, im Herbst 1827, die «Kontrovers-Predigt über H. Clauren und den Mann im Monde» nach, in der er «allen Verehrern der Claurenschen Muse in bekannter Hochachtung» den Zweck seiner Literatursatire erklärt und Claurens triviales Oeuvre zerpflückt, dessen Stil, Inhalt und «Sprachsünden» in vernichtender Ausführlichkeit analysiert werden.

Er wollte, sagt Hauff von sich, Clauren «zu Nutz und Frommen der Litteratur und des Publikums, zur Ehre der Vernunft und Sitte lächerlich machen». Gelungen ist ihm damit, zu Nutz und Frommen der Literatur und des Publikums, sich selbst einen

Namen zu machen; es zu Ehren von Vernunft und Sitte von H. Clauren abzubringen, dagegen nicht. Der ließ weiter Buch um Buch aufs Publikum regnen.

Die Wurzeln von «Roots»

Schriftsteller schreiben nicht nur, sie lassen auch schreiben. Das Erstaunliche: Es sind mitnichten unbedeutende Autoren.

• Der berühmteste dürfte Alexandre Dumas der Ältere sein. Dass er 600 Romane schrieb und obendrein Zeit fand, nebenher Theaterstücke und Reisebücher zu verfassen, ist kaum zu glauben und auch nicht wahr. Dumas beschäftigte ein Heer von mehr als 70 Ghostwritern oder «Negern», wie man damals die schlecht bezahlten Lohnsklaven nannte. Unter ihnen konnten hochkarätige Schreiber sein wie Gérard de Nerval, mit dem Dumas für die Bühne arbeitete, und Auguste Maquet – sehr wahrscheinlich ihm verdankt er seine drei berühmtesten Abenteuerromane: «Die drei Musketiere» (1843/44), «Der Graf von Monte Christo» (1845/46) und «Der Mann mit der eisernen Maske» (1845/46). Aber wie sagte Dumas: «Ein Mann von Genie stiehlt nicht, er erobert»: wenn es sein muss, nicht nur Formen und Stoffe, sondern auch andere Autoren.

• Unter den deutschen Autoren der Gegenwart weiß man von Günter Wallraff, dass er mehrere Lohnschreiber beschäftigte. Dass der Bestseller «Der Aufmacher» (1977) über seine Tätigkeit als «Bild»-Reporter Hans Esser mit seinem Verfassernamen auf den Markt kam, war ein Fake. Wallraff konnte in eine fremde Rolle schlüpfen und verdeckt ermitteln, aber gut formulieren, was er herausgefunden hatte, konnte er nicht. «Der Mann, der bei BILD Hans Esser war» (so der Untertitel des Bestsellers von 1977), war nicht zugleich der Mann, der das Buch schrieb. Das war vielmehr Hermann L. Gremliza, der Herausgeber der Zeitschrift «konkret», der auch den Löwenanteil am zweiten Buch über Wallraffs «Bild»-Zeit, «Zeugen der Anklage» (1979), trug und am dritten, «Das ‹Bild›-Handbuch» (1981), mitwirkte.

In Gremlizas eigenen Worten, mit denen er 1987 an die Öffentlichkeit trat: An ihm war es, «des Autors Erlebnisse in der ‹Bild›-Redaktion zu Protokoll zu nehmen und daraus ein Buch zu machen, das von der ersten Zeile des Vorworts bis zur letzten des Nachworts, das unter dem Pseudonym Reinhold Neven Du Mont [Verlagschef von Kiepenheuer & Witsch, P. K.] erschien, an meinem Schreibtisch entstand. (Nicht anders verhält es sich mit dem größten Teil des zweiten ‹Bild›-Buchs und einem kleineren des dritten; die anderen Teile und die anderen Bücher, Aufsätze, Rezensionen und Reden haben andere geschrieben.)»

Wallraffs eigene Leistung, so Gremliza weiter, bestehe lediglich darin, «die verschiedenartigsten Autoren, deren Hilfe er sich versicherte, auf jenen einheitlichen Ton zu stimmen, der den echten Wallraff verbürgt» – und «dessen literarischer Wert Müll und dessen politischer eine Pleite bedeutet», weil jede Erkenntnis, jeder Gedanke «plattgehauen zu dünnsten Stereotypen» sei, aber «vorgetragen (werde) wie die letzten Worte vom Kreuz (…). Mit dem Gestus des Enthüllers, der (…) immer noch einmal und alle maßlos überraschend beweist (…), daß es die da oben besser haben als die da unten».

Dass Rollenreporter wie Wallraff nicht unbedingt gute Schreiber sein müssen, ist verständlich. Nur hat Wallraff stets den Eindruck erweckt, er beherrsche beides. Pustekuchen: Hermann Gremliza zufolge hatte Wallraff jedenfalls bis Mitte der 1980er Jahre kein einziges seiner Bücher, ja keinen einzigen Text selber geschrieben. 1987 verlieh ihm der «konkret»-Herausgeber den mit 30 000 D-Mark dotierten Karl-Kraus-Preis; die oben angeführten Zitate stammen aus der Preisrede. Bedingung für die Annahme dieser Auszeichnung war die im Geiste von Karl Kraus formulierte Verpflichtung, fortan keine Zeile mehr zu schreiben und einen nützlichen Beruf zu ergreifen. Der Laudator war sich allerdings bewusst, «daß der Preisträger (…) nur noch dazu verpflichtet werden könnte, künftig auch das Schreibenlassen zu lassen.»

• Wieder andere Autoren lassen nicht direktemang andere schreiben: Sie schreiben ab. Zwar ist, ob ein Kunstwerk Plagiat ist oder schöpferische Weiterentwicklung, mitunter schwer zu entscheiden. «Es gibt in der Literatur kein sechstes Gebot, der Dichter darf überall zugreifen, wo er Material zu seinen Werken findet, und selbst ganze Säulen mit ausgemeißelten Kapitälern darf er sich zueignen, wenn nur der Tempel herrlich ist, den er damit stützt», dekretierte Heinrich Heine in einem seiner Korrespondentenberichte aus Paris und rief große Namen auf: «Dieses hat Goethe sehr gut verstanden, und vor ihm sogar Shakespeare. Nichts ist törigter als das Begehrnis, ein Dichter solle alle seine Stoffe aus sich selber heraus schaffen; das sei Originalität.»

So weit Heine in den 1830er Jahren. Der US-amerikanische Schriftsteller Alex Haley hätte sich 140 Jahre später auf ihn berufen können, als er wegen Plagiats angeklagt war. Vermutlich hätte es ihm nichts genutzt, weil es vor Gericht weniger um künstlerischen Wert als um Eigentumsrechte und folglich um Geld geht. Haley erzählte in seinem Roman «Roots» (deutscher Titel: «Wurzeln») am Beispiel einer sieben Generationen umfassenden Familienchronik die Geschichte der Sklaverei in den USA. 1976 erschienen, wurde das Buch in 37 Sprachen übersetzt und 1977 fürs Fernsehen verfilmt.

Weniger Erfolg hatte zehn Jahre zuvor Harold Courlander mit seinem Roman «The African». Er hatte dafür auch nicht den Pulitzer-Preis erhalten wie Haley 1977. Dabei baute «Roots» unverkennbar auf «The African» auf, weshalb Courlander 1978 vor Gericht zog. Er bezichtigte «Mr Haley, Sprache, Gedanken, Meinungen, Ereignisse, Situationen, Handlung und Charaktere kopiert» zu haben, und der gutachtende Englischprofessor Michael Wood gab ihm sowohl im Ganzen wie durch den Nachweis von 81 bis ins Detail gehenden Übernahmen auch im Einzelnen recht. Bevor das New Yorker Bezirksgericht ein Urteil sprach, räumte

Haley das Feld und zahlte 650 000 Dollar. Damit obsiegte er letztlich, wenngleich mit verschmerzbarer finanzieller Einbuße: Während Courlanders Roman weiterhin geringes Interesse fand, behauptet «Roots» seinen epochalen Rang. 2016 wurde das Buch, das weltweit den Blick auf die Geschichte der Afroamerikaner öffnete, erneut verfilmt.

• Manchmal geht der Schuss nach hinten los. 1956 wurde Paul Celan von Claire Goll, der Witwe des 1950 verstorbenen, auf Deutsch und Französisch schreibenden elsässischen Dichters Ivan Goll, des Plagiats beschuldigt. Celan, Freund und zeitweilig Nachlassverwalter ihres Mannes, habe sich insbesondere bei der in Deutschland unbekannten französischen Lyrik ihres Mannes bedient: So sei Celans Vers «Ihr mahlt in den Mühlen des Todes das weiße Mehl der Verheißung» inspiriert von Golls Gedicht «Le Moulin de la Mort», Celans Metapher «ein Halsband aus Händen» sei angeregt von Golls «Halsband aus Lerchen», Celans «siebente Rose» gehe zurück auf Golls Titel «Die siebente Rose».

Das klingt nach Marginalien, doch waren sie nicht einmal das: Ein «Halsband aus Lerchen» findet sich nirgends bei Goll, eine «siebente Rose» hingegen nirgendwo bei Celan – vielmehr lautet die Stelle im Gedicht «Kristall»: «sieben Rosen später rauscht der Brunnen».

Nichtsdestoweniger erneuerte Claire Goll, getrieben vielleicht von Neid auf den berühmten Dichter, in dessen Schatten das Werk ihres Mannes zu verkümmern drohte, 1960 in der Literaturzeitschrift «Baubudenpoet» in einem Beitrag mit dem Titel «Unbekanntes über Paul Celan» den Plagiatsvorwurf und legte weiteres Beweismaterial vor, zum Beispiel dieses: Celans Verse «In Gestalt eines Ebers / Stampft mein Traum durch die Wälder am Rande des Abends» wandelten auf den Spuren von Golls Zeilen «Die Eber mit dem magischen Dreieckskopf / Sie stampfen durch meine funkelnden Träume». Indes – Celan sagt nicht «mein», sondern «dein Traum», Goll wiederum sagt gar nicht «Träume», sondern «Herz».

1967 fasste die Witwe noch einmal nach. Diesmal unterstellte sie Celan, seine berühmte, 1945 verfasste «Todesfuge» ahme Golls «Chant des Invaincus» nach, den «Gesang der Unbesiegten», der 1942 entstanden sei; sie gestand Celan lediglich zu, er habe sich nicht direkt bei Goll, sondern bei der deutschen Übersetzung bedient, die mit «Schwarze Milch des Elends / Wir trinken dich» beginnt. Diese Übersetzung aber gab es 1945 nicht.

Claire Goll erhob diesen letzten Vorwurf im Nachwort des Gedichtbandes «Die Antirose», als deren Verfasser außer Ivan nun auch Claire Goll selbst genannt wurde. Damit kam langsam die Wahrheit ans Licht: Im selben Jahr 1967 wurde aufgedeckt, dass nicht etwa Paul Celan Ivan Goll nachdichtete, sondern die Witwe das Werk ihres Mannes der Lyrik Celans nachträglich anähnelte, wie der Germanist Erhard Schwandt in seinem Aufsatz «Ärgernis mit der Edition Ivan Golls» herausfand.

Geschichten aus der Geschichte I

Das Großreich der Friesen

Mitte des 3. Jahrtausends v. Chr. herrschten die Friesen von der Nordsee bis Gibraltar. «Aldland» hieß ihr Reich, das auch «Atlant» genannt wurde und einem Schlaraffenland glich, in dem es selten Frost gab und Getreide wuchs, das wie Gold blinkte. 2193 v. Chr. versank dieses Atlantis im Meer. Die Friesen aber, denen fast alles Land unter ihren Füßen weggespült worden war, segelten in die Welt hinaus und gelangten unter dem Seefahrer «Inka» womöglich sogar bis nach Südamerika.

Natürlich bleibt ein Quäntchen Ungewissheit, weil von diesen Expeditionen in die Neue Welt nimmermehr Kunde nach Europa drang. Fest aber steht, dass die Friesen ihre nähere Umgebung, die Alte Welt, beglückten, war doch Odysseus (lateinisch: Ulixes) in Wirklichkeit der Friese Ulysus; und die den Griechen die Kultur brachte, war die friesische Burgmaid Minerva (von «min erva», mein Erbe), weshalb sie auch «Nyhellenia» genannt wurde, die «Neues Heil Leihende». Die Friesen selbst wurden von einem Arier aus Indien besucht: von «Kris-en» (lies: Christen, Krischna, Krischan), der auch die Namen «Jes-sus» und «Buda» trug; er missionierte Friesland und verkündete Lehren, die zwar nach seinem Tod verfälscht wurden, doch erhielten sich Reste im alten friesischen Volksrecht.

Entnehmen konnte man diese erstaunliche Geschichte einer

Chronik, die nach eigener Aussage aufgezeichnet wurde im «3349. Jahr, nachdem Atlant versunken ist», was «nach der Christen Rechnung das zwölfhundertsechsundfünfzigste Jahr» wäre. Sie befand sich im Besitz des Schiffszimmermanns, Angestellten der niederländischen Reichsmarinewerft und Friesen Cornelis over de Linden aus Den Helder, einer Ortschaft an der Nordseeküste vor Texel. Er gab die ungefähr 200 Blätter seit 1860 nach und nach an Freunde und Fachleute zur Begutachtung, und als 1872 eine Übersetzung aus dem Altfriesischen ins Niederländische publiziert wurde, erfuhr eine staunende Öffentlichkeit, dass es sich bei der sogenannten Ura-Linda-Chronik sogar um eine Familienchronik handelte: um die Geschichte der Familie Over de Linden alias «Overa *Linda*», deren Stammbaum bis zur friesischen Urmutter und Göttin «Wralda» zurückreicht, deren Name sich aus «Werald» (Welt) und «*Ura*lda» (uralt) zusammensetzt.

Es war offensichtlich, dass Cornelis over de Linden sich einen Jux machen wollte und es für ernsthafte Wissenschaftler außer Frage stand, dass eine Fälschung vorlag. Nichtsdestoweniger stritten friesische Patrioten ebenso wie holländische und deutsche Nationalisten erbittert für die Echtheit. Nicht einmal der Umstand irritierte sie, dass die Chronik auf gewöhnlichem Maschinenpapier der Firma Tielens und Schrammen aus dem Jahr 1850 geschrieben worden war. Dann war sie eben von den Familienmitgliedern von Generation zu Generation immer wieder abgeschrieben worden! Das erklärt auch, warum die Sprache der Chronik bloß ein auf alt frisiertes Neuniederländisch ist.

Erst als die Bibliothek des 1873 gestorbenen Cornelis over de Linden versteigert wurde und darin Altfriesisch-Lexika, Rechtsbücher und andere Quellenwerke wie Tacitus' «Germania», Jacob Grimms «Deutsche Mythologie» und Knut Clements «Die nordgermanische Welt oder unsere geschichtlichen Anfänge» gefunden wurden, die das Rüstzeug zum Abfassen der Chronik waren, war der Fälschungsverdacht hinreichend erhärtet. Selbst den Zeitpunkt von Atlantis' Untergang hatte der Verfasser einem friesischen Bauernkalender entnommen, der die Sintflut auf das Jahr 2193 v. Chr. legte. Zudem konnten weitere Quellenwerke bei Bekannten Over de Lindens ausfindig gemacht werden, z. B. beim Übersetzer Jan Gerhardus Ottema; die Handschrift konnte Tjalling Joostes Halbertsma, einem Gelehrten aus Deventer, der mit Jacob Grimm im Briefwechsel gestanden hatte, zugeordnet werden. 1877 stand es fest: Die Chronik war ein Schwindel, ein lustiger allerdings.

Indes, 1922 wurde der Streit ganz im Ernst wieder aufgerührt. Der niederländische Volkskundler und spätere SS-Obersturmführer Herman Wirth stieß bei der Suche nach germanischem Kulturgut auf die Ura-Linda-Chronik und trat für ihre Echtheit ein, übersetzte sie 1933 ins Deutsche und gab ihr einen umfangreichen Bildatlas bei. Doch unerwarteterweise wurde der Mitbegründer der völkischen «Forschungsgemeinschaft Deutsches Ahnenerbe» von den Nationalsozialisten abgewatscht: Die demokratischen Vorstellungen der Friesen, ihre Friedfertigkeit und ihre matriarchalische Gesellschaftsordnung widersprachen dem Führerprinzip, dem kriegerischen Denken und dem Männerbild der Nazis. Zu allem Überfluss wurden in der Chronik die östlichen Nachbarn der Friesen im «Twiskland» (Zwischenland, d. h. Deutschland) als räuberisch, streitsüchtig und mordlustig verfemt. Die «Germanenbibel» verschwand in der Versenkung.

Lange offen blieb allerdings, ob Cornelis over de Linden Alleinautor, Mitautor oder nur Anstifter war und wer im letzteren Fall mithilfe all der genannten Quellen und identifizierten Ratgeber die Ura-Linda-Chronik wirklich verfasst hatte. Erst 2004 schloss der niederländische Historiker Goffe Jensma in seiner Groninger Doktorarbeit die Lücke und benannte drei Verfasser: den Freimaurer Cornelis over de Linden selbst, sodann den Philologen Eelco Verwijs und als führenden Kopf den Schriftsteller François Haverschmidt. Er verfolgte kein geringeres Ziel, als die Bibel zu parodieren.

Die Schlacht von Kadesch

Welch ein Kampf! «Seine Majestät eilte vorwärts. Er drang in die Feinde ein, wohl an die sechs Male drang er ein: ‹Ich bin hinter ihnen her wie Baal in der Stunde seiner Wut; ich töte unter ihnen und bin nicht träge.›»

Welch ein Sieg! «Gemetzelt in ihrem Blute lagen alle Völker, in die ich eingedrungen war, mit allen besten Kriegern der Hatti und mit den Kindern und Brüdern ihres Fürsten. Amon hat mir seinen Sieg gegeben. Jenes ferne Land ließ ich meinen Sieg und meine Kraft sehen!»

Welch ein Triumphator! Pharao Ramses II. schwelgt im Glück: «Meine Großen kamen, um meine Kraft zu verherrlichen, und ebenso meine Wagenkämpfer, die meinen Namen priesen: ‹Wohl, du schöner Kämpfer, der das Herz ermutigt, du rettetest deine Soldaten und deine Wagenkämpfer. Du Sohn des Amon, du Rühriger, du zerstörst das Land der Hatti mit deinem starken Arm. Du hast ein mutiges Herz und bist der Erste im Schlachtgewühl. Alle Länder, an einer Stelle vereinigt, haben dir nicht widerstanden. Du warst siegreich vor dem Heere und angesichts der ganzen Welt – das ist keine Prahlerei. Du hast den Rücken von Hatti für immer gebrochen.›»

Muwattalli II., der König der Hatti (besser bekannt unter dem Namen Hethiter), muss seine Niederlage eingestehen: «Du hast den Rücken der Hattifürsten für immer gebrochen. Das Land Ägypten und das Land von Hatti, ja, sie sind deine Diener, und sie liegen zu deinen Füßen.» Er fleht: «Sei nicht gewaltsam unter uns! Sieh, deine Macht ist groß, und deine Kraft lastet auf dem Lande Hatti. Ist es denn gut, dass du deine Diener tötest? Gestern hast du Hunderttausende getötet, und heute kommst du und lässt uns keinen Erben übrig. Sei nicht streng in deinem Anspruch, du starker König!»

Doch welche Großmut des Pharaos! «Sanftmut ist das Schönste.

Niemals ist Friedenswille zu tadeln!», weiß er und befiehlt, die Worte des Hethiterkönigs zu «erhören»; und «er reiche seine Hand im Frieden auf dem Zuge nach Süden!»

In Stein gemeißelt in drei Tempeln und auf Papyrus feiert ein langes Gedicht den überragenden Sieg Ägyptens über die Hethiter in der Schlacht von Kadesch im Jahr 1274 v. Chr. Dort, im westlichen Syrien nahe der heutigen Grenze zum Libanon, hatte sich das Ringen der beiden Großmächte vom Nil bzw. aus Kleinasien um die Vorherrschaft im Nahen Osten entscheiden sollen. Doch anders, als es das pathetische Epos nahelegt, entschied es sich nicht. Die Schlacht endete unentschieden – wobei die Ägypter knapp an einer Niederlage vorbeischrammten.

Die Wahrheit darüber, was wirklich in Kadesch geschah, scheint durch den Schwulst hindurch. Die Hethiter hatten den Pharao und seine nach dem Reichsgott benannte Amon-Division in einen Hinterhalt gelockt, vom Hauptheer abgeschnitten und blitzschnell umzingelt. Die Fußsoldaten und Wagenkämpfer wurden niedergemetzelt, wenn sie nicht flohen. Der Pharao blieb mit wenigen Getreuen im Schlachtgewühl zurück und bewies nun – darin muss man dem Heldengedicht glauben – persönliche Tapferkeit. Die allein hätte gegen die Übermacht kaum ausgereicht; was Ramses rettete, war zum einen, dass die Hethiter von ihrem schnellen Erfolg selbst überrascht waren, zauderten, den entscheidenden Schlag auszuführen, und sich siegestrunken über die Beute an Waffen und Proviant herzumachen begannen. Vor allem aber rückte eine andere, mit Eilboten angeforderte ägyptische Einheit, das Korps Ptah, rechtzeitig heran, hieb die Umzingelten heraus und sicherte ihre Flucht. Danach sammelte Ramses seine Truppen und blies zum Rückzug – was in dem großspurigen Kriegsbericht ganz klein als «Zug nach Süden» erwähnt wird.

Die Schlacht konnten die Ägypter bestenfalls als unentschieden werten, eher als Niederlage. Dass sie unterlegen waren, spricht aus dem Umstand, dass das Land Amurru, das sich mit Ägypten verbündet hatte, sich nun den Hethitern anschloss und auch andere syrische Fürstentümer in den Folgejahren gegen das Land am Nil rebellierten. Das Kriegsglück stand jetzt allerdings auf Ramses' Seite, so dass er mehrere kleine Feldzüge erfolgreich abschließen konnte. Am Ende schlossen Ägypten und das Hethiterreich Frieden und setzten im Jahr 1259 v. Chr. einen Vertrag auf.

Dieser in der hethitischen Keilschriftversion unvollständig und in der ägyptischen, in Hieroglyphen festgehaltenen Fassung zur Gänze erhaltene Text ist der älteste schriftlich überlieferte Friedensvertrag überhaupt. Er umfasst einen Nichtangriffspakt, ein Defensivbündnis, das die gemeinsame Verteidigung gegen Angriffe Dritter vorsieht, und den Austausch von Kriegsgefangenen und Flüchtlingen.

Für fünfzig Jahre sicherte dieser Vertrag den Frieden im Nahen Osten. Im New Yorker UNO-Gebäude ist heute eine Kopie dieses Friedensschlusses ausgestellt.

Die Phönizier in Brasilien

Die antiken Phönizier befuhren das Mittelmeer von Ost bis West und umrundeten Anfang des 6. Jahrhunderts v. Chr. Afrika. Kamen sie auch bis nach Amerika? 1873 schien der Beweis dafür erbracht.

Am 11. September jenes Jahres schrieb Joaquim Alves da Costa dem Präsidenten des Historischen und Geografischen Instituts in Rio de Janeiro, auf seinem Besitztum Pouso Alto nahe dem Fluss Paraíba hätten seine Sklaven vier Bruchstücke mit einer fremdartigen Inschrift gefunden. Eine Abschrift fügte er dem Brief bei. Der Präsident machte dem Kaiser Pedro II. Mitteilung, der einen Angestellten des Nationalmuseums in Rio, Dr. Ladislau de Souza Mello Netto, mit der Übersetzung betraute. Der, von Haus aus Botaniker und nebenher Anthropologe, nicht Philologe, stürzte sich in das Studium des Phönizischen und des Hebräischen und kam zu dem Schluss, die Inschrift sei echt und berichte von einer Fahrt um Afrika herum nach Brasilien:

«Wir Söhne Kanaans aus der Stadt Sidon, Seefahrer und Händler, wurden an dieses ferne Ufer geworfen, ein Land der Berge. Wir opferten einen Jüngling für die erzürnten Götter und Göttinnen. Im neunzehnten Jahre von Hiram, unserem König, gingen wir von Ezjon-Geber aus auf das Schilfmeer und brachen auf mit zehn Schiffen und waren auf dem Roten Meer miteinander. Zwei Jahre umfuhren wir das heiße Land, das Ham gehört, dann wurden wir durch die Hand von Jerub-Baal getrennt und betrauerten unsere Gefährten. So kamen wir hierher, zwölf Männer und drei Frauen, auf eine Insel des Waldes, welche ich, Methu-Astart, der Führer, weihte als Eigentum der Götter und Göttinnen. Mögen sie uns gnädig sein!»

In Paris aber nahm der Bibelforscher und Sprachexperte Ernest Renan den Text unter die Lupe und erklärte, er sei ein Falsifikat. Danach wogte der Streit um die Echtheit jahrzehntelang, bis am Ende die Mehrheit mehr und mehr der Auffassung zuneigte, die Inschrift sei Humbug.

Verdächtig ist bereits, dass das Original verschwunden ist und es nur die Abschrift gibt. Auch vom angeblichen Entdecker Joaquim Alves da Costa hat man nie mehr gehört. Hinzu kommt, dass der Fundort nicht bestimmbar ist, weil es mehrere Pouso Altos gibt. Außerdem kann niemand genau sagen, welcher Sprache die Inschrift zuzuordnen ist: Der eine erkennt einen phönizisch-hebräischen Dialekt aus der Zeit um 800 v. Chr, der andere einen phönizisch-aramäischen etwa von 500 v. Chr., der Dritte spürt iberische Sprachelemente auf und der Vierte, der US-amerikanische Alttestamentler Frank M. Cross, tat schließlich den Text in seinem 1968 in der Zeitschrift «Orientalia» veröffentlichten Aufsatz «The Phoenician Inscription from Brazil» ab als einen «erbärmlichen Mischmasch grammatikalischer Formen, von Schreibweisen und Schriften aus verschiedenen Zeiten und Orten, zusammenge-

schustert aus Handbüchern des 19. Jahrhunderts». Sein Fazit: Das
Ganze ist «eine blanke Fälschung».

Dem schloss sich der brasilianische Jurist und Historiker
Geraldo Irenêo Joffily in seinem 1972 in der «Zeitschrift der
Deutschen Morgenländischen Gesellschaft» abgedruckten Beitrag
«L'Inscription Phénicienne de Parahyba» an – und benannte den
mutmaßlichen Fälscher: Dr. Netto. Er habe den Text in den Stein
gekratzt und dessen Fundgeschichte inszeniert, um seine Karriere
zu befördern. Tatsächlich wurde er 1876 von Kaiser Pedro II. zum
Direktor des Brasilianischen Nationalmuseums in Rio de Janeiro
ernannt.

Das Rätsel der phönizischen Inschrift von Paraíba war damit
gelöst. Die andere Frage bleibt – ob die Phönizier, genauer gesagt
ihre nordafrikanischen Abkömmlinge, die Karthager, nicht doch
bis nach Amerika gekommen sind. Die jüngste Forschung über
das rätselhafte Anden-Volk der Chachapoyas («Wolkenmenschen»)
legt es nahe. Die Karthager beherrschten das westliche Mittelmeer
einschließlich der iberischen Halbinsel. Ein Indiz, dass sie bis in
die Neue Welt gelangten, ist die Beschreibung einer von ihnen
entdeckten riesigen Insel jenseits von Afrika, die sich dank dem
griechischen Historiker Diodor erhalten hat. Neuere archäolo-
gische Funde und jüngst vorgenommene genetische Untersu-
chungen stützen die Theorie. Demnach wären Mitte des 2. Jahrhunderts v. Chr. Karthager, wie der Kulturwissenschaftler Hans
Giffhorn 2013 darlegte, auf der Flucht vor den siegreichen Rö-
mern in See gestochen, den vorherrschenden Winden folgend an
der brasilianischen Küste gelandet, im Verlauf vieler Jahrhunderte
den Amazonas hinaufgezogen und hätten sich zuletzt in den pe-
ruanischen Anden niedergelassen, wo die übermächtigen Inkas
dem Reich der Chachapoyas schließlich den Garaus machten.

Der Jupiter von Nidderau

Nicht nur die Lokalpresse, auch die «Frankfurter Allgemeine Zeitung» berichtete 1972 über den wertvollen Fund: die zwölf Zentimeter große Terrakotta-Maske eines bärtigen Mannes oder Gottes. Am 5. September 1972 hatte ein Gehilfe des Archäologen und Journalisten Rolf Hohmann bei Ausgrabungen auf dem Kastellgelände in Heldenbergen, einem Stadtteil von Nidderau im südhessischen Main-Kinzig-Kreis, den «Jupiter von Nidderau» geborgen; man hatte am ehemaligen Limes nach Spuren aus römischer Zeit gesucht. Während die Öffentlichkeit staunte, lachte sich der Finder, Grabungshelfer Friedel Eberhard aus Heldenbergen, ins Fäustchen: Er hatte bei einem Mittelmeerurlaub das kostbare Stück in einer Souvenirwerkstatt nach seinem Ebenbild anfertigen lassen.

Der Runenknochen vom Maria Saaler Berg

Die Germanen schrieben in Runen. Deren Ursprung ist unklar. Mitte der 1920er Jahre glaubte der norwegische Runenforscher Carl Marstrander den Beweis in Händen zu halten, dass die Schriftzeichen im Alpenraum unter dem Einfluss der Etrusker entwickelt worden seien: Das bewiesen die sechs Zeichen auf dem Knochenpfriem, den er am Maria Saaler Berg bei Klagenfurt ausgegraben hatte. Marstrander veröffentlichte 1928 in der «Norsk tidsskrift for sprogvidenskap» (Norwegische Zeitschrift für Sprachwissenschaft) einen hundert Seiten langen Beitrag über den Ursprung der Runen, «Om runene og runenavnenes oprindelse», der die Fachwelt überzeugte. 1935 wurde die große Bedeutung von Marstranders Fund von Helmut Arntz in seinem «Handbuch der Runenkunde» gewürdigt. Er kommt darin zu dem Ergebnis, dass der Knochen «spätestens aus dem 1., vielleicht aber noch aus dem 2. Jahrhundert v. Chr. stammt». Dass die Runen keinen rechten Sinn ergeben, tut er mit der Bemerkung ab: «Zum Zwecke der Geheimhaltung sind auf dem Knochen keine Vokalzeichen geschrieben». Im Bildanhang, wo auf Tafel I an erster Stelle das Foto des Knochens prangt, versucht er sich aber doch an einer Lesung: «*zsfnkm*; vielleicht *z* (magisches Zeichen) *sfn* (Name) *ek im* ‹bin ich›. Markomannisch?»

Vergebliche Liebesmüh. Und Arntz hätte es besser wissen können! Am 9. März 1930 war der arbeitslose Herwig Merzinger im Landesarchiv Klagenfurt erschienen und gab an, im Jahr 1924 zu jenem Alpenjägerregiment gehört zu haben, das die Grabung am Maria Saaler Berg durchführte. Das Protokoll hält fest, was er zu beichten hatte: «Da jetzt von dem bei der Grabung gefundenen Pfriemen so viel gesprochen wird, so bekenne ich, um weitere Irreführungen zu vermeiden und weil mir die Sache sehr peinlich ist, daß wir den Pfriemen gefälscht haben. Wir haben einen Knochen von Rindfleisch geröstet, um ihm ein altertümliches Aussehen zu geben. Die eingeschnittenen Zeichen sind durchwegs Runenzeichen und wurden wahllos eingeschnitten. Wir haben dann den Pfriemen vergraben.»

Marstrander grub den Knochen erwartungsgemäß aus und sah in ihm, was er sehen wollte, statt, wie es wissenschaftliche Praxis sein sollte, das Relikt voraussetzungslos zu prüfen. Arntz folgte ihm darin. Jeder Fund findet eben seinen Finder – oder umgekehrt: Jeder Finder findet den Fund, den er finden will. Doch um den beiden Gelehrten außer Spott auch Gerechtigkeit widerfahren zu lassen: Der Fund war falsch, die These vom etruskischen Einfluss auf die Entstehung der Runen aber ist stichhaltig; er dürfte einer der Faktoren neben dem lateinischen, griechischen und sogar phönizisch-karthagischen sein.

Geköpft oder deportiert?

4500 Sachsen ließ Karl der Große die Köpfe abschlagen, um den Widerstand gegen die Frankenherrschaft und die Christianisierung zu brechen. Die Erinnerung an das Massaker in Verden an der Aller ist im kollektiven Gedächtnis fest verankert. «Strafgericht zu Verden an der Aller. 4500 Sachsen an einem Tage hingerichtet», notiert 1956 in telegrammartiger Kürze der «Ploetz», das von Karl Ploetz begründete Standardwerk zur Weltgeschichte. «Karl der Große läßt in Verdun [sic] an der Aller 4500 Geiseln der aufständischen Sachsen hinrichten», lautet der Eintrag in den «Daten der Weltgeschichte. Die Enzyklopädie des Wissens» von 2001. «Gegen die Sachsen ist er [Karl der Große, P. K.] äußerst brutal vorgegangen. Die Zeitgenossen waren schockiert, als er beim Blutgericht in Verden an der Aller 4500 Anführer hinrichten ließ», berief sich noch 2016 ein Reporter der «taz» im Interview mit dem Grazer Geschichtsprofessor Johannes Gießauf auf sein Schulwissen.

«Diese Zahl war sicherlich übertrieben», erwiderte der Gelehrte. «Weit übertrieben» fand sie auch der Historiker Joachim Streisand in seiner «Deutschen Geschichte in einem Band» von 1980 und riet prinzipiell zu Misstrauen gegenüber «solchen Angaben», weil mittelalterliche Autoren wie schon antike Schriftsteller und Historiker «in dieser Hinsicht alles andere als zuverlässig» waren. Nachschlagewerke wie der «dtv-Atlas zur Weltgeschichte» und das Internetlexikon Wikipedia drücken sich deshalb vorsichtiger aus, wenn es um die Opfer geht.

Die Zahl 4500 dürfte nämlich eine Falschmeldung sein, vor der schon 1895 der Brockhaus warnte: «Die Hinrichtung von 4500 Sachsen ist nicht genügend verbürgt». Mehr noch: Womöglich fand überhaupt kein Massaker statt, sondern es liegt ein schlichter Schreibfehler vor. Ob er dem ersten Chronisten oder einem späteren Kopisten unterlief, sei dahingestellt, jedenfalls spricht einiges dafür, dass derjenige welcher die lateinischen Partizipien «decollati» (enthauptet) und «delocati» (ausgesiedelt) verwechselte. Dass heidnische Sachsen umgesiedelt und von ihren nördlichen Wohnsitzen in den christianisierten Süden verbracht wurden, bezeugen Ortsnamen wie Sachsenhausen, heute ein Stadtteil von Frankfurt am Main, oder die mittelfränkische Gemeinde Sachsen im Landkreis Ansbach.

Päpstin Johanna

Der Papst ist eine Frau! Im Jahr 855 soll es sich zugetragen haben, dass nach dem Tod Leos IV. eine Frau aus Mainz namens Johanna den Stuhl Petri bestieg und mehr als zwei Jahre lang eine Kirche führte, in der Frauen nicht einmal Pfarrer sein dürfen.

Zeitgenössische Quellen wissen von dieser Sensation nichts. Mehr oder, besser gesagt, weniger noch: 400 Jahre lang fällt kein Sterbenswort über eine Päpstin. Erst zwischen 1240 und 1250 wird sie in der «Chronica universalis Mettensis», der Universalchronik von Metz, erwähnt, die wahrscheinlich den Dominikanermönch Jean de Mailly zum Verfasser hat. Als Mann verkleidet, habe eine Frau als Notar in der päpstlichen Kurie begonnen, sei aufgrund ihrer Gelehrsamkeit zum Kardinal geweiht und schließlich zum Papst gewählt worden – allerdings im Jahr 1087, nach dem Tod Viktors III. Verraten habe sich die Päpstin, als beim Besteigen eines Pferdes die Wehen einsetzten und sie ein Kind gebar, woraufhin die Usurpatorin, an den Schweif des Gauls gebunden, durch Rom geschleift und gesteinigt wurde.

Die Erzählung von einer Frau auf dem Petrusstuhl muss einen Nerv der Zeit getroffen haben, denn kurz danach fabulierten auch der Dominikaner Stephan von Bourbon, der in seinem «Tractatus de diversis materiis predicabilibus» verschiedene rühmenswerte Themen abhandelte, und ein namentlich unbekannter Franziskaner in Erfurt, um 1265 Verfasser eines «Chronicon minor», von einer Päpstin – nur dass Ersterer seine Geschichte um 1100, Letzterer um 915 spielen ließ. Durchschlagenden Erfolg hatte keine der beiden Fassungen, denn durchgesetzt hat sich schließlich die Version, die um 1277 der polnische Dominikaner Martin von Troppau in seiner Papst- und Kaiserchronik («Chronicon pontificum et imperatorum») erstellte: Ihm zufolge reiste ein Mädchen aus Mainz, aber von englischer Herkunft, mit ihrem Geliebten zum Studium nach Athen und begab sich dann, unter Verheimlichung ihres Geschlechts, nach Rom, wo sie im Jahr 855 aufgrund ihrer exzellenten Bildung als Johannes Angelicus zum Papst gewählt wurde. Genau zwei Jahre, sieben Monate und vier Tage übte sie das Pontifikat aus, bis sie bei einem Prozessionsritt von St. Peter zum Lateran in einer engen Gasse zwischen Kolosseum und San Clemente niederkam, bei der Geburt starb und an Ort und Stelle begraben wurde.

In dieser Fassung wurde der Sagenstoff, dessen Glaubwürdigkeit durch die präzisen Zeit- und Ortsangaben bestärkt wird, weitergetragen; nur dass die Frau, bevor sie Papst wird, nicht immer Johanna heißt, sondern bei anderen Autoren auch eine Agnes, Anna, Gilberta oder Jutta sein kann. Petrarca und Boccaccio greifen im 14. Jahrhundert die Erzählung auf. Jan Hus benutzt sie 1415 auf dem Konzil in Konstanz als Beweis für die Verderbtheit der Kirche. Anders als der tschechische Reformator denkt Anfang des 16. Jahrhunderts der Italiener Mario Equicola, der die Päpstin als Beweis für die gottgewollte Gleichheit von Mann und Frau wertet. Im selben 16. Jahrhundert regen sich Zweifel an der Wahrheit der Geschichte. Sie verdichten sich nach und nach zur Gewissheit – nichtsdestoweniger geistert die Päpstin Johanna bis heute durch die Kirchengeschichte; sie inspiriert Künstler und lebt im Volksglauben fort.

Um den Kern der Legende zu finden, muss man in Rom auf Spurensuche gehen. Dort, nahe der Kirche San Clemente, befand sich einst eine verwitterte antike Statue, die als Frau beim Stillen eines Kindes gedeutet wurde. Die Kirche selbst war über einem Heiligtum des Mithraskultes errichtet worden, der in der Spätantike der größte Rivale des Christentums war. Von diesem Mithräum hatte sich bis ins Mittelalter eine Inschrift erhalten: «P. P. P. P. P. P.», die als «Petre, Pater Patrum, Papisse Prodito Partum» gelesen wurde: «Petrus, Vater der Väter, enthülle die Niederkunft der Päpstin». Der Titel «Pater Patrum» kam jedoch dem Hohepriester der Mithras-Religion zu, der Petrus, Persius, Palladius und noch anders heißen konnte, und P. P. P. lautete ausgeschrieben «proprie pecunia posuit» (d. h.: stellte das Geld zur Verfügung); die Inschrift lautete also in freier Übersetzung auf Deutsch: «Persius (oder Publius, Pisonius usw.), der Hohepriester des Mithras-Kultes, stiftete diese Skulptur».

Die ominöse Gasse, in der der Sage zufolge die Päpstin von den Wehen überrascht wurde, hieß Vicus Papessa oder Vicus Papissae, was scheinbar «Gasse der Päpstin» bedeutet. In Wirklichkeit war sie nach dem Adelsgeschlecht der Papes benannt, das noch im 10. Jahrhundert hier residierte. Anfangs als Prozessionsweg genutzt, wurde die Gasse später gemieden – nicht wegen der Erinnerung an die Niederkunft einer Päpstin, sondern weil sie für einen festlichen Umzug zu schmal war.

Denkbar ist, dass die Mär von einer Päpstin Johanna sich im 10. Jahrhundert zu entwickeln begann, als von 931 bis 936 Johannes (!) XI. auf dem Stuhl Petri saß, die wahre Regentin aber seine Mutter Marozia war. Sie waltete unter dem italienischen König Hugo I. uneingeschränkt als Stadtherrin und hatte ihren Sohn eigenmächtig zum Papst erhoben. In die Mitte des 9. Jahrhunderts vorverlegt wurde die Fabel vielleicht, weil die nach dem Tod Papst Leos IV. am 17. Juli 855 ausbrechenden Wirren um das höchste Kirchenamt mehr Raum für Spekulationen ließen. Dem von Klerus und Volk mit Mehrheit gewählten Papst Benedikt III. fehlte zur Weihe die Zustimmung Kaiser Ludwigs II. Der zögerte, weshalb die Opposition im August 855 Anastasius Bibliotecarius zum (Gegen-)Papst wählte – ein Affront, weil Anastasius von Leo IV.

exkommuniziert worden war. Der neue Papst ließ Benedikt gefangennehmen, woraufhin Unruhen in der Stadt ausbrachen. Nach drei Tagen Chaos war offensichtlich, dass Anastasius nicht genügend Rückhalt hatte. Seine Anhänger gaben auf, Anastasius trat zurück; der kaiserliche Gesandte gab Benedikt sein Placet, und am 29. September 855 wurde er zum Papst geweiht. Er starb am 17. April 858 – und hatte ungefähr so lange wie die sagenhafte Päpstin Johanna regiert. Das ist die einzige Ähnlichkeit. Dass Benedikt aber eine heimliche Johanna war, darauf geben die zeitgenössischen Dokumente, Briefe und Münzen keinen einzigen Hinweis.

Ritualmörder! Hostienfrevler! Brunnenvergifter!

Seit dem 12. Jahrhundert erzählen Christen die Mär vom jüdischen Ritualmord: Juden brächten Christenkinder, meistens Knaben, durch Raub oder Kauf in ihre Gewalt, folterten sie, um die Passion Christi zu verhöhnen, und töteten sie, um das Blut der Opfer für ihre religiösen Zeremonien zu verwenden oder zu obskuren medizinischen Zwecken zu missbrauchen. Das Greuelmärchen kam wohl erstmals in England auf, verbreitete sich über den Kontinent bis nach Spanien und Italien und fand sogar den Weg in den Orient. Selbst bis in die jüngere Vergangenheit war die Lügengeschichte im Umlauf; sie wurde vom Nazi-Propagandablatt «Der Stürmer» wiederbelebt und veranlasste noch am 4. Juli 1946 die Bevölkerung im polnischen Kielce, nachdem das Gerücht von der rituellen Ermordung eines katholischen Jungen aufgekommen war, zu einem Pogrom, das 42 Juden das Leben kostete.

Eine zweite mittelalterliche Schauerlegende besagt, Juden entwendeten die geweihte, den Leib Christi verkörpernde Hostie und marterten sie, bis sie zu klagen begänne und schließlich blute und leuchte. Diese Fabel wurde erstmals in Paris aktenkundig, wo es 1290 zum ersten Hostienfrevelprozess kam. In Deutschland wurden in der ersten Hälfte des 14. Jahrhunderts Juden 25 Fälle von Hostienschändung angelastet.

Beide Horrorgeschichten, die von Hostienfrevel und von Ritualmord, dienten dazu, durch Hass auf die Minderheit der Andersgläubigen den Zusammenhalt der eigenen Gruppe zu festigen: Die christliche Gemeinde war aufgerufen, die Schmähung des eigenen Glaubens zu rächen, weil ein ungesühnt bleibendes Sakrileg ein göttliches Strafgericht über sie alle heraufbeschwören könnte. Die Legende von der Hostienschändung hatte zudem einen theologischen Hintergrund: Die Zweifel der christlichen Bevölkerung an der katholischen Transsubstantiationslehre, der zufolge sich durch die Konsekration Wein und Brot in Blut und Leib Christi verwandeln, wurden durch eine Erzählung ausgeräumt, in der Nichtchristen, Juden, durch ihr eigenes Tun die Wahrheit der Lehre bestätigen. Für das Gerücht vom Ritualmord kommt noch eine andere Erklärung infrage: Man konnte tödliche Unfälle anderen in die Schuhe schieben, und: Kinderschänder konnten den Verdacht von sich ablenken.

Letzteres dürfte auf den ersten dokumentierten Fall zutreffen. Im Jahr 1144 wurde ein Kürschnerlehrling tot im Wald von Norwich aufgefunden. Juden hätten ihn entführt, gekreuzigt und ermordet, hieß es bald, obwohl ein unbekannter Fremder der Letzte war, der mit dem Opfer gesehen wurde: Er hatte den Jungen unter einem Vorwand von seiner Mutter abgeholt. Doch statt nach ihm als dem mutmaßlichen Täter zu fahnden, lenkten die Aussagen der als Judenhasserin bekannten Tante des Jungen und ihrer ähnlich gesinnten Tochter den Verdacht auf die Juden. Als dieser Verdacht einmal in der Welt war, meldeten sich mehr und mehr Zeugen: Man wollte den Knaben im Haus eines Juden verschwinden gesehen haben; man wollte Juden nach der Tat spotten gehört haben, sie verdienten Dank, weil sie den Christen einen Märtyrer verschafft hätten; schließlich trat der Konvertit und Mönch Theobald von Canterbury auf und behauptete, alten Schriften zufolge könnten seine einstigen Glaubensgenossen ohne Vergießen von Menschenblut nicht Freiheit und Heimat wiedergewinnen. Deshalb opferten sie jedes Jahr einen Christen.

Die Verletzungen des Ermordeten wurden daraufhin als Spuren einer Kreuzigung ausgelegt. Dass die Blessuren dazu nicht passten, störte die Ermittler nicht: Sie argumentierten rabulistisch, die schlauen Juden hätten so ihre Schuld verschleiern wollen. Der mutmaßliche Mörder kam somit davon, und die Kirche zog Nutzen aus der Untat: Der Benediktinermönch Thomas von Monmouth verfasste eine Lebensbeschreibung «Über Leben und Leiden des heiligen Märtyrers Wilhelm von Norwich», so dass die Gemeinde zur Stärkung im rechten Glauben nun einen Heiligen ihr eigen nennen konnte.

An Wilhelms Grab wurden fortan Wunder beobachtet, und ähnliche Berichte kamen auch im Gefolge der nächsten Mordfälle, die 1147 in Würzburg und 1163 im französischen Pontoise geschahen; solche Geschichten setzten sich bis ins 16. Jahrhundert fort. Die toten Kinder befriedigten den Bedarf der Kirche an Märtyrern, deren wundertätiges Fortwirken die Macht und Wahrheit des christlichen Glaubens bewies. Dessen Stärke konnte man nämlich bezweifeln, seit der zweite Kreuzzug Mitte des 12. Jahrhunderts fehlgeschlagen war. Zugleich schmückte die Erhöhung der Opfer zu Heiligen die Orte und machte sie zum Ziel von Pilgern, was Ruhm und Geld brachte. Darauf verzichtete man ungern: Die Seligsprechung des 1475 ermordeten Simon von Trient beispielsweise wurde erst 1965 zurückgenommen; so lange dauerte es, bis der Vatikan anerkannte, dass die Juden fälschlich des Verbrechens bezichtigt worden waren. Aus dem römischen Martyrologium gestrichen wurde Simon erst 2001.

Ähnliches wie für die scheinbaren Ritualmorde gilt für die genannten 25 Fälle angeblicher Hostienschändung im Heiligen Römischen Reich: Sie waren Anlass zur Errichtung von Kirchen und Kapellen, die bis ins 20. Jahrhundert Wallfahrer anlockten. Geld und Gut spielten also immer eine Rolle – ob nun die Juden verfolgt

wurden, um ihres Besitzes habhaft zu werden wie 1338 in Deggen-
dorf, wo man das Pogrom nachträglich mit einem Hostienfrevel
rechtfertigte; oder ob sie wie im selben Jahr gerettet wurden durch
Herzog Albrecht II., der den Verfolgungen, die Niederösterreich
nach einem angeblichen Hostienfrevel in Pulkau erfasst hatten,
Einhalt gebot, weil er auf die Steuern von seinen Schutzjuden angewiesen war.

Ob es statt Menschenliebe die Liebe zum Geld war, lässt sich
oft nicht sagen, wenn kirchliche Führung und weltliche Obrigkeit
es nicht duldeten, dass Juden zu Sündenböcken gemacht wurden.
1235 kamen in Fulda die fünf Söhne eines Müllers beim Brand
der Mühle um, als die Eltern bei der Messe waren. Obwohl unter
der Folter zwei Juden die Tat gestanden, sprach der Landesherr,
der Fuldaer Abt, sie von der Anklage des Ritualmords frei, und
der Kaiser verbot anschließend, überhaupt Juden einem solchen
Verdacht auszusetzen. Geholfen hat es nicht, für die jüdische Gemeinde in Fulda war es zu spät – sie war bereits vom christlichen
Mob ausgelöscht worden. Dass der Pöbel Beweise am allerwenigs-
ten braucht, war bereits 1171 im französischen Blois offenkundig
geworden: Kein Kind wurde vermisst, geschweige denn war ein
Leichnam gefunden worden, aber die bloße Behauptung eines
Zeugen, ein Jude habe ein Kind in die Loire geworfen, genügte
der christlichen Einwohnerschaft, um 32 Juden umzubringen.

Die Lügen von Ritualmord und Hostienfrevel kosteten im
Mittelalter viele Tausend Juden das Leben und wirkten lange fort.
Sie fassten infolge christlichen europäischen Einflusses auch im
Orient Fuß. 1983 griff Mustafa Abdul Qadir Tlas, damals Kriegs-
minister des mit Israel verfeindeten Syrien, sie in seinem Buch
«Die Matzen Zions» auf. Er bezog sich auf die sogenannte
Damaskus-Affäre von 1840: Anfang Februar jenes Jahres wurden
der Kapuzinermönch Pater Tomaso und sein muslimischer Die-
ner Ibrahim Amara vermisst. Die Christen der Stadt bezichtigten
die Juden des Ritualmordes, weil sie das Blut der Getöteten den
Matzen für das Pessachfest untermischen wollten. Als Hardliner

tat sich der französische Konsul Benoît Ulysse de Ratti-Menton hervor. Unter der Folter gestanden einige jüdische Notabeln der Stadt, ein 80-jähriger Greis starb. Ein Jude trat zum Islam über und rettete als Kronzeuge im Prozess sein Leben.

Die europäischen Großmächte intervenierten unterdessen in Ägypten, das damals Syrien verwaltete, und beim Osmanischen Reich – mit Ausnahme Frankreichs. Heinrich Heine, der sich «an die dunkelsten Zeiten des Mittelalters erinnert» fühlte, verfolgte von Paris aus die Vorgänge in Damaskus. Er wurde sogar beim Ministerpräsidenten Adolphe Thiers vorstellig, musste sich aber anhören, «es sei eine ausgemachte Sache, dass die Juden Christenblut am Paschafeste söffen, chacun à son gout».

Alle Angeklagten wurden zum Tod verurteilt, mussten aber auf internationalen Druck begnadigt werden. Die antijüdischen Ressentiments dauerten indessen fort; nur dank Bestechung seien die Angeklagten freigelassen worden, hieß es. Im Kapuzinerkloster wurde ein Denkmal für den Pater errichtet, dessen Inschrift auf Arabisch und Italienisch lautete: «Hier wurden die Gebeine des Mönchs Tomaso beerdigt, der am 5. Februar 1840 durch die Juden ermordet wurde.» Die wirklichen Täter wurden nie gefasst, was seinen Teil dazu beitrug, dass die Gerüchte über jüdische Ritualmorde nicht verstummten. Der französische Konsul befeuerte sie noch und schrieb: «Die Juden Aleppos gehören einer grausamen Sekte an, die geheimen und blutrünstigen Ideologien anhängt. Dieser Sekte wird nachgesagt, ihren Matzen menschliches Blut beizumischen, anstatt ein Lamm zum Pessachfest zu opfern.»

Beinahe jährlich tauchten zum jüdischen Osterfest Ritualmordvorwürfe auf. Noch im April 1890 brachen in Damaskus Unruhen aus, als ein sechsjähriger Christenjunge verschwand. Selbst als sein Leichnam nach zwei Wochen in einem Brunnen gefunden wurde und feststand, dass das Kind ertrunken war, blieb der Mordverdacht gegen die Juden bestehen.

Bis heute virulent ist ein drittes Greuelmärchen, das ebenfalls in Europa entstand und noch im Nahen Osten weitererzählt wird:

die Legende von den Juden als Brunnenvergiftern, die sich vor allem während der Pestepidemie zwischen 1347 und 1351 verbreitete und noch mehr Juden das Leben kostete als die anderen Gerüchte. Bei der Suche nach einem Schuldigen für unerklärliche Geschehnisse gerieten Juden schnell ins Visier, und wenn eine Seuche wütete, war diese leicht zu überwältigende Minderheit als Blitzableiter für den Volkszorn willkommen. Einer der ersten Fälle trug sich in Südfrankreich zu: 1321/22 wähnte die Bevölkerung ein Komplott muslimischer Anstifter, jüdischer Mittelsmänner und leprakranker Täter, um durch die Vergiftung von Brunnen die Christen auszurotten, woraufhin die Juden und die Leprösen massakriert wurden. Die vermeintlich schuldigen Muslime hatten Glück – es gab keine.

Während der sich europaweit ausbreitenden Pest, die über 25 Millionen Menschen dahinraffte, ergriff der Wahn nicht mehr Ortschaften, sondern Völker. Obwohl Papst Klemens VI. 1348 die Juden in Schutz nahm und Ausschreitungen verbot, wurden Zigtausende hingemetzelt oder auf Scheiterhaufen verbrannt. Das Gerücht von den Vergiftungen fand noch im frühen 19. Jahrhundert hin und wieder Gehör in Europa, und das nicht nur bei einfachen, ungebildeten Leuten. Bei den feineren äußerte es sich verdeckt: Als Preußen 1822 die zuvor erlassene Gewerbefreiheit für Juden dadurch einschränkte, dass ihnen der Beruf des Apothekers verboten wurde, stand das Misstrauen gegen sie als Giftmischer im Hintergrund.

Das ist lange her, doch außerhalb Europas rumort die Legende weiter. Am 23. Juni 2016 sprach Mahmud Abbas als Vorsitzender der Palästinensischen Autonomiebehörde im Straßburger Europaparlament und führte in seiner Rede aus: «Darüber hinaus möchte ich noch sagen, dass vor nur einer Woche einige Rabbiner in Israel ihre Regierung aufgefordert haben, unser Wasser zu vergiften, um Palästinenser zu töten. Ist das nicht ein klarer Aufruf zum Massenmord am palästinensischen Volk?»

Die Wikinger im Mittleren Westen

Dass die Wikinger Amerika entdeckten, ist bekannt. Man weiß, dass sie in Neufundland waren, und spekuliert, ob sie bis auf die Höhe des heutigen New York gelangten. Sind sie sogar tief ins Landesinnere vorgestoßen?

• Ein sensationeller Fund, der 1898 gemacht wurde, schien zu beweisen, dass sie bis zu den Großen Seen, bis Minnesota vorgedrungen waren. Als der Bauer Olof Ohman auf seinem Grundstück bei Kensington eine Espe fällte, entdeckte er zwischen den Wurzeln einen etwa 80 Zentimeter hohen Stein, in den Runen geritzt waren. Der Text berichtet von einer Expedition der Nordmänner, erwähnt einen Überfall durch Indianer und lautet:

«8 Göten und 22 Norweger auf Entdeckungsfahrt von Vinland nach Westen. Wir hatten Lager bei 2 Schären eine Tagesreise nördlich von diesem Stein. Wir waren einen Tag lang beim Fischen. Nachdem wir heimgekommen waren, fanden wir 10 Mann rot von Blut und tot. Ave Virgo Maria, erlöse uns von dem Übel! Haben 10 Mann am Meer, um 14 Tagesreisen von dieser Insel nach unseren Schiffen zu sehen. Das Jahr ist 1362.»

Das klang für einige Forscher überzeugend. Es störte sie wenig, dass im Jahr 1362 die letzten in den nordischen Sagas belegten Fahrten der Wikinger nach Amerika schon 300 Jahre zurücklagen, dass manche Schriftzeichen falsch waren, die Sprache ein Gemisch aus Norwegisch und Schwedisch war und das Wort «Entdeckungsfahrt» ziemlich modern anmutete. Es dauerte bis 1949, als der schwedische Runologe Sven B. F. Jansson alle Theorien über die Wikinger in Minnesota zum Einsturz brachte: Viele der verwendeten Runen waren 1362 seit Langem außer Gebrauch. Die Pluralformen der Verben entsprachen dem Nordischen des 14. Jahrhunderts ebenso wenig wie das verwendete Zahlensystem. Janssons ironisches Fazit: «Der einzig denkbare Ort, an dem die

Runeninschrift entstanden sein kann, ist Minnesota in der zweiten Hälfte des 19. Jahrhunderts.»

Im selben Jahr 1949 wurde im Archiv der Historischen Gesellschaft von Minnesota die Kladde in Augenschein genommen, in die Olof Ohman, der schwedische Vorfahren hatte, eine Abschrift des von ihm gefundenen Textes eingetragen haben wollte. Seltsamerweise hatte er mehr und sogar andere Runen im Heft notiert, als auf dem Stein standen, was auch deshalb bemerkenswert war, weil Ohman eigener Aussage zufolge nichts von Runen verstand. Offensichtlich kannte er sich doch aus und hatte für die Inschrift geübt. Der Beweis folgte auf dem Fuß: In Ohmans Besitz fand sich ein schwedisches Handbuch «Der kenntnisreiche Schulmeister», das Abbilder von Runen enthielt und die Technik der Ritzung erläuterte. Mehr noch: Als Beispiel für die schwedische Sprachgeschichte war in dem Buch ein Vaterunser aus der Zeit um 1300 abgedruckt, dessen Formel «erlöse uns von dem Übel» auch auf dem falschen Runenstein von Kensington prangt.

• Wenn sie nicht bis Minnesota kamen, dann vielleicht ins noch weiter entfernte Oklahoma! Dort wurde man mit dem Stein von Heavener fündig, auf dem acht Runen eingeritzt sind, die man mit einiger Mühe und Fantasie entziffern und als «Gnomedal», Zwergental, lesen kann. Allerdings sind weder die Runen selbst noch die Technik ihrer Einkerbung aus dem Mittelalter bekannt – es handelt sich, wie bei den anderen, noch amateurhafter gemachten Fundstücken aus Poteau und Shawnee (und überhaupt allen weiteren rund 30 Runensteinen in Nordamerika) erwiesenermaßen um Fälschungen aus der zweiten Hälfte des 19. und der ersten des 20. Jahrhunderts.

• Keine Fälschung, sondern eine grotesk falsche Interpretation lag im Fall des Newport Tower auf Rhode Island vor. Knapp hundert Kilometer südlich von Boston an exponierter Stelle der Ostküste gelegen, datierte man das Bauwerk aus unbehauenen Feldsteinen in die Wikingerzeit. 1949/50 durchgeführte Grabungen und der Einblick in Dokumente aus dem 17. Jahrhundert brachten die banale Wahrheit ans Licht: Der Wachturm wurde um 1650 im Auftrag eines Gouverneurs zum Schutz der englischen Kolonie errichtet.

• Die Wikinger-Breitäxte, bekannt als Hellebarden von Lake Darling in Michigans östlichem Nachbarstaat Wisconsin, stellten sich als Werkzeuge für die Tabakherstellung heraus und waren in den 1880er Jahren in Gebrauch.

• In einem einzigen Fall ist sich die Fachwelt nicht einig: bei der «Münze von Maine», dem sogenannten Maine Penny. Die kleine Silbermünze wurde 1957 an der Penobscot Bay bei der Ausgrabung einer Indianersiedlung aus der Zeit um 1200 gefunden; sie war während der Regierungszeit des norwegischen Königs Olav III., der 1093 starb, geschlagen worden. Ein Beleg dafür, dass die Wikinger bis Maine gesegelt wären, ist das Geldstück nicht, weil es ebenso gut auf dem Tauschweg aus dem hohen Norden dorthin gelangt sein kann – und es kann eine Fälschung sein, da die Grabung unzureichend dokumentiert ist und Indizien es nicht abwegig erscheinen lassen, dass jemand den Archäologen den Penny untergejubelt hat.

Heilige Ketzerin

«Gebeine, gefunden unter dem Scheiterhaufen der Jeanne d'Arc, genannt die Jungfrau von Orléans», stand auf einem der Glasbehälter, die ein Pariser Apotheker 1867 auf dem Dachboden seines Hauses nahe der Place de la République entdeckte. Mehrere Knochen, Holzkohlenkrümel und ein Stück Leinenstoff befanden sich in den Gläsern.

Die Öffentlichkeit war elektrisiert: Die patriotische Bauerntochter Johanna aus dem Dorf Domrémy an der Maas, die im 15. Jahrhundert mit einer selbst zusammengestellten Einheit die

Engländer bekriegt und geholfen hatte, sie aus dem Land südlich der Loire zu vertreiben, war im 19. Jahrhundert zu einer französischen Ikone geworden, die von Nationalisten und Sozialisten, Monarchisten und Republikanern verehrt wurde. In den 1860er Jahren war der Ruf nach ihrer Heiligsprechung nicht mehr zu überhören. Der Fund kam zur rechten Zeit.

Dass die von den Engländern gefangen genommene, der Inquisition überstellte und als Ketzerin verurteilte Johanna von Orléans am 30. Mai 1431 auf dem Marktplatz von Rouen verbrannt und die Asche in die Seine geschüttet worden war, um jede Reliquienbildung zu verhindern, dämpfte die Begeisterung nicht. Ein Zuschauer mochte unbemerkt Überreste geborgen haben. Dass sich einer der Knochen als Oberschenkel einer Katze entpuppte, verfing ebenso wenig als Gegenargument. Katzen gehörten zu Hexen.

Die katholische Kirche, die die Amazone einst verdammt hatte, zeigte sich jetzt von ihrer liberaleren Seite und erkannte die Überreste als Reliquien an. Das Erzbistum Tours überführte sie in die zentralfranzösische Stadt Chinon, wo sie 140 Jahre lang in einem Schaukasten ausgestellt wurden – bis 2007. Dann kam die Wahrheit ans Licht.

Da war zum einen der Kleidungsrest: Er stammte zwar aus dem 15. Jahrhundert, wies aber keine Brandspuren auf. Zudem waren die Fäden anders verzwirnt als in Europa üblich – die Webtechnik wies auf den Orient. Bei der olfaktorischen Analyse des menschlichen Knochens – passenderweise einer Rippe, es ging ja um eine Eva – stieg etwas wie Vanilleduft auf, was langsame Zersetzung, also Verwesung wahrscheinlicher machte als Tod durch Verbrennen. Auch die Computertomografie ergab keinerlei Anzeichen von Feuer, wie sie bei Brandopfern festzustellen sind. Die schwarze Substanz, die man am Knochen fand, erwies sich als Pinienharz. Das diente einst zur Konservierung von Leichen und nährte den Verdacht, die Rippe sei Teil eines in Ägypten einbalsamierten Leichnams gewesen. Die Untersuchung der Kohlenstoffisotope nach der C14-Methode erbrachte den Beweis: Der Knochen war 2300 bis 2700 Jahre alt.

Die vermeintliche Reliquie stammte nicht von Johanna von Orléans, sondern von einer ägyptischen Mumie. Mumien wurden in Europa jahrhundertelang als Heilmittel verarbeitet: Sie wurden zermahlen und das Pulver beispielsweise gegen Hämorrhoiden eingesetzt. Im 19. Jahrhundert war das nicht mehr üblich. Die betreffende Mumie, aus der die Johanna-Reliquien zusammengeklaubt wurden, dürfte spätestens 1799 mit dem Ende des ägyptischen Feldzugs unter Napoleon nach Paris gelangt sein. Augenscheinlich fiel sie einem Apotheker in die Hände, dessen Nachfahre sie als Arznei nicht mehr restlos verwenden konnte. Aber als patriotische Droge leisteten die Überbleibsel gute Dienste.

Die Ketzerin Jeanne d'Arc wurde übrigens 1920, zwei Jahre nach dem für Frankreich ebenso wie für England siegreichen Ausgang des Ersten Weltkriegs, heilig gesprochen.

Luthers Thesenanschlag

1517 schlug Martin Luther 95 Thesen an die Tür der Wittenberger Schlosskirche an – das ist Allgemeinwissen. Und falsch. Luthers Tat wäre auch sinnlos gewesen, weil er die Thesen auf Lateinisch verfasst hatte, das die wenigsten Kirchgänger verstanden. Johannes Agricola, Student an der Universität Wittenberg und begeisterter Schüler des Professors Luther, später sein enger Vertrauter und Mitstreiter in der Reformation, erinnerte sich, dass Luther damals lediglich «nach altem Universitätsbrauch gewisse Sätze zur Disputation» formuliert habe.

Diese Sätze oder Thesen schickte Luther am 31. Oktober 1517 an Albrecht von Brandenburg, der als Erzbischof von Mainz und Magdeburg für die Ablasspraxis verantwortlich war, und an seinen unmittelbaren kirchlichen Vorgesetzten, Bischof Hieronymus von

Brandenburg. Gedruckt und damit öffentlich wurden die Thesen auf Betreiben von Luthers Wittenberger Umfeld erst im Folgejahr 1518.

Von einem Anschlag an die Kirchentür ist zu Luthers Lebzeiten nie die Rede. Ebenso wenig gibt es Augenzeugen. Erst nach dem Tod des Reformators behauptete Philipp Melanchthon in der Vorrede zum zweiten Band von Luthers Werken, dieser habe seine «Ablassthesen (…) öffentlich an der Kirche in der Nähe des Wittenberger Schlosses am Vortage des Festes Allerheiligen 1517 angeschlagen.»

Melanchthon war aber erst im August 1518 von Tübingen nach Wittenberg übergesiedelt und scheidet als Gewährsmann aus, zumal sein Vorwort weitere Irrtümer enthält: etwa, dass der Ablassprediger Tetzel Luthers Thesen öffentlich verbrannt habe. Oder dass Luther, der seit 1512 den Lehrstuhl für Bibelauslegung innehatte, Vorlesungen über Physik gehalten habe. Er lehrte aber Ethik.

Die Laichinger Hungerchronik

1816/17 herrschte in Europa eine Hungersnot, nachdem der Ausbruch des indonesischen Vulkans Tambora zu einem Jahr ohne Sommer geführt hatte. Besonders schwer litt die Ortschaft Laichingen auf der Schwäbischen Alb – und schuld waren mal wieder die Juden: Sie kauften das Getreide auf und verkauften es zu Wucherpreisen! So steht es in der Chronik, die der Glaserlehrling Peter Bürkle seinerzeit verfasste und die hundert Jahre später, zwischen 1913 und 1917, der Lehrer Christian August Schnerring nach und nach an die Öffentlichkeit bugsierte. Bis in die 1980er Jahre galten die zuletzt unter dem Titel «Handschriftliche Aufzeichnungen eines Älblers über die Teuerung und Hungersnot 1816/17» publizierten und bald unter der Marke «Laichinger Hungerchronik» zusammengefassten Notizen als authentisch – bis der Münsinger Stadtarchivar und Leiter des Heimatmuseums Günter Randecker sie 1987 als antisemitisches Machwerk entlarvte: Das spätere NSDAP-Mitglied Schnerring hatte die Chronik von Anfang bis Ende erfunden.

Richtig war, dass 1816/17 die Not groß war. Richtig war, dass Leute daran verdienten. Aber das waren gerade nicht die sogenannten Kornjuden, sondern christliche Bauern, Müller, Bäcker, Metzger und Wirte. Es gab im damaligen Königreich Württemberg nicht einmal Kornjuden, weil Juden sowohl Landbesitz als auch Getreidehandel verboten war. Sie hökerten Kurzwaren, also Knöpfe, Nadeln und andere kleine Gebrauchsgegenstände für den Haushalt. Sie waren arme Leute und kamen erst durch die schrittweise Emanzipation ab 1848 zu Wohlstand.

Das konnte man bereits 1913 wissen, und Historiker ebenso wie Heimatforscher mussten es wissen. Aber sie prüften nicht nach, wer der in der Chronik mehrfach angeführte Getreidehändler (!) Abraham war, sonst hätten sie herausgefunden, dass die mit diesem Namen in den Steuerbüchern verzeichneten Juden viel zu geringe Abgaben zahlten, um als reiche Personen infrage zu kommen. «Abraham» war eine fiktive Gestalt, die das Klischee vom schachernden, Wucher treibenden, die urdeutsche Bevölkerung aussaugenden Juden erfüllte. Versteht sich, dass sich auch niemand die Mühe machte, den Widersprüchen im Text auf den Grund zu gehen, die Datumsangaben zu kontrollieren oder die Wetterangaben nachzuprüfen, die vor Fehlern strotzten.

Dass selbst, nachdem die Fälschung aufgedeckt worden war, etliche Wissenschaftler die antisemitische Tendenz leugneten, verwundert auch. Über den Grund mag man spekulieren – und über etwas anderes ebenso: Welche Chroniken wohl noch gefälscht sind?

Gibt's nicht gibt's nicht

Nachrichten aus der Zukunft

Eine einzelne Meldung zu fälschen kann Spaß machen. Eine ganze Zeitung zu fälschen, macht mit Sicherheit diebische Freude. Die für ihre subversive Aufklärungsarbeit berühmten Yes Men brachten am 12. November 2008 eine kostenlose Nummer der «New York Times» unter die Leute, die vom Abzug der USA aus dem Irak, der Schließung des Gefangenenlagers Guantanamo und der Anklage gegen George W. Bush wegen Hochverrats berichtete: Sie informierte nicht über soeben Geschehenes, sondern aus der Zukunft und brachte «Alle Nachrichten, die wir zu drucken hoffen» – die Zeitung trug das Datum des Nationalfeiertags des nächsten Jahres, des 4. Juli 2009.

Daran nahm sich das globalisierungskritische Netzwerk Attac ein Beispiel und brachte am 21. März 2009 eine falsche Ausgabe der Wochenzeitung «Die Zeit» heraus, die zum Preis von «weltweit 0 Euro» die «Nachrichten der Zukunft» verkündete: Der Afghanistankrieg war beendet, die NATO hatte sich aufgelöst, der Bundestag hatte ein Gesetzespaket gegen Lobbyisten verabschiedet, Opel befand sich nach dem Bankrott des Mutterkonzerns General Motors in der Hand der Belegschaft, eine angemessene Besteuerung internationaler Konzerne und übergroßer Privatvermögen war auf den Weg gebracht – die «Zeit der Abrechnung» war gekommen. Dass es sich nicht um die richtige «Zeit» handelte, konnte jeder Abnehmer schon am Gewicht erkennen: Statt schwer in der Hand liegenden 80 Seiten war die nachgemachte Ausgabe acht Seiten dünn. Rund 150 000 Exemplare wurden in 90 Städten verteilt.

Für eine regionale Zeitung genügt weniger Auflage: 11 000 Stück wurden von der Extra-Ausgabe des Bremer «Weser-Kuriers» gedruckt, die am 5. März 1991 erschien und sogar Redakteure des Originals täuschte. Dazu trugen die Verteiler des Fakes in der Stadt bei, die wie die echten Straßenverkäufer weiße Overalls mit dem blauen WK-Aufkleber trugen. Einer, der am Bahnhof den Pendlern ein Exemplar in die Hand drückte, erkannte unter ihnen einen Journalisten der richtigen Zeitung, der sofort zu lesen anfing und ausrief: «Was ist das denn, habe ich ja gar nichts von mitgekriegt! Unerhört!»

Die kleine Veränderung auf der Titelseite – der zwischen «Weser» und «Kurier» eingefügte Reichsapfel hatte eine Zündschnur – konnte man übersehen, zumal die absonderlichsten Nachrichten erst im Innenteil folgten. Darunter befand sich auf Seite zwei ein Bericht über US-amerikanisches «Heldensperma», das aufgrund vertauschter Etiketten für immer verloren gegangen sei: eine Meldung, die insofern prophetisch war, als Samenspenden der Helden aus dem Golfkrieg später tatsächlich ein Thema werden sollten.

Die Macher des imitierten «Weser-Kuriers» sind bis heute nicht enttarnt. Wer hingegen für das «Neue Deutschland» vom 19. März 1988 verantwortlich war, das von einem neuen Kurs der DDR-Staatsführung und der Auflösung der Stasi berichtete, ist bekannt: Es war die Redaktion des Hamburger Magazins «Tempo». Das gefakte Zentralorgan der Staats- und Regierungspartei SED informierte die Bürger des Arbeiter- und Bauernstaates, dass im Zuge der «Glasklar»-Politik die Pressefreiheit zugelassen werde, politische Häftlinge amnestiert würden und unter dem Namen «Der Spielmann» eine Lizenzausgabe des «Playboy» erscheine, deren erste Ausgabe mit Nacktfotos von Katharina Witt bereits 200 000-mal über den Ladentisch gegangen sei.

Die Falschausgabe des «Neuen Deutschland», die nach Berlin, Hauptstadt der DDR, geschmuggelt sowie klandestin in den Abteilen und Toiletten der Interzonenzüge ausgelegt wurde, hatte eine Auflage von 6000 Exemplaren. Im Westen wurde die Sache als oberflächlicher Jux abgetan, weil eine junge Zeitgeist- und Pop-Illustrierte wie «Tempo» politisch nicht für voll genommen wurde. In der DDR hingegen wurde das gefälschte Zentralorgan als Einmischung in die inneren Angelegenheiten der DDR, die die Beziehungen zur BRD belasten könne, verurteilt und als faschistische Provokation geschmäht. Das Ministerium für Staatssicherheit nahm «Tempo» in die «Liste der feindlichen Stellen und Kräfte im Operationsgebiet» auf. Die Stasi verstand nun mal keinen Spaß, diebischen schon gar nicht.

Kölle Allah!

Ob ein Informant vertrauenswürdig ist, der Wahres berichtet, ein Psychopath, der nach Aufmerksamkeit giert, ein Büttel, der verdeckt für eine Firma, eine Behörde oder einen Verband arbeitet und die Massenmedien für die Interessen seines Auftraggebers einzuspannen sucht, oder ein mit Chuzpe gesegneter Künstler, der Werbung für ein Kunstwerk macht, ist oft schwer zu erkennen. Ist es ein Witzbold, dann haben die Leser und, sofern sie Humor haben, auch die Journalisten wenigstens etwas zu lachen, manchmal auch etwas zu lernen über die unbewussten Wünsche, Hoffnungen und Befürchtungen, die sie veranlassen, eine Meldung für wahr zu halten.

• Am Morgen des 10. September 2009, einen Tag bevor sich der Anschlag auf das New Yorker World Trade Center zum achten Mal jährte, rief ein aufgeregter junger Mann in mehreren deutschen Redaktionen an. Er heiße Rainer Petersen, arbeite bei einem US-amerikanischen Lokalradio und berichtete atemlos, während im Hintergrund Polizeisirenen zu hören waren, von einem Selbstmordanschlag in einer kalifornischen Ortschaft. «Anschlag in kalifornischer Kleinstadt», meldete die Deutsche Presseagentur dpa um 9.39 Uhr. Ein Rückruf beim Chef des Lokalsenders, Jake Morgan, und Telefongespräche mit einem Polizisten namens Sergeant Philips sowie einem namenlosen Feuerwehrmann räumten letzte Zweifel aus.

Erst am Nachmittag, als die Geschichte längst die Runde gemacht hatte, wurde der Schleier gelüftet: Das ganze Theater war PR für den Kinofilm «Short Cut to Hollywood» von Marcus Mittermeier und Jan Henrik Stahlberg. Beide hatten sich bereits durch den Streifen «Muxmäuschenstill» einen Namen gemacht, der eine Mischung aus Dokumentation und Spielfilm war. In dem neuem Film sollte die Grenze zwischen Wirklichkeit und Fiktion ebenfalls verwischt werden – auch durch die Reklameaktion, die, so Stahlberg, «den Film in die Realität bringen» sollte. Das gelang ihnen mit einfachen Mitteln: Die angebliche kalifornische Telefonnummer führte in ein Erdgeschoss in Berlin-Friedrichshain, wo drei junge Männer, darunter Stahlberg selbst, sich als Rainer Petersen bzw. Jake Morgan bzw. Sergeant Philips bzw. Feuerwehrmann ausgaben, während im Hintergrund zwei Männer für hektischen Lärm sorgten und aus einem iPod die Polizeisirenen in einer Endlosschleife kreischten.

«Die Nachrichtenagentur dpa bedauert, auf die Fälschung hereingefallen zu sein», ließ die Deutsche Presseagentur am Spätnachmittag verlautbaren. «Die dpa überprüft nach dem Vorfall ihre Regeln für den Umgang mit Informationen aus dem Internet und wird sie womöglich verschärfen.» Dann allerdings wird sich nichts ändern, denn mit dem Internet hatte die Fälschung nichts zu tun.

• «Der Kölner Frohsinn ist etwas, was auch wir Türken in unseren Herzen tragen», verkündeten türkischstämmige Kölner am 8. Januar 2008 und riefen den ersten Türkischen Karnevalsverein Deutschlands (TKVD) ins Leben. Die Vereinsgründer, die sich ausdrücklich zu den «orthodoxen Muslimen» zählten, wollten beweisen, dass das rheinische Brauchtum auch islamisch gefeiert werden kann, nämlich ohne «die Freizügigkeit der Geschlechter» und «übermäßigen Alkoholkonsum»: Ihre türkischen Landsleute, die sich «aufgrund der kulturellen Differenzen ausgeschlossen» fühlten, sollten «eine eigene Karnevalskultur entwickeln». Konservative Deutsche sahen bereits die Burkapflicht für Karnevalistinnen heraufziehen. Sie wurden bald erlöst, denn schon zwei Tage später, am 10. Januar 2008, war der jecke Spaß vorbei: Es handelte sich um einen Reklamegag für die neue RTL-Comedyserie «TV-Helden».

Auf der Pressekonferenz am 8. Januar war keiner der Journalisten stutzig geworden. Weder ließ sie die Ankündigung, einen tiefergelegten BMW als Festwagen einzusetzen, argwöhnisch werden, noch wunderten sie sich, dass der Vereinsvorsitzende Davut Yilmaz kein Türkisch konnte. Bei ihm handelte es sich um den Fernsehmoderator und Satiriker Jan Böhmermann, der zusammen mit dem Kollegen Pierre M. Krause den Verein getürkt und damit die deutschen Medien aufs Kreuz gelegt hatte. Bzw. auf den Halbmond.

• Scheinbar um Werbung handelte es sich bei der ganzseitigen Anzeige der Bundeswehr, die die Berliner «taz» am 19. August 2016 ins Blatt rückte. Unter dem Claim «Sonne, Sand und Schießgewehr», unterlegt mit einem Foto zweier Beachvolleyballspielerinnen, rühmte das Militär die «Sambastimmung in der Truppe». Es war eine Parodie, mit der die Sportredaktion die Reklamekampagne der Bundeswehr persiflierte, doch viele Leser beschwerten sich, weil sie die satirische Kritik am «Thema Sportförderung und Bundeswehr» und am «Nationalmarketing, das Deutschland durch seine Sportförderung via Athleten in Uniform betreibt», (wie die «taz» sich am 26. August zu erklären genötigt sah) nicht bemerkten.

• Die Yes Men hatten es vorexerziert: Sie traten täuschend echt als Repräsentanten eines Wirtschaftsverbandes oder Konzerns auf, um durch Übertreibung deren gemeingefährliche Gesinnung aufzudecken bzw. einen menschenfreundlichen Kurswechsel in der Firmenpolitik zu verkünden und damit die Inhumanität der bisherigen zu entlarven. Auch in Deutschland lernte man von ihnen.

Am 24. April 2015 präsentierte Vattenfall in Berlin auf einer Pressekonferenz und via Pressemitteilung eine überraschende Wende in seiner Energiepolitik. Nicht erst 2050, sondern schon bis 2030 werde man vollständig auf erneuerbare Energien umsteigen. Außerdem wolle man 1000 Klimaflüchtlinge aus den Philippinen aufnehmen und als Mitarbeiter einstellen. Und was den Lausitzer Braunkohlenbergbau betreffe, so würden dort soziale und klimafreundliche Projekte gestartet. Greenpeace zeigte sich erfreut, Radio Berlin-Brandenburg verschickte eine Eilmeldung, die «Märkische Allgemeine Zeitung» begrüßte die «sensationelle Nachricht für die Lausitz».

Nachfragen konnte und wollte der künftige Öko-Konzern Vattenfall nicht beantworten, er wurde auf dem falschen Fuß erwischt und reagierte ungehalten: «Vattenfall beobachtet und kontrolliert die Situation genau und ergreift Maßnahmen, um die Falschinformationen richtigzustellen.» Um eine solche nämlich handelte es sich zum Leidwesen der Öffentlichkeit und zur diebischen Freude der Aktionskünstler von «Peng! Collective», die den Bluff inszeniert hatten.

• Den Eskimos einen Kühlschrank aufschwatzen: Da würde jeder stutzen. Aber Sand nach Abu Dhabi verkaufen? Auf der Insel Spiekeroog schien im Juni 2016 genau das bevorzustehen. Das weltweit operierende Unternehmen Trans Crystal hatte bereits am Badestrand Schilder aufgestellt und eine «Prospektion zur Erschließung einer Sandlagerstätte» angekündigt. Auf seiner Internetseite www.trans-crystal.com versprach das Unternehmen einen nachhaltigen Abbau des Sandes, um «wirtschaftliche, ökologische und touristische Aspekte miteinander in Einklang zu bringen», und verwies auf seine Tätigkeit in Namibia, wo jetzt die Renaturierung beginne, nachdem die Sandvorkommen erschöpft worden seien.

Vielleicht hätte statt von Namibia von der Sahara die Rede sein sollen, damit weniger Insulaner und Gäste die Räuberpistole ernst genommen hätten: Es war eine Satire des Potsdamer Künstlers Marcus Große, der auf den weltweiten Raubbau an Sand aufmerksam machen wollte. Kaum jemand weiß, dass die Menschheit mehr Sand als Erdöl verbraucht und er ein wertvoller Rohstoff in der Bau-, Metall- und Automobilindustrie ist. Die Emirate auf der arabischen Halbinsel sind deshalb für ihre monströsen Immobilienprojekte tatsächlich auf Sandimporte angewiesen.

Gute und schlechte Lügen

Im Januar 1995 sorgte in Italien die Sendung «Chi l'ha visto?» für Aufsehen. Das Gegenstück zur deutschen Serie «Bitte melde dich» berichtete über den britischen Konzeptkünstler Harry Kipper, der mit dem Fahrrad quer durch Europa eine Route abfahren wollte, die die Konturen des Wortes «ART» (Kunst) ergeben sollten. An der italienisch-slowenischen Grenze war er verschwunden und blieb seither verschollen. Die Suche führte das Kamerateam des Senders RAI bis nach London, wo ein Mitglied der Londoner «Psychogeografischen Gesellschaft» und ein Freund des Künstlers um Auskunft ersucht wurden. Keiner der Journalisten schöpfte Verdacht.

Im Juni desselben Jahres wurden der staunenden Öffentlichkeit auf der Biennale in Venedig Ölbilder der Schimpansin Loota präsentiert. Die Äffin, hieß es auf einer Pressekonferenz, war von der Animal Liberation Front aus einem Pharmazeutischen Labor befreit worden und hatte danach ihr künstlerisches Potenzial entdeckt. Etliche Zeitungen berichteten über die ungewöhnliche Karriere.

Im folgenden Jahr, 1996, erschien ein Sammelband mit Interviews des in der US-amerikanischen Subkultur populären Schriftstellers und Künstlers Hakim Bey samt tiefschürfenden Rezensionen seines Werks. Doch wie bei den zwei anderen Aktionen handelte es sich um eine Inszenierung, betrieben von einer Gruppe italienischer Medienguerilleros namens Luther Blissett: Es gab weder Harry Kipper noch die Psychogeografische Gesellschaft und auch keine malende Schimpansin mit dem lutherähnlichen Namen; Hakim Bey und das Buch zwar schon, doch das Elaborat enthielt nur hochgestochenes, unsinniges, den Kunstkritikersprech parodierendes Kauderwelsch von Luther Blissett selbst. Diesen Namen hatte sich das seit 1994 bestehende fünfköpfige Kollektiv von einem aus Jamaika stammenden Kicker geborgt, der in den 1980er Jahren in der italienischen Serie A beim AC Mailand unter Vertrag stand.

Die namentlich nicht bekannten Kunst- und Politikpartisanen wollten, indem sie ausschließlich unter ihrem Sammelpseudonym auftraten, das herkömmliche Verständnis von Autorschaft als individueller Leistung unterhöhlen. Vor allem jedoch zielte ihr satirischer Hokuspokus darauf, die gewohnte Ordnung zu stören und Medien wie Politik Sand ins Getriebe zu streuen: Im Geiste des verehrten Semiotikprofessors Umberto Eco wollten sie die herrschenden Zeichensysteme und Kommunikationsregime durcheinanderbringen und Misstrauen gegen die Informationsgesellschaft säen.

Insbesondere nahm man über den Umweg der Satire den Dunkelmann Silvio Berlusconi aufs Korn, der das Privatfernsehen in der Hand hatte und zudem das Land regierte, womit er auch das staatliche Fernsehen unter Kuratel hatte (außerdem war er Eigentümer des schon genannten AC Mailand). Als Luther Blissett die Falschmeldung verbreitete, im Hinterland von Viterbo in der Region Latium fänden schwarze Messen mit satanischen Ritualen statt, übernahmen nicht nur zahlreiche Medien die Nachricht, ohne ihren Wahrheitsgehalt zu recherchieren. Just Berlusconis Privatsender Italia 1 präsentierte sogar den Videomitschnitt einer vermeintlichen Gruppenvergewaltigung und war entlarvt, als das Kollektiv die Öffentlichkeit über seinen Coup aufklärte.

Ob die gewählten Mittel in jedem Fall probat waren, darüber lässt sich allerdings streiten. Ähnlich wie die Yes Men aus New York wollte Luther Blissett unterscheiden zwischen guten Lügen, die die Wirklichkeit zur Kenntlichkeit entstellen und nach ihrer Aufdeckung der Erkenntnis von Wahrheit dienen, und schlechten Lügen, die der Manipulation der Bürger im Interesse der Machthaber dienen. Doch Luther Blissett streute auch schlichtweg schädliche Falschnachrichten im Stil der Berlusconi-Medien aus. So erlaubte man es sich 1998, eine Meldung über die Verhaftung eines Priesters namens Don Pierino Gelmini zu lancieren. Die katholische Gazette «Avvenire» druckte die Tatarennachricht ab und dürfte damit ihrem treuen Leser Gelmini einen gewaltigen Schrecken eingejagt haben, zumal der brave Kirchenmann dem Bericht des Weiteren entnehmen musste, er sei in eine Kinderporno-Affäre verwickelt und habe womöglich mit einem belgischen Kinderschänder zusammengearbeitet, womit eine Verbindung zu dem Kindermörder Marc Dutroux hergestellt wurde. Der Skandal schlug hohe Wellen, bis Luther Blissett nach ein paar Tagen den Pater erlöste und eingestand, man habe mit dieser Aktion die «Medienhysterie und reaktionäre Meinungsmache» in puncto Pädophilie kenntlich machen wollen.

Auf Deutsch erschien 1997 das programmatische «Handbuch der Kommunikationsguerilla», für das außer Luther Blissett die Kunst- und Politaktivistin Sonja Brünzels und eine nicht näher bekannte «autonome a. f. r. i. k. a. gruppe» als Autoren verantwortlich zeichnen. Zwei Jahre danach brachte das italienische Kollektiv noch den Roman «Q» heraus, bevor es sich scheinbar auflöste. «Q» siedelt im gleichen Genre wie Umberto Ecos Bestseller und erschien 2002 auch auf Deutsch. Es handelt sich um einen historischen Roman, der im Deutschland der Reformationszeit spielt und die Geschichte eines Wiedertäufers erzählt, den es an die Seite des Revolutionärs Thomas Müntzer führt. Es ist leicht zu erkennen, dass hinter der historischen Romanhandlung Fragen nach den heutigen Chancen gesellschaftlicher Dissidenz und nach der Möglichkeit aktuellen Widerstands gegen die etablierte Ordnung stehen.

1999 endete das Projekt Luther Blissett, das von Anfang an auf fünf Jahre begrenzt sein sollte. Die Mitglieder entschieden sich jedoch,weiterzumachen und benannten ihre Gruppe um in Wu Ming. Dieser chinesische Begriff bedeutet je nach Aussprache «fünf Namen» oder «anonym». Mit «Q» waren die Fünf anscheinend auf den Geschmack gekommen und schrieben drei weitere Romane, die in historischem Gewand Themen der Gegenwart behandeln.

Ein Gegenstück zu Wu Ming alias Luther Blissett tauchte dann in Österreich auf: Dort hatte sich ein Kollektiv den Namen Fanny Blissett gegeben und veröffentlichte 2014 den historischen Roman «Jesuitenwiese», der in ähnlicher Weise Wahres und Erfundenes vermischt. Um es auf den Punkt zu bringen: Die Guerilleros greifen nicht länger subversiv und anarchisch in die Realität ein und produzieren keine Fakes mehr, um das Räderwerk der Ordnung aus dem Takt zu bringen. Statt realer Fiktion gibt es nur noch fiktive Realität: Was einmal Tat war, ist nurmehr Gedanke.

Vegane Muscheln und verstecktes Schweinefilet

Kunden orientieren sich im Internet gern an den Bewertungen, die andere Käufer abgegeben haben. Je größer das Lob, desto besser für den Händler. Es lohnt sich also, zu tricksen.

Der Londoner Journalist Oobah Butler verfasste Restaurantbewertungen für Internetportale wie Tripadvisor und ließ sie sich von den Gastwirten bezahlen. Damit stand er nicht allein, die gastronomischen Websites wimmelten von unechten Erfahrungsberichten, die in höchsten Tönen Essen, Bedienung und Ambiente lobten. Oobah Butler hatte es irgendwann satt und beschloss, der Branche eins auszuwischen.

Im Mai 2017 gründete er selbst ein Restaurant mit dem malerischen Namen The Shed (Die Hütte), kreierte eine Website mit ansprechenden Fotos von Lokal und Speisen und flutete mithilfe von Freunden und Bekannten mehrere Restaurantbewertungsseiten mit überschwänglichen Berichten. Serviert werden beispielsweise, laut der auf der Homepage des Lokals eingestellten, bebilderten Speisekarte, «Vegane Muscheln» oder «Verstecktes Schweinefilet mit Artischocken und Rotwein-Tapioka», dazu «süßer Pflaumenspeck». Für ein Trendlokal offenbar normal, weshalb sich Butler vor Gästen, die telefonisch einen Tisch reservieren wollten, kaum retten konnte. Er musste sie alle vertrösten und um Geduld bitten, weil er auf Monate ausgebucht sei. Fernsehsender klopften bei ihm an, um das Gasthaus zu porträtieren. Reklameagenturen meldeten sich, um die Werbung zu übernehmen.

Am 1. November 2017 war Butler am Ziel: Seine Hütte war auf dem Bewertungsportal Tripadvisor das bestbeurteilte Restaurant Londons. Zum ersten und einzigen Mal öffnete er die Tore seines Lokals und bewirtete im Garten seines Hauses Gäste mit isländischen Fertiggerichten aus der Tiefkühltruhe. Kein einziger übte Kritik, keiner traute seiner eigenen Zunge mehr als den frei erfundenen Berichten im Internet. Keiner kam auf die Idee, dass das Restaurant The Shed, in dem sie zu sitzen glaubten, eine Fata Morgana sein könnte. Das Schlitzohr Oobah Butler hatte außer gefälschten Restaurantberichten ein gefälschtes Restaurant kreiert und die Bewertungsportale blamiert – sowie alle, die deren Suggestionen mehr vertrauen als ihren eigenen fünf Sinnen.

«Mehr Licht!»

«Je näher man ein Wort ansieht, desto ferner sieht es zurück.» Karl Kraus' Bonmot trifft auch auf viele geflügelte Worte zu: Je genauer man ihrem Ursprung und Wortlaut nachforscht, desto be-

fremdlicher werden sie. Je «mehr Licht» man auf die Überlieferung wirft, desto dunkler wird sie manchmal.

• Ein Beispiel sind ebendiese letzten Worte Johann Wolfgang
von Goethes vom 22. März 1832. Unwahrscheinlich ist schon, dass
der sterbende Dichter sie philosophisch meinte, näher liegt ein
einfacherer Sinn: «Macht doch den zweiten Fensterladen auf, dass
mehr Licht hereinkomme!» – so der volle Wortlaut der Bitte, die
der Dichter dem weimarischen Kanzler Friedrich von Müller zufolge an die Umstehenden gerichtet habe. Allerdings ist die Überlieferung nicht gesichert, weil der Kanzler den Satz nicht eigen-
händig schriftlich festhielt, sondern es anderen überließ, sich auf
ihn als Ohrenzeugen zu berufen.

Immerhin will der großherzogliche Oberbaudirektor Clemens
Wenzeslaus Coudray einen ähnlichen Satz gehört haben, wie er
zwei Tage nach Goethes Tod kundtat. Kleiner Haken: In den 1907
entdeckten Aufzeichnungen vom Todestag selbst hatte Coudray
als Goethes letzte Äußerung die Frage an den Diener Friedrich
Krause notiert: «Du hast mir doch keinen Zucker in den Wein
gethan?»

Zeugen von Goethes letztem Seufzer wollten viele gewesen
sein. Die einen legten ihm tiefsinnige Äußerungen in den Mund:
«Nun kommt die Wandlung zu höheren Wandlungen» seien
Goethes letzte «klar und deutlich» artikulierte Worte gewesen, so
60 Jahre später die Baronin Jenny von Gustedt in ihren unter dem
Titel «Aus Goethes Freundeskreis» der Öffentlichkeit anheim ge-
gebenen Memoiren. Völlig anders erinnerte sich Goethes schon
erwähntes Faktotum Krause. Nach seinem Bekunden war er als
Einziger in der Sterbestunde seines Herrn zugegen: Der Dichter
habe den Nachttopf verlangt, «den Botschamper, und den nahm
er noch selbst und hielt denselben so fest an sich, bis er verschied».
(Der «Botschamper» ist ein verballhornter französischer «pot de
chambre».)

Denkbar ist darüber hinaus, dass der Frankfurter Goethe in
seinen letzten Minuten in seine Mundart gewechselt sei und ge-

murmelt habe: «Mer liecht hier so unbequem.» Oder er wandte
sich an seine Schwiegertochter Ottilie und bat sie schlicht:
«Komm, mein Töchterchen, und gib mir dein Pfötchen ...» Letzteres teilt die Malerin und Goethefreundin Caroline Louise Seid-
ler in einem Brief vom 23. März 1832 mit, einen Tag nach dem Ableben des Dichters.

Vielleicht haben alle Zeugen mehr oder weniger recht, weil
Goethe auf dem Sterbebett mancherlei gesagt und geredet haben
mag, so dass jeder etwas anderes hörte bzw. das auswählen konnte,
was er oder sie für aufbewahrenswert hielt.

• Außerdem sind Sterbende nicht für deutliche Aussprache bekannt. Wenn dann noch Schlachtenlärm hinzukommt, ist ein
Verhörer nicht auszuschließen, wie etwa im Fall des englischen
Admirals Horatio Nelson. Er wurde 1805 in der siegreichen See-
schlacht von Trafalgar gegen die französisch-spanische Flotte tödlich verwundet und bat seinen Stabskapitän Thomas Hardy über-
raschenderweise: «Kiss me, Hardy!» Er könnte auch gerufen
haben: «Kismet [Schicksal], Hardy!»

• Bei Goethe wurde vielleicht die banale Aufforderung, die
Fensterläden aufzureißen, so verkürzt, dass sie sinnreich klang:
«Mehr Licht!» Überhaupt werden viele Zitate passend gemacht,
bevor sie in die Öffentlichkeit entlassen werden. So bei Michail
Gorbatschow: «Wer zu spät kommt, den bestraft das Leben», soll
er am 6. Oktober 1989 bei seinem Staatsbesuch in der DDR zur
SED-Führung gesagt haben. Die originale Formulierung war eine
andere. Der im russischen Protokoll notierte Satz lautet in wört-
licher Übersetzung «Es wird gefährlich für denjenigen, der nicht
auf das Leben reagiert» und in der Sitzungsmitschrift der SED:
«Wenn wir zurückbleiben, bestraft uns das Leben sofort.» Das populär gewordene Zitat ist also die griffig gemachte Fassung der ursprünglichen Äußerung.

• Zurechtgemodelt wurde auch Karl Marx' berühmtes Urteil
über den Glauben. Angeblich lautet es: «Religion ist Opium für
das Volk.» Korrekt lautet die Stelle aus der «Kritik der Hegelschen

Rechtsphilosophie» von 1844: «Die Religion ist der Seufzer der bedrängten Kreatur, das Gemüth einer herzlosen Welt, wie sie der Geist geistloser Zustände ist. Sie ist das Opium des Volks.» Es war Wladimir Iljitsch Lenin, der Marx' differenzierte Analyse zur einfachen Losung, zur Formulierung «für das Volk» eindampfte, die im revolutionären Kampf gegen die Popen von Nutzen war: Nicht mehr das Volk bedient sich des Rauschgifts als Mittel zur Weltflucht oder zum Trost, sondern es wird ihm verabreicht von den Bütteln der herrschenden Klasse.

Nebenbei gesagt, war die Verbindung von Religion und Rauschgift nicht Marx' Erfindung. In Novalis' Fragmentsammlung «Blüthenstaub» konnte man schon 1798 lesen, was der romantische Dichter vom Christentum der Spießbürger hielt: «Ihre sogenannte Religion wirkt bloß wie ein Opiat: reizend, betäubend, Schmerzen aus Schwäche stillend.»

• Sinnwidrige Kürzungen und Umdeutungen sind das eine, halbwegs sinnvolle oder immerhin begreifliche Ergänzungen oder Erfindungen das andere. «Hier stehe ich! Ich kann nicht anders. Gott helfe mir! Amen», sollen Luthers Schlussworte auf dem Wormser Reichstag 1521 gewesen sein – in Wahrheit benutzte er, wie handschriftliche Aufzeichnungen von Beobachtern und zeitgenössische Flugschriften bezeugen, nur die übliche Formel «Gott helf mir. Amen». Die vorgeschalteten zwei Sätze wurden dem Reformator später in den Mund gelegt, um seine Standfestigkeit und Prinzipientreue zu verdeutlichen – oder der Reformator legte sich die zwei Sätzchen selbst nachträglich in den Mund, erblickten sie doch zum ersten Mal in der 1539 begonnenen Wittenberger Ausgabe von Luthers Werken das Licht der protestantischen Welt.

• Nicht minder berühmt ist ein anderes Lutherwort, das in den 1980er Jahren, als sich infolge der atomaren Nachrüstung eine apokalyptische Stimmung in Westdeutschland ausbreitete, Hoffnung machte: «Wenn ich wüsste, dass morgen die Welt unterginge, würde ich heute noch ein Apfelbäumchen pflanzen.» Doch das Apfelbäumchen ist weder in Luthers Schriften noch in seinen

Briefen und Tischgesprächen zu finden. Möglicherweise ist das Diktum erst 300 Jahre nach Luther, im ersten Drittel des 19. Jahrhunderts, in den Schatz der geflügelten Worte gelangt; als Urheber kommen fromme Pietisten in Württemberg in Betracht, wo ein Theologe namens Johann Albrecht Bengel für den 18. Juni 1836 den Weltuntergang prophezeit hatte.

• Zur Hälfte ist das eine Luther-Zitat erfunden, zur Gänze Galileo Galileis trotzige Behauptung: «Und sie bewegt sich doch!» Das soll er gesagt haben, nachdem ihn die Inquisition gezwungen hatte, seiner Lehre abzuschwören, der zufolge die Erde nicht der Fixpunkt des Universums sei. Aber die Sentenz taucht erst 1761, hundert Jahre später, in den vierbändigen «Querelles littéraires» (Literarische Streitfälle) des französischen Abbés Irailh auf.

• Auf Galileo passt das Zitat, auf Winston Churchill das ihm zugeschriebene Bonmot hingegen nur scheinbar. «No sports!» soll er auf die Frage nach dem Geheimnis seines langen Lebens geantwortet haben. Die Worte schienen dem Zigarre rauchenden und Whisky trinkenden britischen Politiker auf den dicken Leib geschrieben zu sein. Der aber war in jungen Jahren rank und schlank: Churchill spielte Kricket, gehörte zur Schwimmmannschaft seiner Schule und war ein vorzüglicher Fechter. Als Kadett erwies er sich als hervorragender Reiter und spielte, nach Indien abkommandiert, Polo. Dem Reiten blieb er bis ins Alter treu und nahm noch mit über 70 Jahren an Fuchsjagden teil. Versteht sich, dass das Diktum in Churchills Reden und Büchern nicht aufzuspüren ist.

• In England ebenfalls gänzlich unbekannt ist das in Deutschland populäre Churchill-Wort: «Traue keiner Statistik, die du nicht selber gefälscht hast.» Sein Ursprung verliert sich im Dunkel des Zweiten Weltkriegs: Vermutlich wurde es dem unbeugsamen Gegner Hitlerdeutschlands von der Nazipropaganda um 1940 untergeschoben.

• Es ist verführerisch, einer Person eine Äußerung unterzuschieben, weil man meint, sie passe zu ihr und werde, mit einem großen Namen versehen, ihren Weg machen. In den 1960er Jahren legten Spaßvögel dem geistig abbauenden Bundespräsidenten Heinrich Lübke Worte in den Mund wie zum Beispiel «Equal goes it loose», womit er angeblich 1965 die Queen bei ihrem Staatsbesuch auf den gleich beginnenden Großen Zapfenstreich im Garten von Schloss Brühl einstimmte. Doch der Ausspruch findet sich weder in dem Sammelbändchen «Worte des Vorsitzenden Heinrich» noch auf der Schallplatte «Heinrich Lübke ... redet für Deutschland», sondern erst in späteren Stilblütensammlungen.

Offensichtlich wurde Lübke der Satz angesichts seiner sich häufenden Pannen bei öffentlichen Auftritten vom Volksmund oder von Journalisten angedichtet – ebenso wie die Anrede: «Sehr geehrte Damen und Herren, liebe Neger!» Auch sie ist nirgends belegt; es handelt sich wohl um eine Erfindung von Presseleuten, die den für seine Schwupper bekannten greisen Bundespräsidenten auf einer seiner Afrikareisen begleiteten.

• «Dass die Philosophie eine Frau ist, merkt man daran, dass sie gewöhnlich an den Haaren herbeigezogen wird» – angeblich ein von Georg Christoph Lichtenberg geprägter Aphorismus; aber einen derart plumpen und einfältigen Satz hat der große Aufklärer nie von sich gegeben. Der ihm ebenfalls zugeschriebene Satz «Wer einen Engel sucht und nur auf die Flügel schaut, der könnte eine Gans nach Hause bringen» (zitiert beispielsweise in der «Hannoverschen Allgemeinen Zeitung» vom 1. Juli 2017) zeigt wenigstens Witz von Lichtenberg'schem Format, doch auch hier ist er nicht der Autor.

• Nicht nur die Hochkunst, auch die populären Künste bereichern den Schatz der Allgemeinbildung um Zitate, die nicht immer stimmen. Beispielsweise wurde in dem Filmklassiker «Casablanca» die melancholische Aufforderung «Play it again, Sam» nicht wortwörtlich ausgesprochen. «Play it once, Sam, for old time's sake» sind die Worte, die Ingrid Bergman an den Klavierspieler richtet. «You played it for her, you can play it for me. Play it», sagt danach Humphrey Bogart.

- «Harry, hol schon mal den Wagen!» lautet ein klassisch gewordener Befehl aus der Krimiserie «Derrick», die von 1974 bis 1998 im ZDF lief. Doch in keiner der 281 Episoden ist er gefallen. Lediglich in der zweiten Folge sagt Stefan Derrick (gespielt von Horst Tappert) zu seinem Assistenten Harry Klein (Fritz Wepper) etwas Ähnliches: «Harry, wir brauchen den Wagen, sofort!»

- «Houston, wir haben ein Problem» – einer der berühmtesten Sätze in der Geschichte der Raumfahrt ist so nie gesagt worden. Angeblich fiel die Äußerung auf dem Mondflug von Apollo 13 im Jahr 1970, der nach einer Explosion an Bord abgebrochen werden musste; die Astronauten konnten in einer dramatischen Rettungsaktion heil zur Erde zurückgebracht werden. Im 1995 gedrehten Film «Apollo 13» ist es der von Tom Hanks gespielte Kommandeur Jim Lovell, der die ominösen Worte an das NASA-Kontrollzentrum in Houston funkt. In Wirklichkeit war es Reservepilot Jack Swigert, der mit ordentlich Understatement der Bodenstation Meldung machte: «Okay, Houston, wir haben hier gerade ein Problem gehabt.»

- Aus den Niederungen der Kultur wieder empor zu den Höhen der Politik: «L'État c'est moi», «der Staat bin ich», auf diese bündige Formel soll der Sonnenkönig Ludwig XIV. den Grundsatz seiner unumschränkten Herrschaft und damit das Prinzip des Absolutismus gebracht haben – verbürgt ist das nicht; sicher ist, dass er den Ausspruch nicht, wie die Überlieferung behauptet, am 13. April 1655 vor dem Parlament tat. Aber er könnte ihn getätigt haben, ebenso wie Napoleon in der Schlacht von Waterloo die heroischen, verzweifelten oder rücksichtslosen Worte «Die Garde stirbt und ergibt sich nicht» gesagt haben könnte. Er selbst hat das Ondit stets abgestritten.

- Als in den 1780er Jahren in Frankreich eine Hungersnot herrschte, soll Königin Marie-Antoinette die Klagen der Armen schnippisch abgewehrt haben: «Die Leute haben kein Brot? Dann sollen sie doch Kuchen essen!» Die Herzlosigkeit passte zum Klischee der hochmütigen Aristokratie, die keine Bindung zum einfachen Volk besaß. Nur hatte die Königin das nie gesagt: Man hatte ihr ein Zitat aus den «Confessions» (Geständnissen) des Philosophen Jean-Jacques Rousseau untergeschoben, der es als Ausspruch einer «großen Fürstin» wiedergab. Das Werk erschien zwar erst 1782 im Druck, die ersten sechs Teile, in denen das Zitat steht, wurden jedoch zwischen 1765 und 1767 verfasst. Damals war Marie-Antoinette, eine Tochter Maria Theresias, nicht älter als zwölf und lebte noch in Wien.

Den Ausspruch der Königin in den Mund zu legen, trifft nichtsdestoweniger ins Schwarze. Auch für das Abwandeln, Erfinden und Zuschreiben von Zitaten gilt eben das beliebte Wort Helmut Kohls: «Entscheidend ist, was hinten rauskommt.» Eigentlich hatte der Kanzler auf der Bundespressekonferenz am 31. August 1984 «Am wichtigsten ist, was hinten rauskommt» gesagt, aber die kleine Veränderung gab dem Ausspruch den entscheidenden Dreh.

Personen sind Schall und Rauch

Niemand weiß, wer Homer war. Dass es ihn wirklich gab, glaubt man aber zu wissen. Es besteht Konsens, dass es sich nicht um eine fiktive Person handelt, erfunden, um der «Ilias» und der «Odyssee» einen Autornamen zu verleihen. Möglich wäre es immerhin, und geschehen ist dergleichen bereits, gerade in jüngster Vergangenheit: Man erfindet eine Person, um eigene Produkte besser an den Mann zu bringen oder sich einen Scherz zu erlauben.

• Als «modernen Homer» beweihräucherte die Zeitschrift «Books in Canada» den griechischen Dichter Andreas Karavis, der Ende der 90er Jahre im nordamerikanischen Literaturbetrieb von sich reden machte: ein Fischer, der seine Gedichte abends mit seinem Fang verkauft, und ehemaliger Zigarettenschmuggler, der schon zum Nobelpreiskandidaten hochgejubelt wurde. Aber der alte Grieche, Geburtsjahr 1932, mit der obligatorischen Fischermütze sah auf dem von ihm kursierenden Foto nicht nur blendend aus, das Klischee blendete auch die Kritiker: Es gab keinen Andreas Karavis, sondern nur den Übersetzer und Essayisten David Solway. Der gestand im März 2001 in der Zeitschrift «Lingua franca», dass er die Gedichte verfasst hatte. Das Foto zeigte seinen Zahnarzt.

• So wenig wie Andreas Karavis gab es den japanischen Dichter und Hiroshima-Überlebenden Araki Yasusada, der vermeintlich 1972 an Krebs gestorben war. Seine Poesie fand Beachtung, weil sie die Welt der Opfer des Atombombenabwurfs schilderte, die sonst selten ein lyrisches Thema war. Angeblich war es sein Sohn, der die Gedichte entdeckte, die ab 1991 in den USA erschienen. Das ging gut, bis 1996 der echte Autor entlarvt wurde: der Englisch- und Spanischdozent Kent Johnson vom Highland Community College in Freeport (Illinois).

• Er trat erst 2001 ans Licht der Öffentlichkeit, doch gewirkt hat er in der ersten Hälfte des 20. Jahrhunderts, als er in Göttingen Philosophie lehrte: Erich August Wurmbrandt. Er war ein kauziger Gelehrter, wie die im genannten Jahr erschienene Anthologie «Geh mir aus der Sonne! Anekdoten über Philosophen und andere Denker» bezeugt. Allerdings sind die Beispiele durch die Bank erfunden, der Philosophieprofessor hat nie existiert. Er wurde offensichtlich erschaffen, um Anekdoten aus anderen Lebensbereichen und Berufen philosophisch nutzbar zu machen. Seinen Namen bekam er wegen der Nähe zum komischen dummen August, und weil Erich an «ehrlich» anklingt.

• Im Internet mailen, chatten und twittern sehr viele unter einem Decknamen. Mehr noch: Die Person dahinter muss es nicht geben. Zum einen wurde 2015 bekannt, dass bei dem sozialen Netzwerk Xing etwa 20 000 Nutzerprofile gefälscht waren und kein realer Teilnehmer dahinterstand. Aktiv waren diese Profile nicht. Wer mit ihnen Kontakt aufnehmen wollte, erhielt keine

Antwort. Man vermutet, dass ein Xing-Konkurrent die gefakten Profile erstellt hatte. Zum anderen können Meinungs- oder Propagandaroboter, sogenannte Social Bots oder einfach Bots, hinter einem menschlichen Namen stehen: eine Maschine, die automatisch auf Fragen und Beiträge anderer Nutzer antwortet, Nachrichten verschickt und Kommentare versendet. Auf diese Weise lassen sich im Netz in ökonomischem Interesse oder zu politischen Zwecken Trends beeinflussen und Stimmungsbilder verzerren.

• Überhaupt das Internet! Acht Jahre lang konnte man auf Wikipedia einen Artikel über den Cäsarmörder und Stricher Gaius Flavius Antonius, den Marcus Antonius gedungen haben soll, lesen, bis jemand erkannte, dass das Humbug war.

Wer bin ich?

Man muss ja nicht gleich zum Hochstapler zu werden. Aber die Vorstellung, ein anderer zu sein, ist reizvoll. Glücklich, wer es nicht nötig hat, kriminelle Energie zu entwickeln, sondern sich in der Fantasie austoben kann! Schriftsteller sind seit jeher in diesem Metier tätig. Und andere können es auch.

• Die 1960 in Hameln geborene Felicitas Hoppe legte sich 2012 in ihrem Roman «Hoppe» eine traumhafte Biografie zu, der zufolge sie in Kanada und Australien aufgewachsen war und nicht nur Schriftstellerin, sondern auch Musikerin, Dirigentin und Hockeyspielerin ist; nebenbei spricht sie fließend Polnisch. Um der Fiktion den Schein von Wahrheit zu geben, lässt sie erfundene Schulfreunde und Kollegen zu Wort kommen und zitiert mutmaßlich echte ebenso wie fiktive Rezensionen ihrer früheren Werke.

• Dass Autobiografien nicht die reine Wahrheit erzählen, weiß jedes Kind. So darf man beispielsweise nicht alles für bare Münze nehmen, was der Romancier, Satiriker und Literaturkritiker Eckhard Henscheid 2013 in seinen «Denkwürdigkeiten» über sein Leben berichtete. Die mehrfach erwähnte Tochter Elfriede etwa gibt es nicht.

• Henscheid treibt aus Spaß solche Spiegelfechterei; ernster meinte es der Schriftsteller Jacob Benjamin Bothe. Sein Ziel war es, den Verkauf seiner Kriminalromane um den türkischstämmigen Frankfurter Privatdetektiv Kemal Kayankaya (Erstling: «Happy Birthday, Türke!», 1985) durch eine passende eigene Biografie anzuheizen. Er gab sich den fremdländischen Namen Jakob Arjouni und gab vor, nach dem Tod seiner türkischen Eltern von einem Frankfurter Lehrer-Ehepaar adoptiert worden zu sein. Weder in Deutschland noch in der Türkei richtig zu Hause, sei er nach Südfrankreich gezogen, wo er sich als Kellner und Kleiderverkäufer durchgeschlagen habe.

Ein Körnchen Wahrheit war darin: Jacob Benjamin Bothe war der im gutbürgerlichen Frankfurter Westend aufgewachsene Sohn einer Verlegerin und eines Dramatikers; nach dem Abitur hatte er in Südfrankreich Sprachkurse belegt und zu schreiben begonnen.

• Erheblich weiter ging der französische Schriftsteller und Kulturminister André Malraux. Er machte sich zum Tausendsassa, der Archäologie, Indologie und Sinologie studiert, im Rahmen einer wissenschaftlichen Forschungsreise 1923 Ostasien besucht, in China Kontakte zu Mao Zedongs kommunistischen Revolutionären geknüpft, als Pilot im Spanischen Bürgerkrieg für die Republik gekämpft und in der Résistance unter dem Kampfnamen «Oberst Berger» eine Partisanenbrigade befehligt hatte.

In Wahrheit hatte er nie studiert. 1923 hielt er sich zwar in Kambodscha auf (das zur französischen Kolonie Indochina gehörte), allerdings nicht als angehender Archäologe, sondern als Dieb: Er raubte einen Tempel aus und wurde verhaftet, als er die Kunstschätze verhökern wollte. Die Strafe – drei Jahren Gefängnis – wurde jedoch zur Bewährung ausgesetzt. In China lernte er nur die englische Kronkolonie Hongkong und die portugiesische

Besitzung Macau durch Kurzbesuche kennen und keinen einzigen chinesischen Kommunisten. Im Spanischen Bürgerkrieg wirkte er kurze Zeit am Aufbau einer Flugzeugstaffel mit, doch selber flog er mangels Befähigung zum Führen eines Flugzeugs nicht. Vom organisierten Widerstand gegen die deutschen Besatzer Frankreichs hielt er sich jahrelang fern und versuchte sich erst im März 1944 der Résistance anzuschließen. Dass ihn im Juli jenes Jahres die Deutschen verhaftet hätten und er im August befreit worden sei, ist nicht zu belegen und vermutlich ein Mythos, ebenso wie seine Rolle als angeblicher Kommandeur einer Brigade der französischen Armee seit September 1944.

• Seine kurze kriminelle Vergangenheit und überhaupt seine Flunkereien haben Malraux zu Lebzeiten nicht schaden können. Karl May hingegen wurde, nachdem seine Vergangenheit ruchbar geworden war, das Stigma des Lügners und Verbrechers nie ganz los. Er hatte sich in jungen Jahren als «Augenarzt Dr. Heilig», als «Seminarlehrer Lohse», als Sohn eines französischen Plantagenbesitzers in der Karibik und als Geheimdienstagent ausgegeben und saß als Hochstapler, Dieb und Betrüger insgesamt acht Jahre und sechs Wochen im Kittchen.

Im Gefängnis entdeckte er sein erzählerisches Talent und lebte sich fortan auf dem Papier statt in der Realität aus. Ganz das Schwindeln lassen konnte er aber nicht: Der erfolgreiche Schriftsteller (von dem bis heute über 200 Millionen Bücher in mehr als 40 Sprachen verkauft wurden) behauptete prestigefördernd, die in seinen Reiseerzählungen geschilderten Abenteuer selbst erlebt zu haben, während er tatsächlich erst 1899 in den Orient reiste und 1908 die USA besuchte, beide Male als gewöhnlicher Tourist. Er gab vor, 30 Sprachen zu beherrschen, und spielte vor den Besuchern seines mit nachgemachten Mitbringseln seiner angeblichen Fernreisen geschmückten Radebeuler Heims den leibhaftigen Old Shatterhand – er zeigte ihnen sogar die angeblich echte Silberbüchse des angeblich realen Winnetou. Nebenbei führte er zum Zweck bürgerlicher Renommiererei bis 1898 einen Doktortitel, ohne ein einziges Semester an irgendeiner Universität studiert zu haben; es musste erst ein Gericht kommen, um dem hochbegabten Renommisten den «Dr.» zu nehmen.

• Die aus Eritrea stammende deutsche Autorin und Sängerin Senait Mehari war Kindersoldatin im Bürgerkrieg zwischen der Eritreischen Volksbefreiungsfront EPLF und der Eritreischen Befreiungsfront ELF. Davon berichtete sie 2004 in ihrer Autobiografie «Feuerherz». Doch auf der Tsibah-(Morgen-)Schule, die sie besuchte, kamen weder sie noch andere Schüler mit Waffen in Berührung. Zwar musste die Schule, die Kinder aus allen Landesteilen aufgenommen hatte, mehrmals den Standort wechseln, unmittelbar hatte der Krieg jedoch keine Auswirkungen auf den Betrieb. Sowohl der Mitbegründer der Schule, Elias Ghere Benifer, als auch mehrere Mitschüler Meharis konnten das bezeugen, z. B. Abraham Mehreteab, der im Februar 2007 auf einer Pressekonferenz erklärte: «Manchmal haben wir Unterricht im Freien gehabt, unter Bäumen. Aber wir Jungen wurden die ganze Zeit über gut behütet, wir hatten immer zu essen und mit Waffen nichts zu tun.»

• Schwerverletzt überlebte Tania Head den Flugzeuganschlag auf das New Yorker Welthandelszentrum am 11. September 2001, während ihr Verlobter umkam. Ihr Trauma verarbeitete die Bankangestellte, indem sie darüber redete. «Was ich dort erlebt habe, werde ich nie vergessen», sagte sie und erzählte die ergreifende Geschichte von einem Sterbenden, der ihr in dem Chaos seinen Ehering anvertraute und sie mit seinen letzten Worten bat, ihn seiner Frau zu geben. Als Fremdenführerin schilderte sie Touristen am Ground Zero das Inferno, und als Präsidentin des «Netzwerks der Überlebenden» warb sie Spenden ein. Doch dann fand die «New York Times» heraus, dass die Familie ihres angeblichen Verlobten keine Tania Head kannte und ihr vorgeblicher Arbeitgeber, die Bank Merrill Lynch, keine Tania Head beschäftigte. Die spanische Zeitung «La Vanguardia» brachte weitere Ergebnisse bei, wonach Tania Head richtig Alicia Esteve Head heißt und aus

Barcelona stammt, wo sie als Chefsekretärin gearbeitet hatte. Mitarbeiter hätten sie als schwierig bezeichnet, weil sie um jeden Preis im Mittelpunkt habe stehen wollen. Die Verletzungen, die sie angeblich bei dem Attentat am 11. September erlitten hatte, so die Zeitung weiter, rührten von einem früheren Autounfall her. Damit war Tania Head ihr Amt als Präsidentin des «Netzwerks der Überlebenden» und ihr Renommee los.

• International einen Ruf als Psychologe, insbesondere als Kinderpsychologe, genoss der als Jude vor den Nazis 1939 in die USA geflohene Österreicher Bruno Bettelheim. Er forschte über das Verhältnis von Individuum und Massengesellschaft, machte sich um die Therapie autistischer Kinder verdient und erkannte den erzieherischen Wert von Märchen. Erst nach seinem Tod wurde offenbar, dass Bettelheim seinen Lebenslauf frisiert hatte. Er hatte in Wien nicht Psychologie, Philosophie und Kunstgeschichte studiert, sondern Germanistik und Kunstgeschichte; in dieser war er promoviert worden statt mit Bestnote in Psychologie: «Das Problem des Naturschönen und die moderne Ästhetik» lautete der Titel seiner Dissertation. Dass er bereits in Wien Kinderpsychologie gelehrt habe, war ebenfalls ein Märchen – in Wirklichkeit hatte er in der väterlichen Holzhandlung gearbeitet.

Seine Schwindeleien ermöglichten ihm eine Universitätskarriere, die ihn sowohl auf den Lehrstuhl für Psychologie an der Universität Chicago als auch auf den Posten des Leiters der zur Universität gehörenden Sonia Shankman Orthogenic School beförderte, einer Anstalt für schwererziehbare Kinder. Nach seinem Freitod im Jahr 1990 (Bettelheim war nach dem Tod seiner Frau 1984 in eine Depression verfallen und hatte 1987 einen Schlaganfall erlitten) kam all dies ans Licht – und noch mehr: Er war nicht nur kein seriöser Wissenschaftler, auch das Image des freundlichen Märchenonkels und liebevollen Anwalts der Kinder war ein Trugbild. Unter der Schlagzeile «Bruno Brutalheim» erschien im US-amerikanischen Nachrichtenmagazin «Newsweek» ein Artikel, dem zufolge Bettelheim in seinen wissenschaftlichen

Arbeiten gemogelt und in seiner Erziehungsanstalt die ihm anvertrauten Kinder geprügelt habe. Schon bei nichtigem Anlass habe es Hiebe gesetzt, einer seiner Schützlinge habe sogar Selbstmord begangen.

• Vor 1945 Mitglied der SS, nach 1945 Professor für Germanistik und Rektor der Technischen Universität Aachen: Der 1909 geborene SS-Hauptsturmführer Hans Ernst Schneider nahm kurz vor Kriegsende den Namen Hans Schwerte an, ließ Hans Ernst Schneider für tot erklären, heiratete seine vorgeblich verwitwete Frau ein zweites Mal und begann ein neues Leben, in dem er auf Demokrat umlernte und 1983 mit dem Bundesverdienstkreuz belohnt wurde.

Von 1976 bis 1981 kümmerte er sich in offizieller Funktion um die Pflege und Förderung der Beziehungen zwischen den Hochschulen Nordrhein-Westfalens und den Universitäten der Niederlande und Belgiens. In den Niederlanden war er bereits 1940–1942 zum Einsatz gekommen. Dass der liberale Hans Schwerte mit dem Nazi Hans Ernst Schneider identisch war, wurde 1992 ruchbar und stand 1995 zweifelsfrei fest, als Schwerte alias Schneider durch Selbstanzeige der unmittelbar bevorstehenden Enthüllung zuvorkam.

Schwerte-Schneider, der 1999 starb, beharrte jedoch darauf, er habe sich selbst entnazifiziert und nach 1945 ein anderes Leben begonnen. So gesehen, war sein Leben typisch für Millionen andere Deutsche.

Unter falschem Namen

Was Menschen zu Hochstaplern macht, ist das Streben nach Anerkennung, Geltung und einem guten Leben. Ob Heiratsschwindler oder Wirtschaftsbetrüger, Geld spielt oft die Hauptrolle für die Maskerade. Anders früher.

• In sehr ferner Vergangenheit träumte man weniger von einer Handvoll Dollars als von Macht und Ruhm – und mächtiger als Kaiser oder Zar war niemand. In den Jahren 1284/85 trat in Deutschland ein gewisser Tile Kolup als Kaiser Friedrich II. auf, stellte mit nachgemachtem kaiserlichen Siegel Urkunden aus, bestätigte Privilegien und verkehrte mit Fürsten und Bischöfen. Das ging gut, bis er nach Köln kam. Dort schöpfte man Verdacht, weil Friedrich II. schon 1250 gestorben war, warf den Möchtegern in die Kloake und verjagte ihn. In Neuss hatte Kolup mehr Erfolg und konnte über ein Jahr Hof halten, wobei er seinen Erfolg besonders dem Umstand verdankte, dass er der Stadt in ihrer Opposition gegen die Steuerpolitik des amtierenden Kaisers Rudolf von Habsburg nach dem Munde redete. Doch vor dessen heranrückendem Heer musste Tile Kolup nach Wetzlar fliehen. Dessen Bürger lieferten ihn dem echten Kaiser aus, der den Usurpator am 7. Juli 1285 auf dem Scheiterhaufen verbrennen ließ.

• Dimitri, der Sohn Iwans, lebt! Er ist der rechtmäßige Zar und kommt, uns zu retten! So in etwa wird die Nachricht gelautet haben, die ab 1601 in Russland umlief. Wirtschaft und Gesellschaft des Zarenreichs waren durch die Terrorherrschaft Iwans des Schrecklichen, die den Adel ebenso getroffen hatte wie die Bauernschaft und die Klöster, ins Chaos gestürzt. Eine Hungersnot war ausgebrochen, doch die Regierung erwies sich als unfähig. Auf Iwan IV., der 1584 gestorben war, war nominell sein Sohn Fjodor gefolgt, aber die wirkliche Macht lag in den Händen von Iwans Schwager Boris Godunow, der sich 1598, nachdem Fjodor zu Tode gekommen war, zum Herrscher aller Reußen aufgeschwungen hatte.

1601 schien der Retter nahe: In Polen tauchte Iwans tot geglaubter Sohn Dimitri auf. Mit acht Jahren war er 1591 gestorben, doch das schien sich nun als Betrugsmanöver Boris Godunows zu erweisen. Es dauerte noch drei Jahre, dann stand Dimitri 1604 mit einem polnischen Heer an der russischen Westgrenze und verkündete seinen Untertanen:

«Gott hat mich, euren angeborenen Herrscher, mit unsichtbarer Hand geschützt und in seiner Obhut gehabt. Nun aber bin ich, Dimitri Iwanowitsch, Zarewitsch und Großfürst, volljährig geworden, und mit Gottes Hilfe ziehe ich, um den Thron meiner Vorfahren zu besteigen, gegen das Moskowiterreich, gegen das ganze russische Zarenreich. Und ihr, unsere angeborenen Untertanen, sollt eingedenk sein des Eides, den ihr durch Küssen des Kreuzes geschworen habt unserem Vater und uns, seinen Nachkommen, daß ihr in allem guten Willen eins werdet. Und deshalb sagt euch jetzt von unserem Verräter Boris Godunow los und tretet zu uns über.»

Dimitri hatte Glück: Das russische Heer, das seine Truppen besiegt hatte, lief zu ihm über, als die Meldung vom Tod Godunows, der an einem Blutsturz gestorben war, eintraf. Am 20. Juni 1605 zog Dimitri in Moskau ein.

Aber an der Macht halten konnte sich der neue Zar nicht. Dimitri regierte im Sinne der Bauern, die er für zehn Jahre von Abgaben befreite, aber er ignorierte die traditionellen Mächte, den Adel und die orthodoxe Kirche. Der 1604 zum Katholizismus übergetretene Dimitri bekreuzigte sich nicht vor den Ikonen, ließ seine Mittagstafel nicht mit Weihwasser besprengen, und statt das Tischgebet zu sprechen, ließ er weltliche Tafelmusik spielen; er heiratete die Polin Marina Mniszech, kleidete sich nach polnischer Art und pflegte überhaupt fremdartige Bräuche, ging nicht ins Dampfbad und selten in die Kirche. Bereits nach einem Jahr, am 17. Mai 1606, wurde er ermordet, sein Leichnam auf dem Roten Platz ausgestellt, verbrannt und die Asche mit einer Kanone verschossen.

Wer der falsche Dimitri wirklich war, ist bis heute ungeklärt. Am wahrscheinlichsten ist, dass es sich um einen entlaufenen russischen Mönch namens Grigori Otrepjew aus dem Moskauer Kloster Tschudow handelte – und im Hintergrund der polnische König Sigismund die Fäden zog.

Jedenfalls war dieser Dimitri der erste von rund 20 Abenteurern, die auf den Zarenthron wollten. Einer gab sich ebenfalls als Dimitri aus. 1608 hielt er in Moskau Hof; Marina, die 1606 dem Massaker im Kreml entkommen war, schloss sich ihm an. Zwei Jahre später wurde er ebenfalls ermordet. Marina aber gebar einen Sohn, Dimitri III., und rief nun den zum Zaren aus. 1614, unter der Herrschaft des ersten, ein Jahr zuvor an die Macht gelangten Romanow-Zaren Michail, wurde auch er getötet, sie selbst im Gefängnis erdrosselt.

• Man kann die Energie, die ein Hochstapler in sein falsches Spiel investiert, auch besser einsetzen, und dies, ohne sich oder anderen ernstlich zu schaden: indem man Schabernack treibt wie der Spaßvogel William Horace de Vere Cole. Der englische Aristokrat konnte es sich leisten, weil seine hohe Geburt ihn jeder materiellen Not enthob und er sonst keine Sorgen hatte. Eine kleine Auswahl seiner Schelmenstreiche:

Als Student an der Universität Cambridge kostümierte er sich als Sultan von Sansibar und stattete in Begleitung der Universitätsleitung seinen eigenen Kommilitonen einen hochoffiziellen Besuch ab. Ein andermal verkleidete er sich mit ein paar Freunden als Straßenarbeiter und hob eine Grube auf dem Piccadilly Circus aus. Es dauerte mehrere Tage, bis die Stadtverwaltung merkte, dass es sich um einen Schelmenstreich handelte, und die Grube zuschüttete. Auch dem 1924 und 1929–1931 als Ministerpräsident amtierenden Ramsay MacDonald von der Labour Party, dem Cole ähnelte, spuckte er gern in die Suppe, beispielsweise als er bei einem Gewerkschaftskongress schnurstracks ans Rednerpult trat und die Politik der Arbeiterpartei scharf angriff.

Sein größter Coup gelang ihm 1910. Das Flaggschiff der königlichen Marine, die HMS Dreadnought, ankerte vor Weymouth in der südwestenglischen Grafschaft Dorset, als ein Telegramm aus London dem Kapitän den Besuch einer Delegation äthiopischer Prinzen ankündigte. Diese traf mit einem Sonderzug ein, den ein Beamter des Auswärtigen Amtes namens Herbert Cholmondeley beschafft hatte: die US-amerikanische Schriftstellerin Virginia

Woolf, der Advokat Guy Ridley, der Maler Duncan Grant, der Schriftsteller und Offizier Anthony Buxton. Alle hatten sich dunkel geschminkt und exotisch gekleidet. Geführt von Cole alias Cholmondeley und begleitet von Virginia Woolfs Bruder Adrian Stephen, der den Dolmetscher markierte, schritten sie an Bord auf dem roten Teppich die Ehrengarde ab, während die Fahne von Sansibar gehisst und von der Kapelle die Hymne von Sansibar intoniert wurde. Die äthiopische Flagge und die Noten der Nationalhymne waren von der Schiffsbesatzung nicht aufzutreiben gewesen, aber die Besucher bewahrten schon deshalb Haltung, weil sie den Unterschied nicht bemerkten.

Danach ließen sie sich auf dem Schiff herumführen, sprachen entstelltes Latein, verliehen den Offizieren äthiopische Orden und baten am Abend um Gebetsteppiche. (Niemand wusste, dass das ferne Äthiopien ein christliches Kaiserreich war.) Imbiss und Getränke aber lehnten sie ab, weil sie fürchteten, ihre falschen Wulstlippen könnten abfallen. Fotografieren jedoch ließen sie sich. Schließlich kehrten sie nach London zurück, wo Cole & Co. der Presse von ihrem Ulk berichteten, der die Scherzvögel 4000 Pfund gekostet hatte – und ihnen heute womöglich humorlose Vorwürfe wegen rassistischen «Blackfacings» einbrächte.

Auf Abwegen unterwegs

Länder ohne festen Boden

Die Gegenwart ist anstrengend und leidvoll, also malt man sich eine ideale Welt aus. Das Leben ist mühsam und entbehrungsreich, folglich träumen die Menschen vom Schlaraffenland. 1516 beschrieb Thomas Morus in seinem Buch das herrliche «Utopia», das freilich, so die Bedeutung des griechischen Wortes, ein «Nirgendheim» ist und sich demnach im Nirgendwo befindet. Aber Literaten erfinden nun einmal, weil die Realität der Fantasie nicht genügend Spielraum lässt, Länder und Reiche, die «Mittelerde» (John Ronald Reuel Tolkien) oder «Liliput» (Jonathan Swift) bzw. «Wunderland» (Lewis Carroll) heißen.

Es ist klar, dass es sich nicht um reale Orte handelt. Ist auch Atlantis keiner? Der griechische Philosoph Platon berichtete im 4. Jahrhundert v. Chr. in zwei Dialogen, dem «Timaios» und dem «Kritias», von dieser sagenhaften riesigen Insel. Ihm zufolge wollten die Atlantiker, die Nordafrika bis Ägypten unter ihrer Gewalt gehabt hätten, einst Athen unterwerfen, seien aber zurückgeschlagen worden. Später sei ihre Insel mitsamt allen Bewohnern infolge von Erdbeben und Überschwemmungen im Meer versunken.

Seit der Antike zerbrechen sich die Leute den Kopf darüber, wo sich dieses Atlantis befunden hat; ziemlich sicher ist nur, dass die den Athenern unterlegenen Atlantiker, sofern es sie überhaupt gab, keine überlegene Technik besaßen, sonst hätten sie den Krieg doch wohl gewonnen. Einen wahren Kern könnte die Sage nichtsdestoweniger haben. Platon gedachte vielleicht mit seiner Erzählung seine mächtige Heimatstadt Athen zu feiern und Solon, den Begründer der athenischen Demokratie im 6. Jahrhundert v. Chr., zu rühmen, der in dem Text als siegreicher Feldherr und Befreier aufs Podest gehoben wird. Die Parallele zu Athens erfolgreichem Verteidigungskrieg gegen die Perser im 5. Jahrhundert v. Chr. ist nicht zu übersehen; wer genauer hinschaut, erkennt auch den Bezug zur Eroberung einer Athen vorgelagerten Insel zu Solons Zeit, die zwar nicht Atlantis, aber Salamis heißt.

Die Legende von Atlantis wäre demnach nicht mehr als ein literarisch verkleideter Lobpreis von Athens Geschichte und Machtstellung. Zum Fake wird die Sache, wenn die Erzählung für bare Münze genommen, als Geschichtsschreibung missverstanden und nach Belieben ausgeschmückt wird.

Platons Atlantis existiert ungeachtet realer Bezüge unzweifelhaft allein in der Fiktion, im Reich der Gedanken. Unzweifelhafte geografische Fakes aber gibt es auch. Erst 2012 wurde eines entlarvt: Die östlich von Australien gelegene Insel Sandy Island war auf See- und Wetterkarten, in Atlanten und auf Google Maps verzeichnet – aber sie existiert nicht, wie eine Forschungsexpedition herausfand. Anstelle des Eilands ergaben die Messungen der Wissenschaftler eine Meerestiefe von 1400 Metern. Vielleicht wurde die imaginäre Insel von einem kartografischen Institut mit der Absicht eingezeichnet, Plagiatoren zu überführen. Dann muss das Original, von dem alle abgekupfert haben, vor langer Zeit erstellt worden sein, weil keine Firma mehr in dieser Sache ihr Urheberrecht verletzt sah. Oder es war ein Spaßvogel.

Fallen zu stellen, um Kopisten zu entlarven, ist gängige Praxis bei Landkarten und Stadtplänen (und gewiss auch in Navis). Heute sind es nur falsche Details, früher jedoch nahm man sich mehr Freiheiten heraus: Beispielsweise trug der britische Geograf James Rennell 1789 das «Kong-Gebirge» in seine Karte des westlichen Afrikas ein. Dass es sich um eine Erfindung handelt, kam erst im späten 19. Jahrhundert zutage, als die letzten weißen Flecken auf dem Kontinent getilgt waren.

Rennell fälschte seine Karte, weil das Kong-Gebirge zu seiner Theorie von der Quelle des Niger passte. In anderen Fällen spielt die Politik die Hauptrolle. Bundesdeutsche Atlanten bildeten jahrzehntelang Deutschland in den Grenzen von 1937 ab, um die Hoffnung auf Rückgewinnung der ehemaligen Ostgebiete aufrechtzuerhalten bzw. in der Bevölkerung wachzuhalten.

Um Gebietsansprüche ging es ebenso, wenn im Zeitalter des Kolonialismus Landkarten manipuliert wurden. In Nordamerika setzten im 18. Jahrhundert die Briten und Franzosen im Wettlauf um Land auch dieses Mittel ein. Beispielsweise fertigte der aus Deutschland nach Großbritannien ausgewanderte Geograf Herman Moll 1720 die «Map of North America According to Ye Newest and Most Exact Observations» an, die so «most exact» nicht war, weil die französischen Kolonien Louisiana und Quebec maßstäblich zu klein eingezeichnet sind, das französische Labrador sogar als «New Britain» firmiert und der Atlantik «Sea of the British Empire» heißt.

Es war eine Retourkutsche, weil zwei Jahre zuvor der Franzose Guillaume Delisle die «Carte de la Louisiana et du Cours de Mississippi» veröffentlicht hatte. Sie war brillant und bis Ende des Jahrhunderts in Gebrauch; doch bei aller topografischen und geografischen Genauigkeit hatte sie ein Manko: Die englischen Kolonien an der Ostküste wurden gestaucht, die französischen westlich der Appalachen ausgedehnt, so dass sich ein riesiges französisches Gebiet neben einem kleinen, unbedeutenden britischen Areal erstreckte.

Nicht nur Machtpolitik trübt die Wahrnehmung. Dass seit dem Altertum eine «terra australis», ein mythisches Südland durch das Schrifttum geisterte, hatte nichts mit gewussten Tatsachen zu tun, sondern mit der Vermutung, dass es irgendwo im Süden eine Landmasse geben müsse, die nach antiker Vorstellung die Kontinente verbinde bzw. nach frühneuzeitlicher Auffassung ein Gegengewicht zu der Landmasse auf der Nordhalbkugel bilde. Das im 17. Jahrhundert von Holländern gesichtete Australien war es nicht, vielmehr müsste die Antarktis so heißen. Die wurde erst 1820 entdeckt, als der alte Name schon vergeben war. Sind die Darstellungen eines Südkontinents vor dieser Zeit, ob in Worten oder in Bildern, nun ein Fake?

Die Vinland-Karte

Echt oder falsch? Nicht immer fällt die Unterscheidung leicht. Dafür ist die berühmte Vinland-Karte ein Beispiel. Sie soll um 1440 gezeichnet worden sein und dokumentiert westlich von Grönland eine Landmasse, anscheinend das von den Wikingern «Vinland» genannte Neufundland. Dass die Nordmänner rund 500 Jahre vor Christoph Kolumbus Nordamerika entdeckten, ist heute durch Siedlungsspuren bewiesen. Auch Berichte, in denen die Namen «Helluland», «Markland» und «Vinland» stehen, wie die Territorien westlich von Grönland genannt wurden (und die wahrscheinlich für Baffinland, Labrador und das Gebiet am St.-Lorenz-Golf einschließlich der Neufundlandinsel stehen), sind zumindest noch aus der Zeit um 1350 überliefert. Sogar mittelalterliche Karten haben sich erhalten.

Eine davon ist die Vinland-Karte, eine Weltdarstellung, die außer Europa, Afrika und Asien drei Inseln im Westen zeigt: Grönland, Island und Vinland. Nachdem sie 1959 von der Yale-Universität erworben worden war, brauchten Experten acht Jahre, bis sie 1967 zu dem Schluss gelangten, sie sei echt. Zwar stimmten die Wurmlöcher im Pergament nicht mit denen der zwei Bücher überein, mit denen die Karte zusammengebunden war, als sie 1957 auftauchte. Dabei handelte es sich um Abschriften zweier im 13. Jahrhundert verfasster Werke: des «Speculum historiale» («Weltgeschichte») des Vinzenz von Beauvais und der «Historia

Tartaorum», einer «Geschichte der Tataren», die der Franziskaner Johannes de Plano Carpini nach seiner Missionsreise zu den Mongolen verfasst hatte. Wie es der Zufall wollte, waren just 1958 zwei andere Abschriften derselben Werke aus dem 15. Jahrhundert aufgetaucht. Hier passte alles zusammen, was bedeutete, dass irgendwann das ursprüngliche Konvolut auseinandergerissen worden war.

Nach weiteren sieben Jahren, 1974, kam eine andere Kommission zu dem gegenteiligen Ergebnis: Zwar stammte das Pergament der Karte ungefähr aus dem Jahr 1434. Doch beschriftet wurde es erst im 20. Jahrhundert, da die Tinte Titaniumdioxid enthält, das erst seit etwa 1920 verwendet wurde.

2009 eine vorsichtige Rolle rückwärts: Titaniumdioxid kann sich in Eisengallustinte, der im Spätmittelalter und der frühen Neuzeit üblichen Schreibflüssigkeit, bilden. Außerdem ist es eine natürliche Substanz, die durch Verunreinigung in die Tinte gelangt sein kann. Damit wäre die Vinland-Karte vielleicht doch echt.

Allerdings gibt es andere Einwände gegen die Echtheit. Ungewöhnlich ist schon, dass in einer Ecke der Karte ein kurzer Reisebericht enthalten ist, in dem Protagonisten aus den Vinland-Sagas auftreten. Ungebräuchlich ist ferner, dass Ortsnamen auf Latein angegeben sind und nicht wie sonst bei den Nordmännern üblich in der Volkssprache, wobei Island, das «Isolanda Ibernica» heißt, je nach Deutung sogar als spanische (iberica) oder irische (hibernica) Insel bezeichnet ist.

Manches ist falsch, manches befremdlich, manches fehlt: Im Unterschied zu bekannten mittelalterlichen Karten, die die Küstenlinie Nordamerikas abbilden, vermisst man die Namen Helluland und Markland. Auch ist Vinland eine Insel und keine Halbinsel, Landzunge oder Teil einer Landmasse. Das Gleiche gilt für Grönland: Eine Inschrift auf der Karte spricht von einer «langen Reise von der Insel Grönland aus zu den weit entfernten Teilen des westlichen Ozeans». Doch Grönlands Inselcharakter wurde erst Ende des 19. Jahrhunderts erkannt.

In der Vorstellung der Skandinavier war der Atlantische Ozean ein Binnenmeer. Sie glaubten an eine im hohen Norden gelegene Landbrücke von Grönland bis Norwegen; im Westen lag mit Grönland verbunden Helluland, dem sich südwärts Markland und Vinland anschlossen, wobei Letzteres, «wie einige Leute glauben, von Afrika ausgeht», wie es in einer um 1300 entstandenen Weltbeschreibung heißt.

Die große Mehrheit der Forscher stuft die Vinland-Karte deshalb als Falsifikat ein. Dass sich die Provenienz der Karte nur bis 1957 zurückverfolgen lässt, tut ein Übriges. Damals warf sie ein Buchhändler aus Barcelona auf den Markt, der sie für 3500 Dollar an den Mann brachte: Ein dubioser Antiquar namens Lawrence Witten aus Connecticut erwarb sie und verkaufte sie zwei Jahre später für 250000 Dollar der Yale-Universität in New Haven.

Der Verdacht liegt nahe, dass eine Fälschung wie so oft des Geldes wegen begangen wurde. Zu diesem Behufe sei jemand in den 1940/50er Jahren ans Werk gegangen, habe eine italienische Weltkarte aus dem 15. Jahrhundert als Vorlage genutzt und mithilfe der Vinland-Sagas fantasievoll ergänzt. Als Material verwendete er Pergament aus dem 15. Jahrhundert. Sodann wurde das fertige Produkt mit einem mehr oder weniger passenden mittelalterlichen Codex zusammengebunden und auseinandergerissen. Dieser Codex ist echt. Sollte die Karte das wider Erwarten auch sein, dürfte ihr Wert heute auf 25 Millionen Dollar beziffert werden.

Und doch spielte Habgier vermutlich nicht die Hauptrolle. Zwar ist der Fälscher bis heute nicht dingfest gemacht worden, aber verschiedene Inschriften auf der Karte deuten auf einen religiösen Menschen, auf einen überzeugten Katholiken. Der Verdacht richtet sich auf einen kroatischen Professor für Kirchenrecht und Kirchengeschichte, den 1922 verstorbenen Luka Jelić. Er wähnte die Wikinger bereits um das Jahr 1000 christianisiert und spekulierte über eine von ihnen errichtete römisch-katholische Kirchenprovinz in Nordamerika. Auf der Karte wird «Eric, Bischof des Heiligen Stuhls von Grönland und angrenzender Länder» erwähnt, der nach Vinland gereist und dort ein Jahr geblieben sei. Zwar nicht im 14., aber im frühen 12. Jahrhundert existierte ein Bischof Erik von Grönland ausweislich isländischer Annalen wirklich. So viel Geschick muss ein Fälscher schon haben – wenn es denn einer war …

Mu-Lan-Pi

Nach über 800 Jahren kam es heraus: Nicht Christoph Kolumbus hat Amerika entdeckt, sondern die Muslime! Recep Tayyip Erdoğan war es, der die Neuigkeit am 16. November 2014 verkündete. «Muslimische Seeleute erreichten schon 1178 Amerika», behauptete der damalige Ministerpräsident im türkischen Fernsehen und fuhr fort: «Kolumbus selbst erwähnte eine Moschee auf einem Hügel an der Küste Kubas.» Erdoğan berief sich auf chinesische Texte, denen zufolge Muslime nach Mu-Lan-Pi gesegelt seien. Dass mit Mu-Lan-Pi Spanien gemeint ist, verschwieg der gelernte islamische Prediger.

Potemkinsche Dörfer

Man hat es nicht in der Hand, wofür man der Nachwelt in Erinnerung bleibt. Der russische Staatsmann und Feldherr Fürst Grigori Alexandrowitsch Potemkin zum Beispiel: 1776 wurde er Generalgouverneur der südlichen Provinzen am Schwarzen Meer, die das Zarenreich im Russisch-Türkischen Krieg zwei Jahre zuvor erobert hatte und die zum «Gouvernement Neurussland» zusammengefasst wurden. Potemkin siedelte Bauern an, ließ Städte gründen, darunter Odessa, Sewastopol und Jekaterinoslaw (das heutige Dnjepropetrowsk), und sorgte für den Aufbau einer Schwarzmeer-

flotte. Der Nachwelt aber ist sein Name ein Synonym für Blend-
werk geworden, für leeren Schein, für grobe Täuschung durch Vor-
spiegelung falscher Tatsachen: eben für «Potemkinsche Dörfer».
Die Fama behauptet, bei der Inspektionsreise der Zarin 1787 habe
der Fürst lediglich rasch aufgebaute und künstlich bevölkerte
Dorfattrappen vorgezeigt und eine erfolgreiche Kolonisations-
politik vorgegaukelt.

   Eine kluge Herrscherin wie Katharina II. hätte sich kaum auf
so plumpe Weise täuschen lassen. Zudem gehörten fähige auslän-
dische Berater zu ihrer Entourage, wie der französische Gesandte
Graf Louis Philippe Ségur, der in österreichischem Dienst stehende Fürst Charles Joseph de Ligne und höchstpersönlich Kaiser
Joseph II. von Österreich. In ihren Aufzeichnungen berichten sie
nichts von Kulissendörfern, im Gegenteil. Der Kaiser war insbesondere von den mächtigen Befestigungsanlagen beeindruckt,
und der französische Diplomat Ségur bewunderte ausdrücklich
Potemkin als «ein wahres Wunder an Schaffenskraft», weil es ihm
gelungen war, «so viel zu erreichen, eine Stadt zu bauen, eine
Flotte zu schaffen, Festungen anzulegen und eine so große Bevölkerung zusammenzubringen».

   Nur in St. Petersburg erzählte man anderes. Dort kam das Ge-
rücht von den Fassadendörfern im neugewonnenen Süden auf,
weil Neider und Rivalen am Hof den Günstling und zeitweisen
Liebhaber der Zarin in Misskredit bringen wollten. Bis nach
Deutschland verbreitet wurde die üble Nachrede durch den säch-
sischen Diplomaten Georg Adolf Wilhelm von Helbig über die
Hamburger Zeitschrift «Minerva» und die Bücher «Potemkin.
Ein interessanter Beitrag zur Regierungsgeschichte Katharina's der
Zweiten» (1804), das ins Französische und Englische übersetzt
wurde, und «Russische Günstlinge» (1809). Dass die Verleum-
dung auf fruchtbaren Boden fiel, hatte gewiss damit zu tun, dass
Russland als neuer Akteur auf der Weltbühne von den etablierten
Mächten nicht willkommen geheißen und die Möglichkeit ergrif-
fen wurde, den Konkurrenten schlechtzureden.

Und doch: So falsch der Ursprung, so unangebracht der Name, so zutreffend ist manchmal, was seither als Potemkinsches Dorf bezeichnet wird. Als Helmut Schmidt 1981 die DDR bereiste und zum Besuch des Barlach-Museums in Güstrow Station machte, wurde die mecklenburgische Kleinstadt ein Potemkinsches Dorf, das von fröhlichen Leuten wimmelte und von Leben vibrierte. Die bundesdeutsche Delegation soll beeindruckt gewesen sein. Doch es war Schau, die Staatssicherheit hatte Tausende ihrer Leute eingesetzt, um eine blühende urbane Wirklichkeit vorzuspielen.

Urbanes Leben nicht erst simulieren müssen London und Paris. Aber sie selbst können simuliert werden! Während der 70er Jahre wurde in der südrussischen Steppe eine Kulissenstadt errichtet, die im Sommer als Paris und im Herbst als London herausgeputzt wurde und den Zweck hatte, verdienten Arbeitern und Bauern eine Urlaubsreise ins westliche Ausland vorzugaukeln. Wirklich? Nein – die Geschichte ist sozusagen selbst ein Potemkinsches Dorf, erfunden von Wladimir Kaminer in seinem 2004 erschienenen Buch «Die Reise nach Trulala». Die echten Kulissenstädte stehen woanders und dienen dem Militär: Junction City in der kalifornischen Mojave-Wüste simuliert eine Stadt aus dem Orient, während Schnöggersburg nahe Magdeburg mitteleuropäisches Gepräge trägt. Was die Bundeswehr wohl dort übt?

Paradies Südsee

Die wenigsten Menschen sind ein Narr auf eigene Faust. Die meisten passen sich den anderen an. Schon im persönlichen Umgang verhält man sich je nach Situation anders, weil man sein Reden und Tun auf die vermuteten Erwartungen des Gegenübers abstimmt. Für Soziologen, Psychologen, Anthropologen, Volkskundler, Völkerkundler und überhaupt alle Feldforscher ist das eine Hürde auf dem Weg zu empirisch richtigen Ergebnissen. Ein berühmtes Beispiel, wie man in die Irre gehen kann, lieferte die US-amerikanische Ethnologin Margaret Mead.

Seit 1925 erforschte sie die Kulturen der Südseebewohner und legte ihre Erkenntnisse in den Büchern «Coming of Age in Samoa» (1928; deutscher Titel: «Mündigwerden auf Samoa»), «Growing up in New Guinea» (1930; «Kindheit und Jugend in Neuguinea») und «Sex and Temperament in Three Primitive Societies» (1935; «Jugend und Sexualität in primitiven Gesellschaften») nieder. Sie avancierten zu Klassikern der Völkerkunde und prägten das romantische Bild von der Südsee als einem Paradies der Freizügigkeit, einem traumhaft schönen Gegenentwurf zur rigiden, lustfeindlichen Zivilisation des Westens. Vor allem Meads These, dass Kinder sich am besten entwickeln, wenn man ihnen denkbar viel Freiraum gewährt und sie in geschlechtlichen Dingen zwanglos und spielerisch sich entfalten lässt, sorgte für Aufsehen, beflügelte später die sexuelle Liberalisierung in den USA und Westeuropa in den 1960er und 1970er Jahren und mündete im Konzept der antiautoritären Erziehung.

Nur hatte Margaret Mead geschummelt. Was sie in der Südsee über Kindheit und Jugend, Erziehung und Geschlechtsleben notierte, stimmte mit der Wirklichkeit nicht überein. Beispiel Samoa: Da sie kaum etwas von der einheimischen Kultur wusste und die Sprache nicht beherrschte, logierte sie bei einer nordamerikanischen Familie, ohne am Leben der Eingeborenen teilzunehmen. Sie hatte keinerlei Kontakt zu den Männern und interviewte ausschließlich Mädchen, die ihr jedoch nicht sagten, wie sie tatsächlich aufwuchsen, sondern das erzählten, was die von ihrer puritanischen Heimat frustrierte Volkskundlerin hören wollte.

So kam Mead zu dem Befund, dass diese Naturkinder infolge der liebevollen und nachsichtigen Erziehung keine Pubertätsdramen durchlitten und später nicht an Neurosen und Schuldkomplexen erkrankten, dass Eifersucht, Vergewaltigung und Mord unbekannt seien. In den Erzählungen der Mädchen kamen diese

Dinge nicht vor, weil sie spürten, dass die US-Amerikanerin davon nichts hören wollte. Aber sie wussten von solchen Dramen und Verbrechen. Spätere Forscher mussten feststellen, dass in der Erziehung drakonische Strafen gebräuchlich waren, die außer von den Eltern sogar von den älteren Geschwistern verhängt wurden, und dass schwere seelische Erkrankungen genauso häufig waren wie in den Industriegesellschaften, ja, dass es mehr Selbstmorde, Vergewaltigungen und Morde gab als in den USA.

Das Bild, das Mead von den Gesellschaften der Südsee zeichnete, entsprang ihrem Wunschdenken. Das galt auch für andere ihrer Befunde, etwa die Behauptung von der großen Friedfertigkeit der Arapesh auf Neuguinea, eines Papua-Stammes. Tatsächlich bekriegten die Arapesh einander, um Frauen zu rauben.

Begreiflich waren die Missverständnisse durchaus, denen Margaret Mead erlag. Das Selbstverständnis der Europäer und Nordamerikaner, an der Spitze der Zivilisation zu stehen, war durch das Völkergemetzel des Ersten Weltkriegs schwer erschüttert. Angesichts dieses sittlichen Tiefstands mochten viele Intellektuelle den moralischen Hochmut gegenüber den sogenannten Wilden nicht länger teilen. Auf der Suche nach dem Ursprünglichen, Unverfälschten, Unschuldigen, nach dem Reinen wanderte ihr Blick zu den unerforschten Völkern in Afrika, am Amazonas, in der Südsee. Sie gingen zu den «Naiven» – und manche erwiesen sich dann selbst als naiv, zum Beispiel Margaret Mead.

Die gute Natur heiligt die Mittel

Dass die Indianer ein ideales Verhältnis zur Natur pflegten und die Südseeinsulaner ein ungezwungenes, von freier Liebe erfülltes Leben führten, sind Mythen, die mit der Wirklichkeit nicht viel zu tun haben. Zeitweise waren sie in den westlichen Industriegesellschaften jedoch populär.

• Ein Spruch ging um die Welt: «Erst wenn der letzte Baum gerodet, der letzte Fluss vergiftet und der letzte Fisch gefangen ist, werdet ihr merken, dass man Geld nicht essen kann.» Die Weissagung sollte von den im Einklang mit der Natur lebenden nordamerikanischen Indianern stammen und wurde mal den Cree, mal den Hopi zugerechnet, was nicht ganz richtig und durchaus falsch ist. Zum einen betrieben auch die Indianer mitunter Raubbau an der Natur, doch in den 70er und 80er Jahren machte man sich ein romantisches, wenig wirklichkeitsnahes Bild von ihnen.

Was zum anderen den Urheber des Zitats betrifft, so soll es eine Seherin unter den Cree gewesen sein, die nach einem tiefen Blick in die Zukunft gesagt habe: «Wenn die Erde verwüstet ist und die Tiere sterben, wird ein neuer Stamm auf die Welt kommen, der aus Menschen vieler Farben, Klassen und Glaubensrichtungen bestehen wird. Sie werden durch ihre Taten die Erde wieder grün machen und Krieger des Regenbogens genannt werden.» Das wäre eine Vision, die den Mythen anderer Völker von Weltuntergang und -neuschöpfung ähnelt, aber erheblich jüngeren Datums als diese sein muss, da die nordamerikanischen Ureinwohner von Menschen anderer «Farben, Klassen und Glaubensrichtungen» erst seit der europäischen Entdeckung ihres Kontinents wissen. Auch der Regenbogen als Symbol für die Einheit aller Menschen, die Harmonie mit der Natur und ein spirituell erfülltes Leben klingt weniger nach steinzeitlicher indianischer Philosophie als nach kalifornischem New Age – oder auch nach christlichem Endzeitdenken: 1525 hatten die Bauernkrieger unter Thomas Müntzer unter der Regenbogenfahne gekämpft, die ihnen das Symbol für das nahe Reich Gottes war. Sie knüpften an das Alte Testament, wo der Regenbogen den Bund Jahwes mit Noah anzeigt (1 Mose 9,13–17) und für die Herrlichkeit Gottes steht (Hesekiel 1,28), sowie an die Apokalypse an: Ein Regenbogen ist um Gottes Thron (4,3), und man sieht einen «starken Engel vom Himmel herabkommen» mit einem «Regenbogen auf seinem

Haupt», der verkündet, «daß hinfort keine Zeit mehr sein soll», und offenbart: «Vollendet ist das Geheimnis Gottes» (10,1–7). An diesem chiliastischen Glauben dürften so manche weißen Einwanderer in «God's own country» festgehalten und an die missionierten Indianer weitergegeben haben, die aus ihm eine letzte Hoffnung auf Erlösung schöpfen konnten.

Bekannter und besser belegt als die undatierte, zudem kaum wegen ihres Wortlauts, sondern nur der Gesinnung nach als Vorläufer des genannten Spruches interpretierbare Weissagung der anonymen Cree-Squaw ist die Rede des namentlich bekannten Häuptlings Seattle (was die anglisierte Form seines Namens Si'ahl ist; die Stadt im US-amerikanischen Nordwesten wurde nach ihm benannt). Er ist allerdings kein Cree, sondern vom Stamm der Suquamish und Duwamish. In Erinnerung blieb er, weil er 1854 eine Ansprache vor Isaac Stevens hielt, dem Gouverneur des Washington-Territoriums (und späteren Bundesstaates der USA). Der getreue Wortlaut seiner Ansprache ist allerdings nicht überliefert. Erst am 29. Oktober 1887, 33 Jahre später und 21 Jahre nach Seattles Tod, brachte ein Ohrenzeuge, der Journalist Henry A. Smith vom «Seattle Sunday Star», sie zu Papier. Der Häuptling soll demnach gesagt haben:

«Und wenn der letzte rote Mann von der Erde verschwunden und die Erinnerung des weißen Mannes an ihn zur Legende geworden ist, dann werden diese Gestade übervoll sein von den unsichtbaren Toten meines Stammes. (…) Dann werden sie wimmeln von den zurückkehrenden Scharen, die einst dieses wunderbare Land bevölkerten und es jetzt noch lieben.»

Von Naturschutz ist nirgends die Rede. Die ersten, die von ihm nachgewiesenermaßen sprechen, sind keine Indianer, sondern Weiße. Der früheste hieb- und stichfeste Beleg für den berühmten Spruch findet sich in einem offiziellen, den Zeitraum vom 17. März 1893 bis 1. Dezember 1894 abdeckenden Bericht an den Gouverneur von North Dakota. Darin führt der «State Fish and Game Commissioner» Klage, «dass es heutzutage Leute gibt, die willens sind, den letzten Baum, den letzten Fisch, den letzten Vogel und das letzte Tier zu vernichten und nichts der Nachwelt zu hinterlassen, wenn damit Geld verdient werden kann.»

Denkbar ist immerhin, dass der Beamte diesen Gedanken aus dem Mund eines Indianers aufgeschnappt hat. Sicher ist, dass hier die Quelle liegt, aus der 70 Jahre später ein gewisser Ted Poole schöpfte, als er in den «Conversations with North American Indians» folgenden Satz notierte: «When the last tree is cut, the last fish is caught, and the last river is polluted; when to breathe the air is sickening, you will realize, too late, that wealth is not in bank accounts and that you can't eat money.» (Wenn der letzte Baum gefällt, der letzte Fisch gefangen und der letzte Fluss vergiftet ist; wenn die Atemluft krank macht, werdet ihr, zu spät, erkennen, dass Wohlstand nicht in Bankkonten besteht und dass ihr Geld nicht essen könnt.)

Ungefähr zur gleichen Zeit traten William Willoya und Vinson Brown auf den Plan und brachten die Hopi ins Spiel. Sie leben, anders als die im Nordwesten beheimateten Cree und Suquamish, im weit entfernten nordöstlichen Arizona, im Navajo-Reservat. 1962 hatten Willoya und Brown das Buch «Warriors of the Rainbow» (deutscher Titel: «Im Zeichen des Regenbogens. Träume und Visionen des indianischen Volkes») veröffentlicht. Zum Schluss erzählen sie eine angebliche Legende der Hopi nach, die die von der Cree-Visionärin bekannten Regenbogenkrieger mit der Vorstellung von gerodeten Wäldern, vergifteten Flüssen und ausgerotteten Fischen zusammenbrachte.

Zwar ging es den beiden christlichen Autoren nicht um Ökologie und ins Verderben führende menschliche Hybris: Sie wollten indianische Mythen mit ihrem Glauben an die Erlösung durch die Wiederkunft des Messias Jesus Christus parallelisieren und die Spiritualität der amerikanischen Ureinwohner für die Evangelisierung missbrauchen. Doch in diesem ihrem Geist stand 1972 Ted Perrys Film «Home» (deutscher Titel: «Söhne der Erde»), in dem die indianisch-christliche Legende von der Produzentenfirma Southern Baptist Convention aufgegriffen und, Überraschung, Häuptling Seattle in den Mund gelegt wurde.

Wie verschlungen die Entstehung des Spruchs und wie schwer zurückverfolgbar seine Entwicklung auch war: Damit trat er seinen Siegeszug um die Welt an.

• Über anderthalb Millionen Mal wurden sie seit 1973 verkauft und in zahlreiche andere Sprachen, vom Dänischen über das Finnische bis zum Japanischen, übersetzt: «Die Reden des Südseehäuptlings Tuiavii aus Tiavea», deren Adressat «Der Papalagi» (so der Titel des Buches) war. Über fünfzig Jahre lang war das Buch, das erstmals 1920 erschienen war, von der breiten Öffentlichkeit unbemerkt geblieben, bis die deutsche Ökobewegung es entdeckte. Es ist voller Abscheu vor der modernen Zivilisation, vor der Stadt, wo der moderne Mensch in «steinernen Truhen» lebt, vor dem Geld, das anstelle der Liebe «seine Gottheit» ist, vor dem Überfluss der «vielen Dinge», vor dem entfremdeten Leben und der entfremdeten Arbeit des Menschen, denn «er isst Fische, geht aber nie zum Fischen, er isst Früchte, bricht aber nie eine Frucht vom Baume», weil das «Fische-Fangen» oder das «Früchte-Brechen» fremde Leute übernehmen, die das von Berufs wegen Tag für Tag tun müssen – kurzum: «Der Papalagi», was in der Sprache der Samoaner «der Himmelsdurchbrecher, der Weiße» bedeutet, lebt von Grund auf verkehrt. Das kam in der alternativen und der Ökoszene gut an, zumal in der vernichtenden Kritik das Ideal des naturnahen, wahren Lebens der unverdorbenen Menschen in jener Südsee durchscheint, die so weit entfernt ist, dass das Wunschbild nicht durch eigene Erfahrung zerstört werden kann.

Das Ganze war Dichtung, nicht Wirklichkeit. Kein Südseehäuptling, sondern der angebliche Übersetzer und Herausgeber seines Ergusses Erich Scheurmann war der Autor. 1914 war er in die deutsche Kolonie Samoa gereist, um Stoff für eine Südseegeschichte zu sammeln. 1915 verließ er die Inselgruppe wegen des Ersten Weltkriegs und ging in die noch neutralen USA, wurde

1917 als feindlicher Ausländer interniert und kehrte 1918 nach Deutschland zurück.

Sein Aufenthalt in der Südsee war kurz, weshalb er weder mitbekam, dass die Samoaner nicht jene blumige Sprache sprachen, in der der angebliche Häuptling seine Erkenntnisse verkündet, noch registrierte er, dass ihnen die Zivilisaton keineswegs fremd oder unwillkommen war; Geld ebenso wie technische Geräte waren ihnen vertraut.

Scheurmann kleidete seine Zivilisationskritik in ein fremdes Kostüm, um sie glaubwürdiger erscheinen zu lassen und mit Autorität auszustatten. Das ist ein legitimes Verfahren, wenngleich es normalerweise dazu gehört, den literarischen Trick offenzulegen.

Im Fall des «Papalagi» kommt indes etwas hinzu: Es handelt sich mehr oder weniger um ein Plagiat, dessen Idee und Motive geklaut sind.

Bereits 1912/13 hatte der Schriftsteller und Marineoffizier Hans Paasche nach dem Vorbild von Montesquieus «Persischen Briefen» in der Zeitschrift «Der Vortrupp. Zeitschrift für das Deutschtum unserer Zeit» – sie war der Lebensreformbewegung zuzurechnen – in sechs Folgen «Die Forschungsreise des Afrikaners Lukanga Mukara ins innerste Deutschland» beschrieben. Darin rechnete er scharf mit der Lebensweise, der Gesellschaftsordnung und dem Kolonialismus der Weißen ab.

Erst postum, ein Jahr nach dem «Papalagi», erschien die Serie als Buch. Scheurmann hatte wahrscheinlich gehofft, aus der Zeitschriftenquelle schöpfen zu dürfen, ohne ertappt zu werden, und hatte Glück sowie einen Erfolg, der das Original in den Schatten stellte: Seit 1976, zuletzt 2009, wird auch das Buch Hans Paasches (der übrigens als Pazifist und Sozialist 1920 von Reichswehrsoldaten ermordet wurde) immer wieder aufgelegt, ohne je ähnlichen Erfolg wie der romantisch verlogene «Papalagi» zu haben.

Geschichten aus der Geschichte II

Bismarcks Kunst des Möglichen

Mit dem Satz «Politik ist die Kunst des Möglichen» formulierte vor rund 150 Jahren Otto von Bismarck die Maxime der Realpolitik. Wenn sich ihm die Chance bot, nutzte er denn auch ohne Skrupel die Möglichkeit, die Realität zu manipulieren. Das bekannteste Beispiel ist die berühmte Emser Depesche, mit der es ihm gelang, Frankreich die Schuld am Krieg von 1870/71 in die Schuhe zu schieben.

Die Beziehungen zwischen den deutschen Staaten und dem französischen Kaiserreich waren seit Jahrzehnten angespannt. Die Krise kulminierte, als sich 1870 Prinz Leopold von Hohenzollern-Sigmaringen um den vakanten spanischen Thron bewarb. Napoleon III. intervenierte, damit Frankreich nicht in eine preußisch-spanische Zange genommen würde. Mit Erfolg: Am 12. Juli 1870 zog Fürst Anton von Hohenzollern für seinen Sohn die Kandidatur zurück. Das in Bad Ems weilende Oberhaupt des Hauses Hohenzollern, der preußische König Wilhelm I., bestätigte dem französischen Gesandten Vincent Graf Benedetti den Verzicht auf die spanische Krone, womit die Kriegsgefahr gebannt schien. Zum Unwillen Bismarcks: Er strich den Text des Telegramms zusammen, in dem ihm Wilhelms Berater Heinrich Abeken von der Unterredung berichtete, und veränderte den Wortlaut so, dass der Eindruck entstand, der französische Botschafter sei unverschämt gegen den König aufgetreten, der ihn daraufhin brüsk abfertigen musste. Die redigierte Version gab Bismarck entgegen der diplomatischen Etikette an die Presse. Die gewünschte Wirkung trat ein, die deutsche Presse jubelte über die Zurückweisung, die in ihrem Stolz verletzten französischen Nationalisten in Presse und Parlament dagegen tobten, und die Regierung ging in die Falle. Am 19. Juli erklärte Frankreich den Krieg und stand vor aller Welt als Aggressor da.

Bismarcks Kalkül ging auch in anderer Hinsicht auf, weil die süddeutschen Staaten Baden, Bayern, Hessen-Darmstadt und Württemberg sich Preußen anschlossen und nach dem Sieg über Frankreich zur Gründung des Deutschen Reiches unter Preußens Führung bereit waren. Darauf hatte Bismarck seit vielen Jahren hingearbeitet und Preußen bereits in zwei Kriege, 1864 gegen Dänemark und 1866 gegen Österreich, geführt.

Der Realpolitiker hatte das Mögliche erkannt und verwirklicht. In ähnlicher Weise ergriff er acht Jahre später die Gelegenheit beim Schopf, die erstarkende Arbeiterbewegung niederzuhalten. Die am 21. Oktober 1878 erlassenen Sozialistengesetze, mit denen alle sozialdemokratischen, sozialistischen oder kommunistischen Vereine, Versammlungen und Druckschriften verboten wurden, kamen abermals durch das Geschick des seit 1871 als Reichskanzler Amtierenden zustande, der Öffentlichkeit einen Bären aufzubinden.

Die mit dem Gründerkrach von 1873 einsetzende, lang anhaltende und mit einer Teuerung verbundene Wirtschaftskrise hatte die Furcht der Großagrarier und Industriellen vor Streiks und Unruhen verstärkt. Es war in ihrem Interesse, die Sozialdemokratie zu verbieten und andere Aufwiegler auszuschalten. Nur: Die Sozialdemokraten übten sich zwar in revolutionärer Rhetorik, praktisch aber waren sie handzahm.

Doch dann geschah es: Am 11. Mai 1878 gab der Klempnergeselle Max Hödel in Berlin zwei Schüsse auf den Unter den Linden in offener Kalesche fahrenden (und unverletzt bleibenden) Kaiser

Wilhelm I. ab, bevor er überwältigt werden konnte. Noch selbigen Tags sah Bismarck seine Chance gekommen und telegrafierte dem Staatssekretär Bernhard Ernst von Bülow: «Sollte man nicht von dem Attentat Anlass zu sofortiger Vorlage gegen Sozialisten oder deren Presse nehmen?» Dass Hödel von der Sozialistischen Deutschen Arbeiterpartei, wie die SPD damals noch hieß, als Mitglied ausgeschlossen worden war, hinderte den Reichskanzler ebenso wenig wie die Tatsache, dass Hödel sich der Christlich-Sozialen Volkspartei des antisemitischen Hofpredigers Adolf Stoecker angeschlossen hatte. Hätte man diese Leute mit der Kraft der Logik ins Visier genommen – man hätte sich lächerlich gemacht.

Der Reichstag lehnte das alsbald eingebrachte Gesetz ab; Liberale und katholisches Zentrum verweigerten die Zustimmung. Der Zufall kam Bismarck zu Hilfe. Am 2. Juni 1878 wurde abermals ein Anschlag auf den Kaiser verübt. Der arbeitslose Akademiker Dr. Karl Eduard Nobiling schoss aus dem zweiten Stock des Hauses Unter den Linden 18 mit einer Schrotflinte auf den Monarchen und verletzte ihn am Kopf, den Armen und am Rücken. Sich selber schoss der Täter in den Kopf, blieb aber angeblich so weit bei Besinnung, um sich als Sozialdemokrat zu bekennen, bevor er starb. Das Bekenntnis erwies sich als falsch, der Doktor war kein Mitglied. Doch Bismarck benutzte die Falschnachricht und war hinsichtlich der Liberalen zuversichtlich, dass sie das Gesetz nicht länger ablehnen würden; er soll gesagt haben: «Jetzt habe ich die Kerle. Jetzt drücke ich sie an die Wand, dass sie quietschen.»

So kam es: Im Oktober stimmte der Reichstag dem «Gesetz gegen die gemeingefährlichen Bestrebungen der Sozialdemokratie» zu, das bis 1890 in Kraft blieb – so lange, wie Bismarck im Amt war. Danach war die Sozialdemokratie zu stark geworden, um sie länger unterdrücken zu können.

«Bumm! Bumm! Aber viel lauter!»

Mitte des 19. Jahrhunderts gebar das europäische Pressewesen den Typus des sogenannten unechten Korrespondenten. Zeitungen, die etwas auf sich hielten, wollten Auslandsberichte aus erster Hand, statt die Meldungen der Nachrichtenagenturen abzudrucken, die 1835 von Charles Havas in Frankreich, 1849 von Bernhard Wolff in Berlin und 1858 von Julius Reuter in London gegründet worden waren.

Auslandskorrespondenten zu unterhalten, war jedoch teuer. Nicht wenige Zeitungen spielten ihren Lesern deshalb ein Theater vor, so etwa die «Neue Preußische Zeitung» (alias «Kreuzzeitung»), für die der Journalist und Schriftsteller Johann George Ludwig Hesekiel aus Frankreich berichtete – und zwar von Berlin aus. Seine Korrespondententätigkeit endete erst, als sich öffentlich herumgesprochen hatte, dass der von ihm oft zitierte Marquis mit den hervorragenden Beziehungen in höchste Regierungskreise nicht existierte. Theodor Fontane hingegen, der noch aus London berichtete, als er schon nach Berlin umgezogen war (s. S. 48), flog nicht auf.

In Berlin wohnte auch der Satiriker, Parodist und Possenschreiber Julius Stettenheim, Hauptautor des von ihm gegründeten humoristischen Wochenblatts «Berliner Wespen» bzw. «Deutsche Wespen». Dank ihm erblickte 1877 ein Reporter namens Wippchen die Welt, der bis 1905 aus allen Gegenden des Globus und mit Vorliebe von den Kriegsschauplätzen seine Originalberichte sandte.

Es waren wahrlich originelle Berichte! «Mit dem ersten Hahnenschrei des Sonnengottes verfügte ich mich auf das zu erwartende Feld der Ehre», beginnt Wippchen am 11. Mai 1877 couragiert seine erste Reportage, die über den Krieg zwischen Russland und der Türkei. Bis Anfang 1878 reiht sich ein fesselnder Bericht an den anderen, in denen ein enflammierter Wippchen dem Schlachtgewühl «sowohl mit einem Tohu als auch einem Bohu» aus Redensarten, Metaphern, geflügelten Worten und klassischem Bildungsgut nacheifert. «Die Kugeln fielen wie die Fliegen», meldet er und lobt: «Die Türken kämpften mit dem Muthe der Verzweiflung, der man die Jungen geraubt»; doch «der Kanonendonner war schrecklich. Bumm! Bumm! Aber viel lauter!»

Für so viel Dramatik konnte sich die Redaktion bei ihrem Korrespondenten nur bedanken: «Ihr wertes Gemetzel haben wir erhalten.» Der hatte freilich statt Kanonendonner nur das Kratzen seiner Feder auf dem Papier gehört: Er saß im idyllischen Provinzstädtchen Bernau bei Berlin, und das Ganze war eine von A bis Z von Julius Stettenheim konstruierte und geschriebene Satire, die aus drei Teilen bestand: zuerst das Mahnschreiben der fiktiven Redaktion an ihren angeblichen Reporter, denn «erst gestern hat sich uns einer Ihrer werten Kollegen empfohlen, welcher bereit ist, die Zeile Schlacht für fünf Pfennige zu liefern»; dann der Antwortbrief Wippchens, der zum Schluss die Redaktion anzupumpen versucht («Vom Vorschuß schweige ich heute. Aber ich bitte Sie, mir umgehend einen solchen zu senden», denn «von der Kirchenmaus kann ich nicht leben»); und als Höhepunkt des Blendwerks die Reportage.

Stettenheim gelang mit seiner Figur des Berichterstatters «Wippchen», dessen erfundene Reportagen und Korrespondenzen zwischen 1878 und 1905 in 16 Bänden gesammelt wurden, eine Satire sowohl auf das betrügerische Korrespondentenwesen als auch auf die damals herrschende militaristische Gesinnung. Dabei vergaß Stettenheim vor lauter Spaß am sprachlichen Getümmel nicht, wer am blutigen schuld ist: «Die drei Minister beriethen über die Abrüstung», schildert Wippchen 1881 ein deutsch-österreichisch-russisches Gipfeltreffen: «von Giers war dagegen, Fürst Bismarck wollte nicht, und Graf Kalnoky hielt die Sache für verfrüht. Nun sollten die Würfel entscheiden. Sie wurden in einem goldenen Becher gebracht. Jeder Minister warf 18, worauf die drei Herren ein Stündchen zur Tagesordnung übergingen.»

Anders als seine servilen Zeitgenossen nutzte Stettenheim auch gern die Gelegenheit, Gift in das Verhältnis zu den gekrönten Häuptern zu träufeln. Wippchen über einen Staatsakt in Spanien: «Da entstand ein Gedränge, und ein Gelehrter, der ausweichen wollte, stolperte und stürzte vor die erhabenen Füße des Königs zu Boden. ‹Was es auch sei›, sprach der König, ›es sei Euch gewährt!› – Und was war es? Der Gelehrte hatte sich das Knie aufgeschlagen. Der König nahm sein Wort trotzdem nicht zurück.»

Hinter Wippchens blutrünstigen Schilderungen verbarg sich ein unzeitgemäß friedfertiges Gemüt. Um journalistische Verschmocktheit auf den bösen Punkt zu bringen, brauchte Stettenheim eine andere, weniger sympathische Figur und erfand die Person des namenlosen «Interviewers», in der Aufgeblasenheit und Ahnungslosigkeit eine Allianz eingehen: «‹Was führt mich zu Ihnen?› fragte ich den Minister, um das Gespräch zu eröffnen», ein selbstredend hochwichtiges Gespräch «Unter vier Augen» (so der Titel des Sammelbands 1895), das oft so endet: «Er zeigte dann auf die Thür, als wollte er andeuten, daß ich durch dieselbe noch recht oft wieder eintreten möchte. So raubte mir denn der berühmte Feldherr nicht länger meine kostbare Zeit.»

Julius Stettenheim spielte mit offenen Karten: Seine Leser wussten Bescheid. Die Leser der Interviews und Auslandsberichte in den seriösen Zeitungen konnten nicht so sicher sein – genau wie die Mediennutzer heute.

Die Kriegsbegeisterung 1914

1. August 1914: Hunderte, Tausende drängen sich auf den Plätzen, als die Kriegserklärung an Russland verlesen wird. Sie brechen in Hochrufe aus, schwenken Hüte und werfen sie in die Luft. Auf den Straßen umarmen sich wildfremde Leute. Die Kirchenglocken läuten. Studenten melden sich noch am selben Tag als Kriegsfrei-

willige. Am Abend ziehen junge Leute singend durch die Gassen. Die Soldaten, die in den nächsten Tagen an die Front fahren, werden auf den Bahnhöfen festlich verabschiedet, die Honoratioren schwingen patriotische Reden, eine Kapelle schmettert vaterländische Weisen, an den Waggons sind übermütige Parolen voller Siegeszuversicht zu lesen. Der Kaiser kennt keine Parteien mehr, nur Deutsche. Die anderen Fürsten im Reich eifern ihm nach. «Begeistert folgen auch wir Württemberger dem Rufe des Kaisers!», erklärt Wilhelm II. von Württemberg. Die Zeitungen berichten von einer einzigen Hurra-Stimmung und einer das ganze deutsche Volk ergreifenden Kriegsbegeisterung.

Jahrzehntelang prägte dieses Bild die Erinnerung an die Augusttage 1914. Erst in den 1970er Jahren, als neben den großen Staatsaktionen mählich die Alltagsgeschichte in den Blickpunkt rückte, begannen Historiker diese Version anzuzweifeln, aber in der Öffentlichkeit war der Glaube an den Enthusiasmus bei Kriegsbeginn noch Anfang des 21. Jahrhunderts tief verankert. Es dauerte genau hundert Jahre, bis im Jahr 2014 im Zuge der großen Rückschau auf die Urkatastrophe des 20. Jahrhunderts endlich ein ungefälschtes Bild von jenen Augusttagen ins allgemeine Bewusstsein sickerte.

Denn in Wirklichkeit hielt sich der Jubel in Grenzen. Die parteiische, auch zensierte Presse und die staatliche Propaganda waren das eine, die Stimmung in der Bevölkerung etwas anderes. «Beklemmung» und «Betrübnis» prägten vielerorts die Seelenlage auf dem Land; «die Männer weinten, die Weiber schluchzten», notierte ein bayerischer Dorfpfarrer. Nicht anders in der Stadt: «Kein Jubel, keine Begeisterung», aber «Ernst und Bedrückung» herrschen vor, vermerkte ein Berliner in seinem Tagebuch und sah «viele Frauen mit verweinten Gesichtern». Zwar nahm er «Hochrufe und singende Gruppen vor dem Kronprinzenpalais» wahr, doch dass «die Weiterwegstehenden passiv» verharrten, blieb ihm nicht verborgen. «Grauen erfüllt die Seelen», vermerkte ein Bürger der schwäbischen Kleinstadt Ebingen, und in Freiburg im Breisgau löste die Nachricht vom Krieg Bestürzung aus: «Das wuchtete wie ein Hammerschlag auf Herz und Hirn.»

Verlässliche Zahlen, wem der Krieg willkommen war und wer ihn als Verhängnis erkannte, gibt es nicht. Fest steht, dass die Masse derer, die ihn ablehnten, öffentlich unsichtbar blieb und kein Gehör fand: die kleinen Leute, die Proletarier, Landarbeiter und Angestellten und besonders die Frauen. Sie kamen weder zur Sprache, noch wurden sie von den Fotografen ins Bild gerückt. Ebenso fest steht, dass es die höheren Stände waren, in denen der Krieg auf Zustimmung stieß: beim nationalistisch denkenden Bürgertum, bei den Lehrern, den Professoren, der akademischen Jugend, die sich Abenteuer erträumte, und beim Militär, das seit Langem einen europäischen Krieg erhoffte.

Die Journalisten, zumeist im Bürgertum verankert, waren national gesinnt und ließen sich von dem Rausch, der ihre eigene soziale Schicht erfasst hatte, mitreißen. Auch wer anders dachte, mochte da – Stichwort: selektive Wahrnehmung – von der Hochstimmung ringsumher geblendet werden. Selbst der Radikaldemokrat und Kriegsgegner Kurt Tucholsky, Sohn eines Großbürgers, wähnte eine allgemeine «Kriegsbesoffenheit» wahrzunehmen und erinnerte sich 1925 in der Rezension eines französischen Kriegsalbums an nichts anderes, als dass «auf beiden Seiten der Grenze (…) Hüte geschwenkt, Mäuler aufgerissen, Generale anhurrat» wurden.

Nicht Tucholsky, aber viele andere Künstler und Schriftsteller, auch sie meist Abkömmlinge der bürgerlichen Klasse, beteiligten sich an der geistigen Mobilmachung. «Krieg! Es war Reinigung, Befreiung, was wir empfanden, und eine ungeheure Hoffnung», schrieb Thomas Mann 1914 im Essay «Gedanken im Kriege». In den Unterschichten aber gingen Sorge und Angst um. Die einfachen Leute ahnten, dass sie das Kanonenfutter sein würden. Zudem wussten die Familien, die schon im Frieden von Geldnot geplagt wurden, kaum, wie sie im Krieg über die Runden kommen sollten.

Dass mit der SPD die Opposition versagte und sie am 4. August 1914 im Reichstag die Kriegskredite bewilligte, konnte zwar den Eindruck hervorrufen, das ganze deutsche Volk ziehe an einem Strang. Nichtsdestoweniger kann von einer alle Klassen und Schichten der Bevölkerung ergreifenden Kriegsbegeisterung nicht die Rede sein. Selbst die Reichstagsfraktion der SPD beging ihren verhängnisvollen Fehler nicht aus Enthusiasmus, sondern weil sie der extra auf sie zugeschnittenen Propaganda auf den Leim ging, dass andernfalls Deutschland wehrlos dem reaktionären, kriegslüsternen Zarenreich anheimfalle.

Es war Lug und Trug, und der Überschwang, mit dem manche in den Krieg zogen, wich bald der Ernüchterung. «Auch für mich gibt es kein Halten mehr», notierte der Studiosus Andreas Wilmer am Abend des 1. August 1914: «Wie alle meine Kommilitonen habe ich mich sofort freiwillig gemeldet.» Er dürfte es bald bereut haben. «Jetzt sitze ich hier, von Grauen geschüttelt», schrieb einer dieser jungen Kriegsfreiwilligen im Herbst 1914 aus Flandern an seine Mutter.

Die Dolchstoßlegende

November 1918: Im Felde unbesiegt, wurde das deutsche Heer hinterrücks von den Verrätern in der Heimat erdolcht. Nicht aufgrund der militärisch hoffnungslosen Lage, sondern wegen der Revolution, die den Soldaten in den Rücken fiel, unterlag Deutschland im Ersten Weltkrieg. Das besagt die in der Weimarer Republik von den deutschnationalen Parteien verbreitete Dolchstoßlegende, die die Schuld an der Niederlage den Sozialdemokraten, Kommunisten und Juden zuschob.

Es war der Jurist und Politiker Ernst Müller-Meiningen, dessen ursprünglich liberale Gesinnung im Weltkrieg eine nationalistische Wende genommen hatte, der den Begriff bereits wenige Tage vor dem Umsturz benutzte. Er registrierte die revolutionäre Gärung im kriegsmüden Volk und rief am 2. November 1918 im Münchner Löwenbräukeller zum Durchhalten auf: «Wir müssten uns vor unseren Kindern und Enkeln schämen, wenn wir der Front in den Rücken fielen und ihr den Dolchstoß versetzten!»

Am 17. Dezember 1918 tauchte das Wort wieder auf. Die «Neue Zürcher Zeitung» berief sich auf die englische «Daily News», die den britischen Generalmajor Frederick Maurice wie folgt zitiert habe: «Was die deutsche Armee betrifft, so kann die allgemeine Ansicht in das Wort zusammengefasst werden: Sie wurde von der Zivilbevölkerung von hinten erdolcht.» Der General hatte das Zitat zwar abgestritten, aber es verbreitete sich. Noch am selben Tag griff die «Deutsche Tageszeitung» es auf, und dass der Feind sein Urheber sein sollte, machte es besonders glaubwürdig.

Das Wort vom hinterrücks erdolchten Heer war damit in der Welt, und Generalfeldmarschall Paul von Hindenburg sowie Generalquartiermeister Erich Ludendorff von der Obersten Heeresleitung griffen es auf, um das eigene Versagen zu kaschieren: Ludendorff in seinen 1919 erschienenen «Kriegserinnerungen 1914–1918», Hindenburg am 18. November 1919 vor dem von der Nationalversammlung eingerichteten «Untersuchungsausschuss für die Schuldfragen des Weltkriegs». In seinen 1920 veröffentlichten Memoiren «Aus meinem Leben» reicherte er die Dolchstoß-Metapher noch an, indem er das Bild vom Meuchelmord am Recken Siegfried vor Augen rief: «Wie Siegfried unter dem hinterlistigen Speerwurf des grimmen Hagen, so stürzte unsere ermattete Front; vergebens hatte sie versucht, aus dem versiegenden Quell der heimatlichen Kraft neues Leben zu trinken.»

In Wirklichkeit war nicht die Revolution die Ursache der Niederlage, sondern die Lage an der Front. Aber mit der Autorität der obersten Kriegsherren versehen, war die Dolchstoßlegende für Konservative und Nationalisten die willkommene Erklärung für die plötzliche Wendung, die der Krieg genommen hatte, nachdem der Bevölkerung vier Jahre lang mit Siegespropaganda eingeheizt worden und gerade einmal ein halbes Jahr zuvor das besiegte Russland mit dem am 3. März 1918 geschlossenen Friedensvertrag von Brest-Litowsk aus dem Krieg ausgeschieden war.

Indes hatte bereits 1916 die Oberste Heeresleitung erkannt, dass ein Sieg ausgeschlossen war, und ein Angebot der Reichsregierung zu Friedensverhandlungen gebilligt. 1917 befand sich Deutschland an der Westfront endgültig in der Defensive. Seit dem Kriegseintritt der USA hatte sich die Lage kontinuierlich verschlechtert und sich im Sommer 1918 dramatisch zugespitzt, nachdem der letzte Versuch einer deutschen Offensive erfolglos geblieben und der Feind an mehreren Stellen durchgebrochen war. Im August schätzte die Oberste Heeresleitung die militärische Lage als aussichtslos ein, am 29. September 1918 forderte sie die deutsche Regierung zu unverzüglichen Friedensverhandlungen auf. Das deutsche Heer befand sich auf breiter Front auf dem Rückzug, die Disziplin unter den Soldaten bröckelte und ließ sich täglich weniger aufrechterhalten, ein verbündeter Staat nach dem anderen ging von der Fahne.

Öffentlich faselte die Oberste Heeresleitung noch von einem «Siegfrieden», den man erzwingen wolle. Hinter den Kulissen drängte sie auf einen sofortigen Waffenstillstand. Der wurde am 11. November 1918 unterzeichnet: Hindenburg und Ludendorff hielten sich geschickterweise heraus und schickten bürgerliche Politiker vor. Matthias Erzberger von der katholischen Zentrumspartei, der die deutsche Delegation leitete, wurde drei Jahre später von Nationalisten ermordet.

Obwohl die Dolchstoßlegende bereits in den 1920er Jahren durch parlamentarische Untersuchungsausschüsse und vor Gericht – insbesondere im sogenannten Münchner Dolchstoßprozess von Oktober/November 1925 – widerlegt wurde, hielten die rechten Parteien an ihr fest. Sie trug dazu bei, die durch einen Sozialdemokraten ausgerufene Republik schlechtzumachen.

Die entschärfte Version, die Mär von der «im Feld unbesiegten Truppe», fand auch im liberalen und sozialdemokratischen Lager Abnehmer. «Nicht besiegt und nicht geschlagen» sei die deutsche Armee, rief Kölns Oberbürgermeister Konrad Adenauer den heimkehrenden Truppen zu, und Reichspräsident Friedrich Ebert meinte der Nation ähnliche Trostworte verabreichen zu müssen.

Damit gossen sie ahnungslos Wasser auf die Mühlen der deutschnationalen Politiker und ihrer Wähler. Die «Novemberverräter» wurden verteufelt, während die Generäle niemand zur Rechenschaft zog. Kurt Tucholsky schrieb 1922 in dem Aufsatz «Revolution beim preußischen Kommiß», in dem er auf die letzten Kriegstage zurückblickte: «Ich habe an keiner Stelle damals – weder von den Mannschaften noch von den Offizieren – etwas davon gehört, daß die Heimat uns erdolcht hätte. (...) Das ist erst später aufgekommen, als Ludendorff in freudigem Schreck erkannt hatte, daß er seinen Hals noch hatte.»

Der Sinowjew-Brief

SPD zu wählen, spöttelte 1930 der Berliner Kurt Tucholsky, gibt ein beruhigendes Gefühl. «Ein älterer, aber leicht besoffener Herr», so der Titel seiner Satire, bringt es auf den Punkt: «Man tut wat for de Revolutzjon, aber man weeß janz jenau: mit diese Pachtei kommt se nich.»

Damals galt die SPD als marxistische Partei, wenngleich ihre Politik bereits bürgerlich war. Auch ihre britische Schwester, die Labour Party, war radikal nur in Worten. Nichtsdestoweniger war das Establishment entsetzt, als sie im Januar 1924 erstmals in einer Koalition mit der kleinen liberalen Partei die Regierung übernahm und mit dem Schotten Ramsay MacDonald den Ministerpräsidenten stellte. Der Aufbau des Sozialismus war nicht sein Ziel; die Aufhebung der Steuern auf die Volksgetränke Tee und Kaffee war das Äußerste, was er innenpolitisch durchsetzen konnte.

Außenpolitisch war MacDonald, der auch das Amt des Außen-
ministers bekleidete, ehrgeiziger: Er erkannte die UdSSR diplo-
matisch an, womit er die 1917 eingetretene Realität akzeptierte,
und leitete Verhandlungen über ein britisch-sowjetisches Kredit-
abkommen ein.

Da platzte am 25. Oktober 1924, wenige Tage vor den Wahlen
zum Unterhaus, die Bombe: Die stockkonservative «Daily Mail»
veröffentlichte einen Brief der Komintern, der dritten Kommunistischen Internationale, an das Zentralkomitee der britischen
Kommunistischen Partei. «Es ist unabdingbar, die Massen des
britischen Proletariats aufzuwiegeln und die Armee der arbeits-
losen Proletarier in Bewegung zu bringen», heißt es in dem Schreiben, das anscheinend auf der Sitzung der Komintern am 15. September in Moskau formuliert worden und vom Vorsitzenden des
Exekutivkomitees Grigori J. Sinowjew unterzeichnet worden war.
Die «lieben Genossen» werden aufgefordert, die Lenin'sche Lehre
zu verbreiten, den Klassenkampf zu fördern, eine militärische
Führung für die weiteren Auseinandersetzungen zu bilden und
die Revolution in Angriff zu nehmen: «Prüft die Listen der wehr-
pflichtigen Männer und wählt die fähigsten und energischsten
Leute für den Aufstand aus.»

MacDonald verurteilte in einer Note an die sowjetische Regierung diese «Einmischung von außen in die inneren Angelegenheiten Großbritanniens» scharf. Das half ihm so wenig wie die
Erklärung der sowjetischen Botschaft, die den Brief als plumpe
Fälschung bezeichnete. Die Regierungskoalition ging bei den
Wahlen am 29. Oktober unter, woraufhin am 6. November 1924
die Konservativen unter Stanley Baldwin ans Ruder kamen. Die
revolutionäre Rhetorik des angeblichen Sinowjew-Briefes hatte
ihre Schuldigkeit getan: Vor dem Gespenst des Bolschewismus
liefen die Wähler scharenweise weg und gingen im sicheren Hafen
der bürgerlichen Politik vor Anker.

Der Beweis, dass der Brief eine Fälschung war, kam zu spät.
Wenngleich die Affäre nicht restlos aufgeklärt ist und einige De-

tails unklar sind, fest steht, dass es sich um ein vom britischen Geheimdienst eingefädeltes Komplott handelte, der unter Labour seine Auflösung befürchtete. Er bediente sich russischer Exilanten in Berlin, zu denen der in englischen Diensten stehende Spion Sidney Reilly den Kontakt herstellte. Er stammte aus Odessa (sein richtiger Name ist bis heute nicht vollständig entschlüsselt und könnte Sigmund Markowitsch Rosenblum oder Georgi bzw. Salomon Rosenblum gelautet haben) und war ein in der Wolle gefärbter Antikommunist, der in Moskau «den Erzfeind der menschlichen Rasse zu voller Reife» wachsen sah und in den Bolschewisten «Monster von Kriminalität und Perversion» erblickte. Drei weitere Namen werden in der Sinowjew-Affäre genannt: Alexis Bellegarde und Alexander Gumansky, zwei ehemalige zaristische Offiziere, und Sergej Druschelowski, ein ehemaliger Weißgardist, die in Berlin im Exil lebten; sogar eine Adresse ist bekannt: Eisenacher Straße 117, die Wohnung der beiden Erstgenannten. Hier soll der Brief aufgesetzt worden sein, dessen Tenor Reilly verschärfte, indem er sich geschickt revolutionärer Phrasen aus Schriftstücken der Komintern an kommunistische Bruderparteien außerhalb der Sowjetunion bediente, um die Furcht der Briten vor einem Umsturz anzuheizen. Schließlich wurden vier (möglicherweise sieben) Kopien im Umlauf gesetzt, von denen eine an die «Daily Mail» ging (eine andere z. B. an die «Times»). 1970 entdeckte ein Jurastudent an der Bostoner Harvard-Universität im Nachlass eines Sowjetologen vier Fotoplatten – die Handschrift war die Reillys, der in kyrillischer Schrift niedergelegte Text entsprach dem Wortlaut des «Red Letter», der als «Sinowjew-Brief» in die politische Geschichte eingegangen war.

Die «Daily Mail», die anders als die seriöse «Times» den Sinowjew-Brief veröffentlichte, sympathisierte übrigens in den 1930er Jahren mit den britischen Faschisten, begrüßte 1933 die «notwendigen Maßnahmen einer jungen Bewegung», womit die Nazi-Regierung gemeint war, und warb noch 1940 für eine Zusammenarbeit mit Hitlerdeutschland.

Der Reichstagsbrand

«Riesenbrand im Reichstag» titelte der sozialdemokratische «Vorwärts» am 28. Februar 1933 und berichtete in Fettdruck: «Gestern in der zehnten Abendstunde brach im Reichstagsgebäude an mehreren Stellen zugleich ein Riesenbrand aus. Das Feuer ergriff den Sitzungssaal und schlug bald zur Kuppel heraus. Die Feuerwehr aus ganz Berlin wurde zusammengezogen. Der Sitzungssaal brannte vollständig aus. Es liegt Brandstiftung vor.»

Am Abend des 27. Februar hatte der Postbote kurz nach 21 Uhr als Letzter das Reichstagsgebäude verlassen. Wenige Minuten später meldete ein Bürger der Polizei, er habe eine Fensterscheibe klirren gehört und Licht bemerkt. Kurz darauf war ein Feuerschein zu sehen. Die Feuerwehr traf um 21.18 Uhr ein, doch breitete sich der Brand schnell aus. Kurz vor halb zehn wurde der Niederländer Marinus van der Lubbe in dem Gebäude ergriffen und abgeführt. Das berichtete auch der «Vorwärts», der sich auf das Wolffsche Telegraphenbüro, die damalige deutsche Nachrichtenagentur, berief: «WTB. meldet in später Stunde in seinen Berliner Lokalnachrichten, ein niederländischer Kommunist sei der Täter; er habe gestanden. Im Gegensatz dazu erklärt die zuständige Polizeistelle, daß diese Gerüchte nicht bestätigt werden können.»

Später schienen sich diese zu verdichten, so dass bis in die jüngste Vergangenheit die Einzeltäterschaft des 24-jährigen Holländers als erwiesen galt. Ein Zeuge hatte ihn in den Reichstag einsteigen sehen, er wurde auf frischer Tat ertappt und hatte bereits in den Tagen zuvor mehrere Brände gelegt: im Neuköllner Wohlfahrtsamt, im Neuköllner Rathaus und im Berliner Schloss. Außerdem leugnete er die Tat vor dem Reichsgericht nicht.

Zweifel an Lubbe als Alleintäter bestanden gleichwohl von Anfang an. Die Nazis selbst behaupteten eine kommunistische Verschwörung, doch die mitangeklagten Bulgaren Georgi Dimitroff, Blagoi Popoff und Wassil Taneff sowie der Fraktionsvorsitzende der KPD im Reichstag, Ernst Torgler, mussten freigesprochen werden. Vor Gericht zerpflückte Dimitroff derart gekonnt die Anklage, dass die Radioübertragung der Verhandlung abgebrochen wurde. Marinus van der Lubbe hingegen, der während des Prozesses seltsam apathisch wirkte, wurde zum Tod verurteilt und am 10. Januar 1934 enthauptet – aufgrund eines am 29. März 1933 rückwirkend, also unter Missachtung eines grundlegenden rechtsstaatlichen Prinzips erlassenen Gesetzes.

Das Gericht hatte Lubbe als Einzigen verurteilt, aber nicht als Einzeltäter eingestuft. Die kurze Zeit zwischen Brandlegung und Aufflammen des Plenarsaals machte es unwahrscheinlich, dass der Holländer allein zugange war. Der chemische Gutachter Wilhelm Schatz hatte Spuren von Phosphor und Schwefel festgestellt, was auf Brandbeschleuniger wies. Da deren Einsatz an verschiedenen Stellen erfolgte, das Feuer aber schlagartig ausbrach, mussten mehrere Hände im Spiel sein.

Das Gutachten verschwand im Archiv, und die Nazipropaganda konzentrierte sich auf van der Lubbe. Die Frage, wie der halbblinde Niederländer sich in dem ihm unbekannten Gebäude zurechtgefunden haben konnte, wurde ebenso ignoriert wie die Möglichkeit, dass sich die wahren Brandstifter über den Heizungstunnel zwischen dem Gebäude des Reichstagspräsidenten (dem heutigen Sitz der Deutschen Parlamentarischen Gesellschaft) und dem Reichstag einschleichen konnten. Diese Version vertrat nach dem Krieg Hans Bernd Gisevius, damals Gerichtsassessor, dann Mitarbeiter der Geheimen Staatspolizei Gestapo und elf Jahre später einer der Mitverschwörer vom 20. Juli 1944. Ihm zufolge war ein SA-Kommando unter Führung von Hans-Georg Gewehr durch den unterirdischen Gang in den Reichstag gelangt und hatte das Feuer gelegt. Doch sein einstiger Vorgesetzter, der erste Gestapo-Chef Rudolf Diels, wies das in einer 1949 im «Spiegel» erschienenen Artikelserie zurück.

Damit war der Streit nicht beendet. Dass er noch jahrzehntelang anhielt, hatte nicht nur einen juristischen Grund. Der andere war politisch: Der Reichstagsbrand gab den Nationalsozialisten die Handhabe, den Reichspräsidenten Paul von Hindenburg schon am folgenden Nachmittag zum Erlass der «Notverordnung zum Schutz von Volk und Staat» zu bewegen, die die Grundrechte außer Kraft setzte. Tausende Kommunisten wurden verhaftet und die ersten Konzentrationslager errichtet. Die Presse- und Meinungsfreiheit, das Versammlungs- und Vereinsrecht, das Post- und Fernmeldegeheimnis und die Unverletzlichkeit der Wohnung waren innerhalb von nicht einmal 24 Stunden abgeschafft. Die Ausgabe des «Vorwärts» vom 28. Februar 1933 war die letzte.

War Lubbe allein verantwortlich, dann war der Anschlag ein Beweis für die Mitschuld der Linken am Untergang der Weimarer Republik, was dem antikommunistischen Zeitgeist in der jungen Bundesrepublik entsprach. Statt angesichts eines drohenden Bürgerkriegs bloß für Ruhe und Ordnung zu sorgen, hätte die NS-Führung die Gunst der Stunde genutzt. Zugespitzt formuliert: Ohne das von links drohende Chaos – jahrelang hatten Saal- und Straßenschlachten zwischen Nazis und Kommunisten getobt – wäre Deutschland nicht in die Diktatur gestolpert; und ohne die rote Gefahr wären die Liberalen nicht den Nazis auf den Leim gegangen und hätten nicht im März 1933 dem Ermächtigungsgesetz zugestimmt, womit die Katastrophe unaufhaltsam war. (Notabene war die Erinnerung an die Umstände der Machtergreifung der Nazis der Grund für den breiten Widerstand gegen die Verabschiedung der Notstandsgesetze 1968.)

Waren die Nazis die Drahtzieher bzw. Täter, gab es keine Ausrede: Sie allein hatten planvoll die Demokratie zerstört und Deutschland auf den Weg geführt, auf dem es fast die halbe Welt in den Abgrund gerissen hätte.

Dass allein die Nazis von der Tat profitierten, steht außer Frage. Dass sie eine solche herbeiwünschten, ebenfalls. «Erst einmal muß der bolschewistische Revolutionsversuch aufflammen!», notierte Joseph Goebbels am 31. Januar 1933 in sein Tagebuch. Vier Wochen später konnte er sich die Hände reiben und schon in der

Nacht vom 28. Februar auf den 1. März die Verhaftung von 5000 Nazigegnern im ganzen Reich zur Kenntnis nehmen. Sie kann keine improvisierte Aktion gewesen, sondern muss vorbereitet worden sein. Beispielsweise hatte der Höhere Polizeiführer West in Recklinghausen schon am 18. Februar alle Polizeidienststellen angewiesen, bis zum 26. Februar Listen mit den Namen und Adressen sämtlicher Führer der KPD und nahestehender Organisationen anzulegen. Am Nachmittag des 27. Februar unkte der schon genannte Rudolf Diels als Leiter der Politischen Polizei in einem Telegramm an seine Dienststellen von bevorstehenden Gewaltakten der KPD und ordnete an: «Geeignete Gegenmaßnahmen sind sofort zu treffen, kommunistische Funktionäre erforderlichenfalls in Schutzhaft zu nehmen.» Das Kabel ging um 14.59 Uhr raus, sechs Stunden vor der Brandlegung.

Als die Flammen aus der Reichstagskuppel loderten und die Feuerwehr anrückte, konnte sie nicht verhindern, dass das Gebäude ausbrannte: Feuerwehrleute berichteten, sie seien von Personen in Polizeiuniform mit vorgehaltener Pistole an den Löscharbeiten gehindert worden. Die Protokolle wurden ebenso verheimlicht wie die Tatsache, dass die SA bereits vor 1933 eine Truppe unterhielt, die auf Brandstiftung spezialisiert war.

Vieles wies auf die Nazis, doch auch nach 1945 behauptete sich die Lesart vom Alleinschuldigen Marinus van der Lubbe. Zehn Jahre nach Rudolf Diels war es der Ministerialrat im niedersächsischen Landesamt für Verfassungsschutz Fritz Tobias, der die Vorlage für eine 1959/60 im «Spiegel» publizierte Serie lieferte, die auf van der Lubbes Alleintäterschaft abstellte. Redigiert wurde sein Manuskript beim «Spiegel» von Paul Karl Schmidt, zuvor Pressechef im NS-Außenministerium im Rang eines SS-Obersturmbannführers. Nicht nur er hatte ein persönliches Interesse, sondern auch der 1933 ermittelnde Kommissar Walter Zirpins, der zum Leiter des niedersächsischen Landeskriminalamtes aufgestiegen und ein Kollege von Tobias war. Zirpins' Vergangenheit im besetzten Polen als Kripochef im jüdischen Ghetto von Lódź war höchst verdächtig. Konkret drohte ihm Ende der 50er Jahre ein Verfahren wegen Strafvereitelung zugunsten der Nationalsozialisten bei der Aufklärung des Reichstagsbrands. Tobias sprang ihm bei und schilderte ihn als objektiven Ermittler und untadeligen Beamten, womit er aus der Schusslinie geriet.

Fritz Tobias war Hobbyhistoriker. Um der Theorie vom Einzeltäter van der Lubbe die akademische Weihe zu verleihen, bedurfte es eines wissenschaftlich ausgebildeten Autors. Der erste Versuch ging schief: Der Historiker Hans Schneider wurde 1960 vom Münchner Institut für Zeitgeschichte beauftragt und legte zwei Jahre später ein 56-seitiges Exposé mit über 400 Fußnoten vor, das unter dem Titel «Neues vom Reichstagsbrand» Tobias' Arbeit grundlegend in Zweifel zog: «Es ist erwiesen beziehungsweise wird erwiesen werden, dass die Zeugenaussagen eine Alleintäterschaft Marinus van der Lubbes ausschließen und dass der entgegenstehende Eindruck von Tobias nur durch eine Art der Argumentation und Dokumentation gewonnen und glaubhaft gemacht werden konnte, die in der Wissenschaft ohne Beispiel ist und vom arglosen Leser nicht für möglich gehalten wird.»

Daraufhin schaltete sich Tobias ein und ließ durchscheinen, im Fall einer Veröffentlichung die NS-Mitgliedschaft des IfZ-Direktors Helmut Krausnick publik zu machen. Krausnick war bereits 1932 der NSDAP beigetreten. Er parierte, entzog Schneider den Auftrag und gab ihn seinem Institutsmitarbeiter Hans Mommsen. Der hatte zugleich die Aufgabe zu verhindern, dass Schneider seine Studie anderswo veröffentlichte, und beriet sich mit dem Rechtsanwalt des Instituts, Ludwig Derp. In einer Aktennotiz hielt Mommsen das Ergebnis fest: Da Schneider Oberstudienrat war, sah man die Möglichkeit, über das Kultusministerium auf ihn einzuwirken oder «rasch und energisch alle Druckmittel, die in unmittelbarer Verfügung des Instituts stehen, auch da, wo sie einer endgültigen juristischen Prüfung nicht standhalten, auszuspielen».

Lügen, Erpressung, Intrige – die Schuldfrage in Sachen Reichstagsbrand war brisant in einer noch von Nazis verseuchten Republik. Was man sagte und schrieb, konnte über Aufstieg oder Fall nicht nur der alten Kameraden, sondern auch der jungen Demokraten entscheiden. Mommsen passte sich an. Während Hans Schneider ausgebootet wurde, erarbeitete er die Expertise zum Beweis der Einzeltäterschaft. Im Herbst 1964 erschien sie in den vom IfZ herausgegebenen «Vierteljahresheften für Zeitgeschichte». Brav resümierte er, dass die Kriminalpolizei 1933 solide ermittelt und die Wahrheit herausgefunden hätte. Der spätere Professor für Neuere Geschichte sparte drei Jahre nach dem Bau der Berliner Mauer nicht mit Lob und gab nebenbei die politischen Beweggründe seines Fazits preis: «Es ist ein bedeutsames Nebenprodukt der Analyse von Fritz Tobias, die hintergründige und bis in die Gegenwart reichende Wirkung der kommunistischen Fälschungen dargetan zu haben.»

Noch im Jahr 2001 hielt der «Spiegel» in einem Artikel mit der Überschrift «Flammendes Fanal» an der Alleintäterthese fest; ja, Ende 2014 behauptete der ehemalige «Spiegel»-Chefredakteur Martin Doerry in einem Interview des NDR-Magazins «Zapp», diese These sei «inzwischen geltende historische Auffassung» und «allgemein akzeptiert». Ob seine Sicht wegen der angebräunten Vergangenheit des «Spiegel» verdunkelt war oder nicht – Doerry irrte. Namhafte Fachleute wie der britische Historiker Ian Kershaw hingen längst nicht mehr der Einzeltätertheorie an. Selbst das IfZ hatte sich 2001 von Mommsens Aufsatz distanziert. Um endgültig die ziemlich vordergründige und bis in die jüngste Gegenwart reichende Wirkung der nationalsozialistischen Manipulationen darzutun, musste aber erst jemand von draußen kommen: Benjamin Carter Hett aus New York. In seinem 2016 erschienenen Buch «Reichstagsbrand. Wiederaufnahme eines Verfahrens» entlarvt der Professor für Geschichte die Annahme einer Einzeltäterschaft Marinus van der Lubbes als absurd. Konkrete Personen in der NS-Hierarchie als Drahtzieher hinter den Kulissen und Brandstifter vor Ort kann er 80 Jahre nach dem Anschlag zwar nicht mehr dingfest machen und, wenn auch der Name Hans-Georg Gewehr im Raum steht, beweisfest überführen, doch der Personenkreis ist eng und die Mittäterschaft der SA sicher.

Nicht ganz sicher, aber sehr wahrscheinlich ist zudem, dass van der Lubbe Provokateuren aufsaß. Wenige Tage vor dem Reichstagsbrand prahlte er vor seinen Gesinnungsgenossen von der Allgemeinen Arbeiterunion AAU mit «einflußreichen Freunden», mit denen er eine «revolutionäre Aktion als Fanal» plane, die der Beginn eines Aufstands sei. Ob die dilettantischen Brandanschläge in Neukölln und Unter den Linden schon gemeinsame Übungsarbeiten waren oder erst durch sie die Nazis auf den Einfaltspinsel van der Lubbe verfielen, bleibt offen. Geschlossen ist die Akte Alleintäterschaft.

25 000 oder lieber 250 000 Tote?

Wie viele Tote gab es bei den britischen und US-amerikanischen Luftangriffen auf Dresden vom 13. bis 15. Februar 1945: 25 000? Oder 35 000? Vielleicht 100 000, womöglich 250 000, wenn nicht eine halbe Million? Bei keiner anderen deutschen Stadt, die im Zweiten Weltkrieg bombardiert wurde, wurde über die Zahl der Opfer so heftig gestritten.

Dabei wusste man schon 1945 Bescheid. Doch es brauchte 60 Jahre, bis alle Zweifel ausgeräumt waren: Die im November 2004 eingesetzte Historikerkommission kam 2010 nach gründlicher Prüfung aller Dokumente und archäologischen Befunde zu dem Ergebnis, dass es personengenau identifizierte, d. h. namentlich bekannte 20 100 Tote gab. Hinzu kommt eine Dunkelziffer von bis zu 5000 Bombentoten, die nicht namentlich registriert wurden; nachgewiesenermaßen anonym bestattet wurden 2600 Personen. Zutreffend ist folglich eine Gesamtzahl von knapp 23 000 und höchstens 25 000 Opfern.

Nicht nur die grotesk überhöhten Zahlen konnten widerlegt, sondern auch einige Mythen entkräftet werden. Dazu gehört die Geschichte von den alliierten Tieffliegern, die aus der Stadt fliehende Menschen beschossen hätten. In die Welt gesetzt hat sie Rudolf Sparing am 4. März 1945 in der von ihm geleiteten Zeitschrift «Das Reich». In dem Beitrag «Der Tod von Dresden. Ein Leuchtzeichen des Widerstands» behauptete er, dass die «britische Luftflotte mit Bordwaffen unter den Menschenmassen auf den Grünflächen ein Blutbad an(richtete)».

Was es gab, waren Luftkämpfe zwischen deutschen Jagdfliegern und dem die Bomberflotten begleitenden Geschwader, was durch Abschusslisten belegt ist. Hingegen gibt es keinen einzigen Bericht – weder ein offizielles Protokoll des deutschen Militärs noch einen privaten Brief – über Angriffe von Tieffliegern auf die Bevölkerung. Denkbar ist, dass Jagdflieger bei den Luftkämpfen in Bodennähe gerieten und Feuerstöße die Erde getroffen haben. Aber die auf Wunsch der Historikerkommission vom Kampfmittelräumdienst durchgeführte Suche nach Bordgeschossen in den Elbauen blieb ergebnislos.

Auch die Erzählung vom Phosphorregen erwies sich als falsch. Von den Nazis erfunden, hielt sich die Mär über alle politischen Umbrüche bis in die jüngste Zeit. Indes: Phosphor haben die Alliierten nach dem Luftangriff auf Hamburg im August 1943 nicht mehr eingesetzt. Was die Augenzeugen im Februar 1945 in Dresden sahen, waren weiße Leuchtmunition, um das Ziel auszuleuchten, und Stabbrandbomben.

Einer weiteren Legende zufolge war die Bombardierung Dresdens militärisch sinnlos. Dem steht schon die Tatsache entgegen, dass die Stadt am 1. Januar 1945 zur Festung erklärt worden war und angesichts der Roten Armee, die auf 100 Kilometer herangerückt war, mit dem Anlegen von Panzersperren und -gräben, Artilleriestellungen und Minenfeldern begonnen wurde. Aber auch ohne diese Befestigungsmaßnahmen war Dresden militärisch wichtig als Eisenbahnknotenpunkt und als Kommandozentrale der deutschen Wehrmacht für die südöstliche Front. Ganz zu schweigen von den Rüstungsbetrieben in Dresden und Umgebung: 1944 produzierte die Mehrzahl der Unternehmen im sogenannten Elbflorenz für die Armee.

Dass die Dresdner nicht mehr mit einem Luftangriff rechnen konnten, weil sie so lange verschont geblieben seien, stimmt ebenso wenig. Bis Mitte 1944 war die Stadt für alliierte Bomber unerreichbar. Doch seit August 1944 gab es Angriffe: Am 24. August wurde die in südwestlicher Nachbarschaft gelegene Stadt Freital, am 7. Oktober der Dresdner Güterbahnhof Friedrichstadt bombardiert. Vor dem 13. Februar 1945 waren in Dresden und Umgebung bereits 845 Personen durch Luftangriffe ums Leben gekommen.

Wie sind nun aber, denn das ist der Kern der um Dresden gewobenen Legende, die falschen Opferzahlen der Bombardierung vom 13. bis 15. Februar 1945 zustande gekommen?

Die Dresdener SS übermittelte einen Monat später die Zahl von 20 000 Toten nach Berlin mit dem Zusatz, insgesamt sei mit 25 000 zu rechnen. «18 375 Gefallene, 2212 Schwerverwundete, 13 718 Leichtverwundete» verzeichnet aufgrund der aus Dresden eingegangenen «Schlussmeldung» die «Ordnungspolizei Berlin» am 22. März 1945 und schätzt die Gesamtzahl der im Jargon der Nazis sogenannten Gefallenen ebenfalls auf 25 000. Dieselben Zahlen – 20 000 identifizierte Tote bzw. 25 000 einschließlich der unkenntlichen Leichen – nennt mit selbigem Datum der «Tagesbefehl 47».

Die richtigen Zahlen waren also schon im März 1945 bekannt. Das Auswärtige Amt wies jedoch die deutschen Botschaften im neutralen Ausland an, Opferzahlen von 200 000 und mehr zu verbreiten, also einfach eine Null anzuhängen. (Nicht zum ersten Mal: Als 1939 Deutschland über Polen herfiel, wurden bei Ausschreitungen sogenannte Volksdeutsche und als Spione verdächtige Polen ermordet, insgesamt 5437 Personen laut einer, wahrscheinlich schon viel zu hoch angesetzten, Statistik des Auswärtigen Amtes.

Daraus wurden im Februar 1940 auf Anordnung des Reichsinnen-
ministeriums 58 000 Opfer gemacht.)

Das Manöver fiel nicht auf, weil das «Svenska Morgenbladet»
schon am 17. Februar 1945 von an die 100 000, das «Svenska Dag-
bladet» am 26. Februar sogar von 250 000 Getöteten berichtet
hatte, obwohl keine Zeitung Korrespondenten in Dresden hatte –
sich also nur auf Gerüchte stützen konnte, die man bei Nazi-
behörden in Berlin aufgeschnappt haben musste.

Die deutsche Propaganda hatte nachhaltigen Erfolg. Das Internationale Rote Kreuz nannte 1948 eine Opferzahl von 275 000,
obwohl ihm keine Dokumente vorlagen und es sich nur auf
mündliche Berichte stützte. 1951 schraubte Axel Rodenberger in
seinem Buch «Der Tod von Dresden», das ganz zufällig denselben
Titel wie der Zeitschriftenaufsatz des Nazis Rudolf Sparing hat,
die Zahl auf 350 000 bis 400 000. Noch mehr bot der Engländer
Frederick Veale: Der frühere Mitstreiter des Faschisten Oswald
Mosley kam in seinem 1954 erschienenen Werk «Der Barbarei entgegen» auf eine halbe Million.

Bis in die jüngere Vergangenheit kolportierten Zeitungen und
Sachbuchautoren falsche Zahlen. Das Springer-Blatt «Die Welt»
zitierte am 15. Februar 1990 auf seiner Titelseite den britischen
Journalisten und Nazisympathisanten David Irving, der von
135 000 Getöteten sprach, ging auf der Politikseite von «weit
mehr als 100 000» Toten aus und näherte sich lediglich in einer
Bildunterschrift mit der Angabe von 35 000 Opfern der Realität
an.

Auf diese Zahl hatte sich schon 1946 eine vom Dresdner Ober-
bürgermeister Walter Weidauer eingesetzte Kommission geeinigt.
Auch wenn deren Arbeit dem Anspruch auf wissenschaftliche
Exaktheit nicht genügte und das Ergebnis mehr Resultat einer
Schätzung als einer Berechnung war, lag es auf der Hand, dass um
ein Vielfaches höhere Opferzahlen falsch sein mussten.

Tatsächlich starben im Bombenhagel vom Februar 1945, wie
seit 2010 wissenschaftlich bewiesen ist, maximal 25 000 Personen.

Der Streit um Opferzahlen, der so heftig tobte wie bei keiner anderen Stadt, ist entschieden. Wer an dem Wirrwarr schuld ist, ist eindeutig: die Nazis mit ihrer verlogenen Propaganda. Dass sich um Dresden ein Mythos bildete, lag aber auch an der DDR, die im Kalten Krieg gegen den imperialistischen Westen Dresden als Synonym für den «angloamerikanischen Bombenterror» gebrauchte. Den geißelten Neonazis auch weiterhin: Noch im Jahr 2000 schwadronierte der Rechtsextremist Manfred Roeder von 480 000 Toten.

Was übrigens fast immer unter den Tisch fällt, ist die Tatsache, dass Dresden nicht die am schwersten bombardierte deutsche Stadt ist. Hamburg hatte infolge der Luftangriffe 35 000 Tote zu beklagen. Wer kaltblütig dagegenhält, dass die Hansestadt mehr Einwohner hatte, muss das kleine Pforzheim zur Kenntnis nehmen: Beim Bombardement am 23. Februar 1945 kam mit 18 000 Toten fast ein Drittel der Bevölkerung ums Leben.

Nicht ganz unwichtig ist schließlich, dass die Bombardierung einer Stadt in Nazideutschland ein Glück sein konnte: «Wen aber von den 70 Sternträgern diese Nacht verschonte», notierte in Dresden der Jude Victor Klemperer in seinem Tagebuch, «dem bedeutete sie Errettung, denn im allgemeinen Chaos konnte er der Gestapo entkommen.»

«Niemand hat die Absicht, eine Mauer zu errichten»

«Ich verstehe Ihre Frage so, dass es Menschen in Westdeutschland gibt, die wünschen, dass wir die Bauarbeiter der Hauptstadt der DDR mobilisieren, um eine Mauer aufzurichten, ja? Äh … das ist nicht bekannt, dass solche Absicht besteht, da sich die Bauarbeiter in der Hauptstadt hauptsächlich mit Wohnungsbau beschäftigen und ihre Arbeitskraft dafür voll ausgenutzt wird, voll eingesetzt wird. Niemand hat die Absicht, eine Mauer zu errichten.» So lautete die Antwort, die Walter Ulbricht, Staatsratsvorsitzender der DDR und als Erster Sekretär des ZK der SED auch Parteichef, auf einer Pressekonferenz in Ostberlin am 15. Juni 1961 auf eine Frage der Korrespondentin der «Frankfurter Rundschau» Annamarie Doherr gab. Sie hatte Ulbrichts Forderung, aus den drei Westsektoren Berlins eine unabhängige Freie Stadt zu bilden, aufgegriffen und nachgehakt: «Ich möchte eine Zusatzfrage stellen, Herr Vorsitzender! Bedeutet die Bildung einer Freien Stadt Ihrer Meinung nach, dass die Staatsgrenze am Brandenburger Tor errichtet wird? Und sind Sie entschlossen, dieser Tatsache mit allen Konsequenzen Rechnung zu tragen?»

Von einer Mauer war in dieser Wortmeldung nicht die Rede, aber Ulbricht hörte die Nachtigall trapsen und verplapperte sich. Doch keiner der rund 300 Journalisten aus 30 Ländern schöpfte Verdacht. Auch die Politiker in Bonn und anderswo schenkten seiner verräterischen Antwort anscheinend keine große Beachtung. Fast genau zwei Monate später war es so weit: Am Sonntag, dem 13. August 1961, wurde kurz nach 1 Uhr nachts die Grenze nach Westberlin durch Grenzsoldaten abgeriegelt und mit dem Bau der Mauer begonnen. Damit unterband die DDR die Massenflucht in den Westen. Rund drei Millionen ihrer Bürger hatten sich bis dahin in die Bundesrepublik abgesetzt, die meisten via Westberlin.

Die Westmächte protestierten zwar gegen den Mauerbau, die USA ließen Panzer an der Sektorengrenze zu Ostberlin auffahren. Insgeheim aber waren die Regierungen in Washington, London und Paris froh, dass der Krisenherd Berlin damit weitgehend ausgeschaltet war und die Gefahr eines bewaffneten Konflikts im Kalten Krieg vermindert wurde. Eine Woche vor der Pressekonferenz hatte US-Präsident John F. Kennedy dem sowjetischen Staats- und Parteiführer Nikita Chruschtschow bei ihrem Treffen in Wien zu erkennen gegeben, die USA seien lediglich für die Sicherheit Westberlins verantwortlich, nicht für die Freiheit der DDR-Bürger. Der US-Senator James William Fulbright hatte sich zwei Wochen vor dem Mauerbau noch deutlicher ausgedrückt: «Ich verstehe nicht, warum die Ostdeutschen die Grenze nicht schließen. Ich denke, sie haben das Recht dazu.»

Das Puddingattentat

Die Schlagzeilen Westberliner Zeitungen am 6. April 1967 hatten es in sich. «Studenten planten Attentat auf Humphrey» verkündete die «B. Z.», der sozialdemokratische «Telegraf» titelte: «Bombenattentat gegen Humphrey in Berlin vereitelt», und die Berliner Ausgabe der «Bild»-Zeitung führte ihre Leser sogar bewusst in die Irre, indem sie mit der Überschrift «Bomben-Anschlag auf US-Vizepräsidenten» suggerierte, die Tat sei bereits geschehen. Die «Berliner Morgenpost» («Attentat auf Humphrey von Kripo vereitelt») brachte im Untertitel Maos China ins Spiel: «FU-Studenten fertigten Bomben mit Sprengstoff aus Peking» und wusste genau Bescheid: «Die Polizei überraschte mehrere kommunistisch orientierte Westberliner Studenten beim Abwiegen von Sprengstoff in behelfsmäßige kleine Granathülsen und beim Einfüllen einer ätzenden Säure in Plastikbeutel.» Ähnlich gründlich hatte die «Bild» recherchiert: «Mit Bomben und hochexplosiven Chemikalien, mit sprengstoffgefüllten Plastikbeuteln – von den Terroristen ‹Mao-Cocktail› genannt – und Steinen haben Berliner Extremisten einen Anschlag auf den Gast unserer Stadt vorbereitet.» Allein der seriöse «Tagesspiegel» beließ es bei der nüchternen Überschrift «Elf Personen von der Polizei festgenommen».

Was war los in Westberlin? Für den 6. April 1967 war der Besuch des US-amerikanischen Vizepräsidenten Hubert Humphrey angekündigt. Das Programm sah vor, den Gast wie üblich an die Mauer zu führen, ihm das nahebei errichtete neue Verlagsgebäude des Axel-Springer-Verlags zu zeigen und ihm im Schöneberger Rathaus eine Nachbildung der Freiheitsglocke zu überreichen.

Die Studentenschaft der Freien Universität beschloss, an diesem Tag zu demonstrieren; 2000 nahmen am 6. April an dem Protestzug teil. Einige Studenten wollten ein deutlicheres Zeichen setzen und die offizielle Inszenierung durchkreuzen: die Kommune 1.

Am 1. Januar 1967 hatten sieben Mitglieder des Sozialistischen Deutschen Studentenbundes als «adäquate Alternative zur Kleinfamilienexistenz» eine Wohngemeinschaft gegründet, die sie in Anspielung auf die Pariser Commune von 1871 provokant «Kommune 1» nannten. Die Kommunarden Ulrich Enzensberger, Volker Gebbert, Hans-Joachim Hameister, Dieter Kunzelmann, Dorothea Ridder, Dagmar Seehuber und Fritz Teufel, denen sich bald Rainer Langhans anschloss, planten eine subversive Aktion: Wenn der amerikanische Vizepräsident im Korso durch die Stadt fährt, wollten sie seinen Wagen mit Rauch einhüllen und in dem Nebel Torten werfen.

Keine Rede also von «Steinen», keine Rede auch von «hochexplosiven Chemikalien». In Wahrheit handelte es sich um Dr. Oetker Puddingpulver. Das stammte auch nicht aus Peking oder aus Beständen der chinesischen Botschaft in Ostberlin, sondern war in einem Westberliner Laden gekauft worden.

Aus dem Puddingpulver unter Zugabe von Rauchkerzen wollten die mörderischen Attentäter Rauchbomben basteln und sie in Tüten und Papprollen (woraus «kleine Granathülsen» in der «Morgenpost» wurden) packen. Das Rezept für die Herstellung hatten sie von den Amsterdamer Provos, die am 10. März 1966 die Hochzeit der niederländischen Kronprinzessin Beatrix mit Prinz Claus von Amsberg gestört und Chaos erzeugt hatten. Die Sache ist für Leib und Leben harmlos, erzeugt aber Angst und Schrecken – auf diese Weise, das war der Sinn der Berliner Störaktion, wollte man fernsehwirksam gegen den Vietnamkrieg der USA protestieren, in dem die Amerikaner mit Napalmbomben die Bevölkerung terrorisierten. In den späteren Worten des Spaßvogels Fritz Teufel: Man wollte «den Amivize Humpfri mit Napalm beschmeißen, weil die Amis Vietnam mit Pudding bombardierten,

jedenfalls dachten das die Berliner, die sich noch an die Rosinen-
bomber aus der Blockadezeit erinnerten».

Doch zu dem Puddingattentat kam es nicht. Am Vorabend des
Besuchs klopfte es an der Tür der Gemeinschaftswohnung, Polizisten in Uniform und Beamte in Zivil stürmten herein und nahmen die Bewohner und weitere vier Anwesende fest. Die Darstellung der Polizei, die einen Mordanschlag behauptete, wurde von
der in Berlin beheimateten «Springer»-Presse unkritisch über-
nommen – während die «New York Times» in 6000 Kilometern
Entfernung vorsichtig und von den angeblichen Tatsachen ausdrücklich nur als Verlautbarung der Ermittlungsbehörden schrieb:
«The West Berlin Police said tonight that they had arrested 11
persons on charges having plotted to assassinate Vice President
Humphrey. The police said that the 11 (…) had conspired ‹to stage
an assault on the life or health of Mr. Humphrey›.»

Die Vorwürfe erwiesen sich schnell als haltlos. Schon am nächs-
ten Tag, dem 6. April, mussten die ersten Verdächtigen aus der
Haft entlassen werden, die anderen folgten am übernächsten. Die
Springer-Presse hinderte das nicht, in ihrer verfälschenden Be-
richterstattung fortzufahren. Am 7. April zog «Die Welt» nach:
«Studenten mit Bomben» lautete ihre Schlagzeile, während die
«Berliner Morgenpost» unverdrossen flunkerte, dass «Gefährlicher
Sprengstoff» gefunden worden sei. Am 8. April, als nicht mehr zu
leugnen war, dass man die Bevölkerung mit Tatarenmeldungen
bedrängt hatte, versuchte die «B. Z.» mit der scheinheiligen Frage
«Waren die Bomben noch nicht fertig?» davonzukommen.

Unbeeindruckt von dem Gang der Ereignisse schaltete auch
die «Bild» auf stur und forderte: «Die Polizei hat sich ein Lob verdient», während die «Morgenpost» den Richter aufs Korn nahm,
der die Freilassung der Inhaftierten angeordnet hatte: Unter der
Schlagzeile «Liebe kleine Bombenwerfer» behauptete die Zeitung,
die Attentäter hätten agiert «im festen Vertrauen auf unseren
Rechtsstaat, in der Gewißheit, daß ein unabhängiger Richter sie
selbstverständlich nach kurzer Zeit auf freien Fuß setzen würde

und müßte, zumal die Kriminalpolizei nicht in der Lage war, zu dem geplanten (und gottlob verhinderten) Verbrechen auch noch den Gemordeten oder Blessierten mitzuliefern.»

Die Wahrheit lag jenseits der sensationslüsternen Schlagzeilen und reißerischen Nachrichten der Zeitungen aus dem Hause Axel Springer. Dennoch hielten sie hartnäckig an der falschen Berichterstattung fest, weil die Mär von den roten Terroristen das autoritäre und antikommunistische Weltbild bestätigte. In einem Milieu, in dem Nazis nicht groß umlernen mussten, genoss eine hart durchgreifende Polizei höheres Ansehen als ein unabhängiger Richter mit seinen rechtsstaatlichen Prinzipien.

Zudem war in der Frontstadt des Kalten Krieges die US-amerikanische Schutzmacht für große Teile der Bevölkerung und der Medien sakrosankt. In Westberlin, das sich vom Kommunismus umzingelt sah, wähnte man schnell die bestehende Ordnung und Sicherheit gefährdet. Viele Zeitungen führten sich servil als Sprachrohr der Behörden auf, weil Kritik deren Autorität untergraben konnte. Der Feind stand links. Dort stand auch die Studentenbewegung, deren Opposition gegen die herrschende Politik nach dem verhinderten Puddingattentat von einer konservativen Öffentlichkeit als gemeingefährlich empfunden wurde. Die vergiftete Berichterstattung trug Früchte: Zwei Monate später waren sie zu sehen, am 2. Juni 1967.

«Kripo erschoß Student in Notwehr»

«Durch Warnschuß getötet: B. Ohnesorg» stand unter dem Foto in der «Bild»-Zeitung. In der Spalte daneben kam der Schütze zu Wort: «Kripo-Beamter: Zwölf Mann griffen mich an!»
Gleich mit zwei Fake News wartete die Berliner Ausgabe des Springer-Blattes auf, nachdem der Student Benno Ohnesorg am Abend des 2. Juni 1967 in Westberlin am Rande einer Demonstra-

tion gegen den Schah von Persien von einem Polizisten erschossen worden war. Die Rollen von Opfer und Täter wurden vertauscht – und von einem Mord durfte schon gar nicht die Rede sein: Sogar das Krankenhaus in Moabit, wo der tödlich Verletzte um 23.21 Uhr auf dem Operationstisch starb, spielte mit und gab als Todesursache Schädelbruch an, wörtlich: «Tod durch Schädelverletzung durch stumpfe Gewalteinwirkung». Man hatte das Haar über dem Einschussloch wegrasiert, die Schädelpartie mit einer Zange herausgebrochen und verschwinden lassen. Erst Jahrzehnte später gestand der Arzt, er habe den Totenschein «nicht aufgrund eigener Feststellungen, sondern auf Anweisung meines damaligen Chefs gemacht».

Berlins Regierender Bürgermeister Heinrich Albertz (SPD) beteiligte sich an der Irreführung der Öffentlichkeit. «Einige Dutzend Demonstranten, unter ihnen auch Studenten, haben sich das traurige Verdienst erworben, nicht nur einen Gast der Bundesrepublik Deutschland in der deutschen Hauptstadt beschimpft und beleidigt zu haben, sondern auf ihr Konto gehen auch ein Toter und zahlreiche Verletzte – Polizeibeamte und Demonstranten. Die Polizei (…) war gezwungen, scharf vorzugehen (…). Ich sage ausdrücklich, dass ich das Verhalten der Polizei billige und dass ich mich durch eigenen Augenschein davon überzeugt habe, dass sich die Polizei bis an die Grenzen des Zumutbaren zurückgehalten hat.»

Auch Springers «Berliner Morgenpost» schürte den Hass vieler Frontstadtbewohner auf die aufmüpfigen Studenten, die ihnen als fünfte Kolonne der Kommunisten erschienen: «Das Maß ist nun voll, die Geduld der Berliner Bevölkerung erschöpft. Wir sind es endgültig leid, uns von einer halberwachsenen Minderheit, die meist noch Gastrecht bei uns genießt, terrorisieren zu lassen.» Dabei entsprach Benno Ohnesorg mitnichten den Vorstellungen der angesprochenen «Berliner Bevölkerung» von dieser «halberwachsenen Minderheit». Er war 26 Jahre alt und verheiratet, seine Frau erwartete ein Kind. Er hatte nach einer Lehre das Abitur nachgeholt und studierte nicht Soziologie oder Psychologie, wie es dem Klischee entsprochen hätte, sondern Romanistik, wollte Französischlehrer werden und war nach zwei Auslandssemestern gerade aus Frankreich zurückgekehrt. Die abendliche Demonstration vor der Deutschen Oper gegen den Besuch des Schah war seine erste.

Was war wirklich geschehen? Am 2. Juni 1967 machte Schah Mohammed Resa Pahlewi mit seiner Frau Farah Dibah im Rahmen einer Europareise Station in Berlin. Bereits vor dem Schöneberger Rathaus, wo sich der Gast ins Goldene Buch der Stadt eintrug, hatten Studenten der Freien Universität protestiert, darunter auch iranische Flüchtlinge: 4000 bis 6000 Studenten aus dem Iran hatten in Westdeutschland und Westberlin Zuflucht vor dem iranischen Geheimdienst Savak gefunden. Die Demonstranten protestierten dagegen, einem Monarchen Ehre zu erweisen, der in seinem Land Kritiker foltern und massakrieren lässt und ein Leben in märchenhaftem Prunk führt, während unterhalb der reichen Oberschicht das Volk darbt.

Schon vor dem Rathaus eskalierte die Situation, als drei Autobusse durch die polizeiliche Absperrung gelassen wurden und etwa hundert junge Männer heraussprangen, die mit ihren Schildern, auf denen Lobhudeleien für den Schah standen, ein Spalier bildeten. Als die Demonstranten und Schaulustigen ihrer Empörung Luft machten, gingen die Schah-Anhänger plötzlich mit den Stangen ihrer Schilder und mit Totschlägern, die sie aus dem Ärmel zogen, auf die Menge los; an die 50 Personen wurden teils schwer verletzt. Die Ordnungshüter schauten minutenlang zu, ohne einzugreifen, stattdessen rückten berittene Polizisten gegen die Studenten vor. Als der Schah erschien, wurde er zur Schmach seiner Gastgeber mit einem Pfeifkonzert empfangen. (Später stellte sich heraus, dass es bei den schahtreuen Schlägern, den sogenannten Jubelpersern, um eigens aus dem Iran eingeflogene Savak-Mitarbeiter handelte.)

Die Schmach sollte sich am Abend wiederholen. 2000 Demonstranten hatten sich vor der Deutschen Oper versammelt, wo sich der Schah und seine Gemahlin gemeinsam mit Bundespräsident Heinrich Lübke und Heinrich Albertz dem Genuss einer Aufführung von Mozarts «Zauberflöte» hingeben wollten. Mehltüten, Farbeier und Steine flogen, der Ruf «Schah, Schah, Scharlatan!» schallte über den Platz. Im Foyer befahl Albertz dem Polizeipräsidenten Erich Duensing: «Wenn ich rauskomme, ist alles sauber.»

Der sah die Gelegenheit gekommen, seine «Leberwursttaktik» anzuwenden: Man muss «in die Mitte der Demonstration hineinstechen, damit sie an den Enden auseinanderplatzt». Um 20.07 Uhr gab Duensing das Kommando: «Knüppel frei! Räumen!» Mit Schlagstöcken, Hunden und Wasserwerfern stach die Polizei in die Menge hinein, die in die Seitenstraßen auswich. Der Student Benno Ohnesorg flüchtete mit einigen anderen Demonstranten in den Hinterhof der Krummen Straße 66/67. Die Polizei folgte ihnen und prügelte auf sie ein. Gegen halb neun trat Polizeioberwachtmeister Karl-Heinz Kurras mit der Pistole in der Hand von hinten auf Ohnesorg zu und drückte ab. Ohnesorg sackte zusammen, während die Polizisten noch einen Moment weiter auf das Opfer einschlugen und -traten.

Am nächsten Tag sprach die Polizei von einem «Querschläger» nach einem Warnschuss. In Wahrheit war es ein Schuss in den Kopf aus kurzer Distanz gewesen. Unmittelbar zuvor hörten Zeugen jemanden schreien, vielleicht Ohnesorg selbst: «Bitte, bitte nicht schießen!» Danach schrie ein Beamter Kurras an: «Bist du denn wahnsinnig, hier zu schießen?!» Der stammelte: «Die ist mir losgegangen.» Eine Minute später folgte ein Kommando: «Kurras, gleich nach hinten! Los! Schnell weg!» Es gab Augenzeugen und, weil Journalisten in der Nähe waren, Fotos, eine Filmaufnahme und einen Tonbandmitschnitt von den Geschehnissen in dem Hinterhof.

Der Notarzt kam, doch zwei Kliniken wiesen Benno Ohnesorg ab, erst das Krankenhaus Moabit nahm ihn auf, zu spät. Ebenfalls zu spät sollte sich die Einsicht bei Heinrich Albertz durchsetzen: Er trat am 26. September zurück und äußerte sein Bedauern über den Polizeieinsatz.

Richtig gemacht hat es dagegen Karl-Heinz Kurras. Er wurde am 21. November von der Anklage der fahrlässigen (!) Tötung freigesprochen, weil er in Notwehr (!) gehandelt habe. Eine weitere Falschaussage half ihm: Er sei von mehreren Demonstranten brutal zu Boden geschlagen worden und habe mit Messern Bewaffnete gesehen. «Erst Fußtritte, dann zogen sie die Messer …» hatten die Stichworte gelautet, die von Springers Zeitung «Die Welt» geliefert wurden, als sie nach der Mordnacht unter dem Titel «Kripo erschoß Student in Notwehr» von der Tat berichtete und der Justiz den gewünschten Weg andeutete.

Polizei, Springer-Presse und die Mehrheit nicht nur der Westberliner waren's zufrieden. Viele Studenten dagegen waren entsetzt: Was für sie bis dahin mehr eine Sache familiären Streits zu Hause und theoretischer Erörterung an der Universität war, nämlich das Fortleben des Nationalsozialismus im Personal des Staates und im Denken der Bevölkerung, war nun sichtbare Praxis geworden.

1967 bestand die Berliner Polizei überwiegend aus ehemaligen Wehrmachtsoldaten, von denen sich viele im Osten in der Partisanenabwehr betätigt hatten. Innensenator Wolfgang Büsch (SPD) erinnerte unfreiwillig daran und offenbarte seine militaristische Sichtweise auf demokratischen Protest, als er den Studenten «Partisanenpraktiken» vorwarf, weil sie wie irreguläre Truppen operierten.

Die Hälfte der Berliner Polizeiführer waren Offiziere im Vernichtungskrieg gegen die Sowjetunion gewesen oder hatten sich anderweitig ihre Sporen im Nationalsozialismus verdient. Polizeipräsident Duensing war Generalstabsoffizier der Wehrmacht gewesen, Kurras' Vorgesetzter Helmut Starke Fallschirmjäger und Träger des Eisernen Kreuzes Erster Klasse. Der Kommandeur der Westberliner Schutzpolizei, der Kurras angehörte, Hans-Ulrich

Werner, war NSDAP-Mitglied gewesen und im Zweiten Welt-krieg bei der Bandenbekämpfung in der Ukraine und in Italien eingesetzt worden. Und nicht allein die Polizei war nazistisch ver-seucht: Um die Presse, namentlich die Westberliner, und die deut-sche Bevölkerung war es nicht viel besser bestellt.

Starke hatte angekündigt, dass «die Zeit der weichen Welle endgültig vorbei» sei und sich «die Herren Studenten bei den nächsten Krawallen wundern werden, was ihnen blüht». Gewun-dert haben dürfte sich nach dem 2. Juni zunächst die konservative Öffentlichkeit, weil nun an sich unverdächtige Professoren, libe-rale Intellektuelle und auch Schüler und Lehrlinge an die Seite der aufbegehrenden Studenten rückten. Die «Frankfurter Allge-meine Zeitung» registrierte verständnislos die Anteilnahme an Benno Ohnesorgs Beerdigung und verhöhnte die Trauer um den Getöteten, indem sie ihren Bericht überschrieb mit: «Ohnesorg-Theater».

Unter dem Eindruck der Ereignisse vom 2. Juni und des Ver-haltens von Regierung, Polizei und Justiz radikalisierte sich die als «APO», als Außerparlamentarische Opposition apostrophierte Protestbewegung. Dass der Staat vor tödlicher Gewalt nicht zu-rückschreckte, setzte Gegengewalt in Gang. Es bildeten sich die «Bewegung 2. Juni» und die «Rote Armee Fraktion», die nach dem Muster des Guerillakriegs, den Befreiungsbewegungen in der Drit-ten Welt führten, den bewaffneten Kampf in die Metropolen der Ersten Welt tragen wollten. «Wer Terror produziert, muss Härte in Kauf nehmen», hatte Springers «B. Z.» nach dem Mord an Benno Ohnesorg geschrieben. Das sollte sich ausnahmsweise als True News erweisen – wenngleich anders und noch mörderischer als gemeint.

The Games Must Go On

München, 5. September 1972. Alles ist gut gegangen. Die Geiseln sind befreit! Gegen elf Uhr abends verkündet Ludwig Pollack namens des Nationalen Olympischen Komitees das glückliche Ende der Geiselnahme. Vier der Geiselnehmer vom Terrorkommando der palästinensischen Gruppe Schwarzer September seien bei der Aktion auf dem Militärflugplatz in Fürstenfeldbruck getötet worden, die israelischen Geiseln frei. Die Nachrichtenagentur Reuters verbreitet um halb zwölf die gute Nachricht, wenige Minuten später berichtet das deutsche Fernsehen, und um 0.05 Uhr tritt Regierungssprecher Conrad Ahlers vor die Presse und spricht von einer «glücklichen und gut verlaufenen Aktion».

Sie alle wussten nicht, wovon sie redeten. Vermochte man wahr und falsch in dem Informationsknäuel aus durcheinanderredenden Behörden, Politikern und Journalisten nicht mehr zu trennen, gingen im Chaos und der Aufregung die richtigen Informationen unter, spielten die Nerven nach 20 anstrengenden Stunden nicht mehr mit, so dass man sich die Nachrichten herauspickte, die endlich Erleichterung bringen, für Entspannung sorgen, die eigenen Hoffnungen befriedigen sollten? Zumal es sich um eine Geiselnahme mit brisantem politischen Hintergrund handelte: Ausgerechnet in Deutschland, das die Schatten der Vergangenheit abstreifen und sich als geläuterte, gastfreundliche Nation präsentieren will, findet vor den Augen der Welt eine Mordaktion gegen Juden statt. Zwei Mitglieder der israelischen Olympiamannschaft waren bereits am Morgen getötet worden.

Fest steht: Um Mitternacht war die Aktion in Fürstenfeldbruck noch immer nicht beendet, geschweige denn erfolgreich beendet. Dorthin hatte man die acht Terroristen und die verbliebenen neun Geiseln aus der israelischen Mannschaft mit Hubschraubern geflogen, wo eine Boeing 727 wartete. Ursprünglich hatte das palästinensische Kommando, das am frühen Morgen des 5. September in das Quartier der israelischen Mannschaft im Olympiapark eingedrungen war, die Freilassung von rund 200 palästinensischen Häftlingen aus israelischen Gefängnissen sowie von Andreas Baader und Ulrike Meinhof gefordert. Jetzt wollte man in ein arabisches Land ausgeflogen werden. Die deutsche Seite willigte zum Schein ein, doch in Fürstenfeldbruck sollte der Zugriff erfolgen. Israel bot an, eine Sondereinheit zur Befreiung einfliegen zu lassen. Das wurde als unnötig abgelehnt, was sich als Fehler erwies, denn die deutschen Polizisten waren für eine Geiselbefreiung ungenügend ausgebildet und unzureichend bewaffnet. So endete die Aktion in einem Fiasko: Bei dem stundenlangen Gefecht, das um halb elf begonnen hatte und bis halb zwei dauerte, kamen alle israelischen Geiseln um, ein Polizeibeamter wurde getötet, einer der Hubschrauberpiloten schwer verletzt. Von den acht Terroristen starben fünf, drei wurden überwältigt. Erst um halb drei morgens, als Bundesinnenminister Hans-Dietrich Genscher und sein bayerischer Amtskollege Bruno Merk vor die Presse traten, war allen klar, dass es schlecht geendet hatte.

Die Spiele nicht – sie gingen nach einem Tag Pause weiter.

Finale

«Nachricht von meinem Tod stark übertrieben»

«Der König ist tot! Es lebe der König!» Im selben Augenblick, da er den Tod des alten Monarchen meldet, verkündet der Herold die Herrschaft seines Nachfolgers und gibt zu verstehen, dass das Staatswesen weiterhin reibungslos funktioniert: Der Tod des Herrschers stellt eine Zäsur dar, weshalb die Bevölkerung und das politische Personal darauf eingeschworen werden müssen, dass alles bleibt, wie es ist. Das gilt vor allem in Staatsformen, die auf die Herrschaft eines Einzelnen zugeschnitten sind.

• «Aus dem Führerhauptquartier wird gemeldet, dass unser Führer Adolf Hitler heute Nachmittag in seinem Befehlsstand in der Reichskanzlei, bis zum letzten Atemzuge gegen den Bolschewismus kämpfend, für Deutschland gefallen ist.» Am 1. Mai 1945 ging diese Meldung von Radio Hamburg über den Äther. Im nächsten Satz schloss sich die Bekanntgabe von Großadmiral Karl Dönitz' Ernennung zum neuen Reichskanzler an.

Letzteres war richtig, Dönitz blieb sogar über das Kriegsende hinaus bis zum 23. Mai als Chef der geschäftsführenden Reichsregierung in Flensburg im Amt. Die Meldung von Hitlers Heldentod aber war falsch, der Führer hatte sich selbst entleibt: Hitler saß in einem kleinen Raum seines Bunkers unter der Reichskanzlei auf dem Sofa und hatte erst Eva Braun, dann sich erschossen.

• Als Josef Wissarionowitsch Stalin am 1. März 1953 einen Schlaganfall erlitt und im Sterben lag, ließ die «Prawda» zwei Tage verstreichen, ehe sie am 4. März über den Kollaps zu berichten wagte – mit dem Zusatz, die besten Ärzte des Landes kümmerten sich um den Generalissimus. In Wirklichkeit saßen die besten Ärzte im Gefängnis oder im Lager, wenn sie nicht hingerichtet worden waren. Ironie des Schicksals: Im Januar 1953 war auf Betreiben des Genossen Stalin eine Kampagne gegen führende Mediziner eingeleitet worden, die einer «internationalen jüdisch-zionistischen Verschwörung» (so die «Prawda» am 13. Januar 1953) bezichtigt wurden. Ziel des Komplotts sei es gewesen, die Mitglieder der sowjetischen Partei- und Staatsführung zu vergiften. Sogar Stalins Leibarzt Wladimir Winogradow war verhaftet worden.

Anders als in Monarchien wurde nach Stalins Tod am 5. März kein neuer Herrscher ausgerufen. Ein Triumvirat aus Geheimdienstchef Lawrenti Berija, Ministerpräsident Georgi Malenkow und Politbüromitglied Nikita Chruschtschow teilte sich die Macht. Berija wurde am 9. Juli 1953 hingerichtet, Malenkow schrittweise an den Rand gedrückt, und Chruschtschow blieb als neuer Mann im Kreml übrig.

• «Blitz-Meldung: Chruschtschow tot» drahtete die Deutsche Presse-Agentur dpa im April 1964 aus Moskau. Etwas zu früh: Chruschtschow starb erst 1971. Die Agentur hatte an Ostern einem Gerücht vertraut, aber sich verhört. Statt über Chruschtschows biologisches Ende wird man über sein politisches gemunkelt haben. Ein halbes Jahr nach der Falschmeldung, im Oktober 1964, war Chruschtschow als Staatschef und Vorsitzender der KPdSU abgesetzt. Er wurde zur Unperson, die sich öffentlich nicht mehr äußern durfte. Nicht mehr aus Moskau äußern durfte sich auch die dpa: Sie musste nach der Falschmeldung ihr Büro schließen.

• Am 19. April 1967 starb Konrad Adenauer in seinem Haus in Rhöndorf. Doch die Meldung von seinem Tod war schon am 13. April durch Deutschland und um die Welt gegangen.

Der Altkanzler lag bereits seit Ende März krank darnieder und hatte Ostern einen zweiten Herzinfarkt erlitten, weshalb täglich mit dem Ableben des 91-Jährigen gerechnet wurde. So setzte an jenem 13. April der Telefonanruf eines vermeintlichen Journalisten beim Westdeutschen Rundfunk eine Kettenreaktion in Gang: Noch bevor die Redaktion die Todesnachricht geprüft hatte, gab der Aufnahmeleiter des im Radio gerade laufenden «Mittagsmagazins» dem Moderator ein Zeichen, indem er mit der Hand ein T machte, das übliche Signal für eine kurze Unterbrechung. Der Moderator unterbrach das Live-Gespräch, der Tontechniker legte Trauermusik auf, das Largo von Händel. In Bonn verstand man das Signal: Es wurde halbmast geflaggt. In München erhoben sich die Landtagsabgeordneten von ihren Sitzen und legten eine Schweigeminute ein. Die Nachrichtenagentur Associated Press brachte die Nachricht in ihrem internationalen Dienst. Aus dem Ausland gingen Beileidsbekundungen ein.

Kurz danach musste alles auf Anfang gestellt werden: Der WDR war einem makabren Ulk aufgesessen – und hatte das Kunststück vollbracht, eine Falschmeldung in die Welt zu setzen, ohne ein einziges Wort zu senden.

• Falschnachrichten dieses Kalibers sind eine beliebte Methode, um unliebsamen Politikern im Schutz der Anonymität eins auszuwischen. Auch Michail Gorbatschow traf es: Anfang August 2013 hatten Hacker den Twitter-Account der russischen Nachrichtenagentur Ria Nowosti geknackt und die Meldung verbreitet, der ehemalige Generalsekretär der Kommunistischen Partei der Sowjetunion und letzter Staatspräsident sei in einem Café in Jekaterinburg gestorben. Der 82-Jährige, den viele Russen für den Untergang der UdSSR verantwortlich machen, dementierte die Falschmeldung: «Sie hoffen vergeblich. Ich bin lebendig, und mir geht es gut.»

• «George W. Bush ist tot. RIP.» Ob auch diese am 21. Juni 2017 über den Kurznachrichtendienst Twitter verbreitete Falschmeldung vom Ableben des 43. US-Präsidenten politischem Wunschdenken entsprang, steht dahin. Ausgeschlossen werden kann ein solcher Beweggrund für die Nachricht vom angeblichen Exitus seines Vaters George Bush, des 41. US-Präsidenten. «Spiegel on-line» hatte seinen Tod am 30. Dezember 2013 gemeldet und gleich einen Nachruf parat. Die Ente wurde schnell wieder eingefangen, doch über andere Medien verbreitete sich die Nachricht – nicht vom Tod Bushs sen., sondern vom Fauxpas des führenden deutschen Nachrichtenmagazins.

• Anekdotisch überliefert sind zwei Berichte über Schriftsteller, die ihren Nachruf in der Zeitung lasen. Rudyard Kipling soll daraufhin an die Redaktion geschrieben haben: «Bitte vergessen Sie nicht, mich von der Liste der Abonnenten zu streichen!» Und als Mark Twain Europa bereiste und hörte, eine Nachrichtenagentur verbreite in Amerika die Meldung von seinem Ableben, kabelte er ein Telegramm nach Übersee: «Nachricht von meinem Tod stark übertrieben».

Viele Zeitungen haben Nachrufe auf Halde liegen, um im Todesfall schnell reagieren zu können. Mitte April 2014 wurde beispielsweise ein vorbereiteter Nachruf auf den Börsenspekulanten George Soros durch die Agentur Reuters verbreitet. Auch diese Todesnachricht war falsch.

Eine schöne Leich'

Am 30. Juli 1898 starb auf Schloss Friedrichsruh Otto von Bismarck, von 1871 bis 1890 Kanzler des Deutschen Reiches und weithin verehrt als der Staatsmann, der die Reichseinigung zustande gebracht hatte. Gegen 23 Uhr war der Blut-und-Eisen-Politiker, der drei Kriege vom Zaun gebrochen hatte, in seinem Bett friedlich entschlafen. Auf Wunsch der Verwandten sollte der Fotograf Arthur Mennell den Verstorbenen auf dem Totenbett ablichten, doch sollten die Aufnahmen im Kreis der Angehörigen verbleiben. Sie wussten, dass der Patriarch Journalisten nicht mochte und der Pressefotografie feind war. «Man weiß nicht, ob man fotografiert oder erschossen wird», lautet eine ihm zugeschriebene Äußerung.

Die zwei Hamburger Willy Wilcke und Max Christian Priester machten der Familie einen Strich durch die Rechnung. Sie bestachen Bismarcks Förster Louis Spörcke, der nachts die Totenwache hielt und um vier Uhr morgens die beiden Paparazzi ins Sterbezimmer ließ. Die arbeiteten schnell und professionell: Sie rückten das Kissen zurecht, damit der Kopf deutlicher zu sehen war, und stellten die Uhr auf dem Nachttisch auf zwanzig Minuten nach elf zurück. Dann machten sie eine Blitzlichtaufnahme und verdufteten ins nächstgelegene Gasthaus, wo sie die Fotoplatte entwickelten. In Hamburg retuschierten sie das Lichtbild, indem sie den Nachttopf sowie auf dem weißen Bett das bunte Tuch entfernten. Danach baten sie Interessenten ins Berliner Hotel de Rome und verkauften das Foto für 30 000 Mark zuzüglich 20% Gewinnbeteiligung an weiteren Einnahmen.

Der eigentlich vorgesehene Fotograf Arthur Mennell hatte unterdessen Wind von der Sache bekommen. Er und Bismarcks Sohn zeigten die zwei Hamburger Bilderjäger an, die am 4. August verhaftet und zu mehrmonatigen Haftstrafen verurteilt wurden – wegen Hausfriedensbruchs, denn ein Recht aufs eigene Bild gab es noch nicht. Gefordert wurde ein solches schon seit den Anfängen der Fotografie, aber geschaffen wurde es erst 1907 im «Gesetz betreffend das Urheberrecht an Werken der bildenden Kunst und der Photographie». Es schrieb fest, dass das Recht bis zehn Jahre nach dem Tod des Fotografierten besteht.

Das manipulierte Foto wurde beschlagnahmt und verschwand im Bismarck'schen Familienarchiv. Erst 1952 wurde es in der «Frankfurter Illustrierten» veröffentlicht. Es ist ein idealisiertes, verklärendes Bild des toten Reichskanzlers und geistert bis heute durch die Presse. Nach Mennells wirklichkeitsgetreuen Lichtbildern – es sollen bis zu acht gewesen sein – kräht hingegen kein Hahn. Sie sind nie gedruckt worden und verschwunden.

Hoffentlich ein Komplott

Am 10. April 2010 stürzte eine Maschine der polnischen Luftwaffe nahe der russischen Stadt Smolensk ab. Polens Staatspräsident Lech Kaczyński und seine Frau Maria sowie zahlreiche hochrangige Vertreter von Politik, Militär und Kirche kamen ums Leben, insgesamt starben 96 Menschen. Die Delegation befand sich auf dem Flug zu einer Gedenkfeier für die 1940 bei Katyn, einem Dorf nahe Smolensk, vom sowjetischen Geheimdienst ermordeten mehr als 22 000 polnischen Offiziere, Geistlichen und Lehrer.

Schnell war bewiesen, dass der Pilot den Landeanflug auf den Militärflugplatz Smolensk-Nord trotz dichten Nebels riskiert und zu spät abgebrochen hatte, so dass er das Flugzeug nicht mehr hochziehen konnte. Ein russischer Untersuchungsbericht vom Januar 2011 sah die Verantwortung für das Unglück allein auf polnischer Seite, eine polnische Kommission musste im Juli desselben Jahres einräumen, dass die Flugzeugbesatzung zumindest die Hauptschuld trug.

Der Militärflughafen bei Smolensk war wegen des Nebels geschlossen worden und wurde erst auf Wunsch des Piloten noch einmal geöffnet. Aus der Blackbox, dem Sprachrekorder im Cockpit, konnte herausgehört werden, dass der Flugkapitän Präsident Kaczyński bat, einen Ausweichflughafen in Russland oder Weißrussland zu benennen. Der drückte sich um diese Entscheidung, stattdessen kam der Chef der polnischen Luftwaffe, General Andrzej Blasik, in die Pilotenkanzel, der sich in den Funkverkehr mit dem Flughafen einmischte, und nach ihm der Protokollchef des Außenministeriums, der die Besatzung aufforderte, auf jeden Fall zu landen.

Letztlich war es der Leichtsinn der Polen, der zur Katastrophe führte. Für die Parteigänger Lech Kaczyńskis aber musste eine russische Verschwörung vorliegen. Da die UdSSR jahrzehntelang ihre Schuld am Massaker von Katyn bestritten hatte, folgerten sie, dass es auch diesmal eine Lüge war, wenn die russische Seite alle Schuld von sich wies. Bei Umfragen in Polen glaubte über ein Drittel der Befragten an einen russischen Anschlag, und Lech Kaczyńskis Bruder Jaroslaw wiederholt bis heute als Vorsitzender der nationalkonservativen Partei PiS (Recht und Gerechtigkeit) seine Theorie von einem russischen Komplott. «Wir haben es hier mit einem unerhörten Verbrechen zu tun!», lautet seine Lesart, und mit dem Satz «Es wurden 96 Bürger der Republik Polen ermordet!» suggeriert er, der Anschlag habe Polen selbst gegolten.

Im Herbst 2012, zweieinhalb Jahre nach dem Unglück, schien aus dem Wunsch nach einem russischen Komplott Wirklichkeit zu werden: Die «Rzeczpospolita», gewissermaßen die «Frankfurter Allgemeine Zeitung» Polens, berichtete auf ihrer Titelseite, dass an rund 30 Sitzen im Flugzeugwrack Spuren von TNT und Nitroglyzerin nachgewiesen worden seien und man in der Pilotenkanzel, am Rumpf und auf den Tragflächen Sprengstoff in einer Menge gefunden habe, die sogar zu groß für die Skala der Messgeräte gewesen sei.

In Wirklichkeit war sie zu klein. Der Freude über die Bestätigung des eigenen Vorurteils folgte die Enttäuschung auf dem Fuß: Die Militärstaatsanwaltschaft dementierte die Story, von Sprengstoff gab es keine Spur. Der Autor des Sensationsberichts und Urheber der Zeitungsente, Cezary Gmyz, hatte seine Informationen, die ihm angeblich die Staatsanwaltschaft zugetragen hatte, halluziniert, und Chefredakteur Tomasz Wróblewsky, der in seinem Kommentar zu Gmyz' Leitartikel von einer bewiesenen «Provokation der russischen Geheimdienste» fabuliert hatte, ließ sich erst einmal beurlauben.

2015 aber kam die PiS wieder an die Regierung. Nun wurde der Link auf der Homepage des Verteidigungsministeriums, der zu den Aufzeichnungen aus dem Cockpit führte, gelöscht. Stattdessen sollten sich die Bürger den Film «Smolensk» anschauen, der 2016 in die Kinos kam. In diesem als Dokumentation maskierten Propagandawerk zerreißen drei Explosionen die Präsidentenmaschine. Die Botschaft: Es war ein gezielter Mordanschlag, verübt von den Russen und gedeckt von der damals amtierenden liberalkonservativen Regierung unter Donald Tusk, der für die PiS so etwas wie der Beelzebub ist.

Lech Kaczyński dagegen wird zu einer mythischen Figur aufgebaut und zu einem Teil des Nationalmythos verklärt, in dem die Polen alleweil Opfer der Russen und Deutschen sind. Wer nicht an ein Mordkomplott glaubt oder auch nur Kritik am ehemaligen Staatspräsidenten übt, wird zur Zielscheibe wütender Angriffe. Für den Bruder Jaroslaw ist der ein guter Pole, der an ein Attentat glaubt, die anderen sind Verräter. «Wischt nicht eure Verrätermäuler am Namen meines Bruders ab – Gott hab ihn selig. Ihr habt ihn zerstört! Ihr habt ihn ermordet! Ihr seid Kanaillen!», schäumte Jaroslaw Kaczyński am 20. Juli 2017 im polnischen Parlament, als ein liberaler Abgeordneter es gewagt hatte, die radikale Politik der gegenwärtigen PiS-Regierung unter Berufung auf den weniger extremen Lech Kaczyński zu rügen.

Der Film war übrigens kein Kassenschlager. Die Mehrheit der polnischen Bevölkerung geht den Verschwörungsfantasien nicht auf den Leim. Die Fachleute sowieso nicht: «Nicht ein einziger Luftfahrtexperte hält ein Attentat für die Ursache», resümierte im November 2015 Edmund Klich, der langjährige Chef der staatlichen Luftsicherheitskommission in Polen.

Die todbringende Oberlippe

Am 12. Oktober 1969 ereilte die Musikwelt eine schockierende Nachricht: Paul McCartney ist tot! Auf dem Detroiter Radiosender WKNR-FM verkündete der Diskjockey Russ Gibb, ein Anrufer habe ihm das mitgeteilt und als Beweis angeführt, in dem Song «Strawberry Fields Forever» murmele John Lennon «I buried Paul». So jedenfalls stellen Peter Brown, der im Beatles-Management tätig war, und Steven Gaines, weiland Journalist unter anderem der «New York Times», in ihrem 1983 erschienenen Buch «The Love You Make» die Entstehung der Legende dar, die bis heute durchs Internet wabert.

Die Erdbeerbeet-Single war schon zwei Jahre vor der Radiomeldung veröffentlicht worden, am 13. Februar 1967. Entsprechend vordatiert musste der Tod des Beatle werden. Tatsächlich war er am 9. November 1966 in Schottland mit dem Motorrad verunglückt. Weil er sich die Oberlippe zerschnitt, ließ er sich einen kleinen Schnäuzer wachsen. So weit die Realität. Doch dann knüpfte sich an den kleinen Unfall ein großes Gerücht: Paul McCartney sei der Kopf abgerissen worden!

Die anderen drei Beatles hätten deshalb im Auftrag ihrer Plattenfirma einen Doppelgänger engagiert, den US-amerikanischen Schauspieler William Campbell. Dass die Beatles seit 1967 keine Konzerte gaben bzw. lediglich am 30. Januar 1969 eine halbe Stunde auf dem Dach eines Hochhauses in London spielten, um weit weg von den Augen des Publikums ihren Film «Let it be» zu bewerben, passte dazu. Es versteht sich, dass fanatische Beatles-Fans nach weiteren Hinweisen suchten und fündig wurden: Auf dem Cover des 1967 erschienenen Albums «Sergeant Pepper's Lonely Hearts Club Band» trägt Paul McCartney ein schwarzes Armband mit den Initialen OPD, was selbstverständlich «Officially Pronounced Dead» (deutsch: amtlich für tot erklärt) bedeutet. Das unverständliche Zeug, das Lennon auf dem Weißen Album von 1968 in dem Stück «I'm so tired» murmelt, wird pfeilgrad als «Paul is dead, miss him, miss him» dechiffriert. Auf dem Cover des 1969 veröffentlichen Albums «Abbey Road» überqueren die Beatles einen Zebrastreifen, wobei Paul McCartney als Einziger barfuß geht und unfassbarerweise eine Zigarette in der linken Hand hält, obwohl er Rechtshänder ist. Außerdem hat ein am Straßenrand geparkter Volkswagen das Kennzeichen 28IF: ein weiterer unschlagbarer Beweis, denn wenn der Beatle noch lebte, wäre er ja 28 Jahre alt gewesen.

Es wurden noch mehr schlagende Beweise entdeckt, die, wenn man sich auf das Spiel einlassen wollte, sich einfach hätten widerlegen lassen: Beispielsweise hätte auf dem Nummernschild 27IF stehen müssen, weil McCartney 1942 geboren wurde. Oder: Was der Schalk John Lennon in dem Erdbeerlied aus einer Laune heraus ins Mikro flüsterte, war «cranberry sauce» (Preiselbeersauce).

Paul McCartney gab bald nach dem Aufkommen der Schauermär der Illustrierten «Life» ein Interview, in dem er's mit Humor nahm, auf Mark Twain anspielte und sagte: «Die Gerüchte über meinen Tod sind stark übertrieben. Wenn ich jedoch gestorben wäre, würde ich es sicherlich als Letzter erfahren …» Doch alle spaßigen oder ernsten Dementis halfen nichts. Im Gegenteil, an die Stelle eines tragischen Unfalls trat für Verschwörungstheoretiker ein Mordverdacht. Paul McCartney habe die Band verlassen wollen, weshalb die Musikbosse ihn beseitigen ließen und durch das genannte Double ersetzten. Der Beatle habe das Unheil geahnt: Wenn man den Refrain von «Revolution Number Nine» auf dem Weißen Album rückwärts abspielt, kriegt man seinen Hilferuf «Get me out!» zu hören. Wenn das kein Beweis ist!

Ausgewählte Literatur

Simon Akstinat: Akstinats faszinierende Fakten. Baden-Baden 2006.

Christian Ankowitsch: Dr. Ankowitschs Kleines Konversationslexikon. Frankfurt am Main 2004.

Helmut Arntz: Handbuch der Runenkunde. Halle/Saale 1935.

Nigel Blundell: Die größten Irrtümer der Welt. Aus dem Englischen von Andreas Heering. München 1986.

Edward Brooke-Hitching: Atlas der erfundenen Orte. Die größten Irrtümer und Lügen auf Landkarten. Aus dem Englischen von Lutz-W. Wolff. München 2017.

C. W. Ceram: Enge Schlucht und Schwarzer Berg. Entdeckung des Hethiter-Reiches. Reinbek bei Hamburg 1966.

Daten der Weltgeschichte. Die Enzyklopädie des Wissens. Hg. von Werner Stein. Augsburg 2001.

Steffen Dietzsch: Kleine Kulturgeschichte der Lüge. Leipzig 1998.

Martin Doll: Fälschung und Fake. Zur diskurskritischen Dimension des Täuschens. Berlin 2012.

Umberto Eco: Die Geschichte der legendären Länder und Städte. Aus dem Italienischen von Martin Pfeiffer und Barbara Schaden. München 2015.

Die Entenmacher. Wenn Medien in die Falle tappen. Hg. v. Horst Friedrich Mayer. Wien 1998.

Rolf-Bernhard Essig/Gudrun Schury: Schlimme Finger. Eine Kriminalgeschichte der Künste von Villon bis Beltracchi. München 2015.

Frank Fabian: Die größten Fälschungen der Geschichte. Was so nicht in unseren Schulbüchern steht. München 2013.

Ders.: Die größten Lügen der Geschichte. München 2009.

Fälschungen. Zu Autorschaft und Beweis in Wissenschaften und Künsten. Hg. von Anne-Kathrin Reulecke. Frankfurt am Main 2006.

Horst Fuhrmann: Überall ist Mittelalter. Von der Gegenwart einer vergangenen Zeit. München 1996.

Werner Fuld: Das Lexikon der Fälschungen. Fälschungen, Lügen und Verschwörungen aus Kunst, Historie, Wissenschaft und Literatur. Frankfurt am Main 1999.

Gefälscht! Betrug in Politik, Literatur, Wissenschaft, Kunst und Musik. Hg. v. Karl Corino. Frankfurt am Main 1990.

Gefälscht. Die Macht der Lüge. Propaganda, Fälschungen, Verschwörungstheorien – vom Mittelalter bis heute. ZEIT Geschichte 3/2017. Hamburg 2017.

Hans Giffhorn: Wurde Amerika in der Antike entdeckt? Karthager, Kelten und das Rätsel der Chachapoya. München 2013.

Hans E. Goldschmidt: Von Grubenhunden und aufgebundenen Bären im Blätterwald. München 1981.

Karl S. Guthke: Letzte Worte. Variationen über ein Thema der Kulturgeschichte des Westens. München 1990.

Simon Hadler: Wirklich wahr! Die Welt zwischen Fakt und Fake. Wien 2017.

Hanswilhelm Haefs: Das zweite Handbuch des nutzlosen Wissens. München 1991.

Jeremy Harwood: Hundert Karten, die die Welt veränderten. Übersetzung: Christian Böhm, Claudia Buchholtz, Hauke Reich. Hamburg 2007.

Uli Hesse: Alles BVB! Unverzichtbares Wissen rund um die Schwarz-Gelben. Göttingen 2016.

Benjamin Carter Hett: Der Reichstagsbrand. Wiederaufnahme eines Verfahrens. Aus dem Englischen von Karin Hielscher. Reinbek bei Hamburg 2016.

Jean-Noël Kapferer: Gerüchte. Das älteste Massenmedium der Welt. Aus dem Französischen von Ulrich Kunzmann. Berlin 2000.

Lars-Broder Keil/Sven Felix Kellerhoff: Gerüchte machen Geschichte. Folgenreiche Falschmeldungen im 20. Jahrhundert. Berlin 2006.

J. N. D. Kelly: Reclams Lexikon der Päpste. Aus dem Englischen übersetzt von Hans-Christian Oeser. Stuttgart ²2005.

Peter Köhler: Die besten Zitate der Politiker. Mehr als 1000 prägnante Sprüche. Geistreich und kurios. Baden-Baden ²2008.

Gerd Koenen: Die Farbe Rot. Ursprünge und Geschichte des Kommunismus. München 2017.

Walter Krämer/Götz Trenkler: Lexikon der populären Irrtümer. 500 kapitale Mißverständnisse, Vorurteile und Denkfehler von Abendrot bis Zeppelin. Frankfurt am Main 1996.

Die Legende vom Ritualmord. Zur Geschichte der Blutbeschuldigung gegen Juden. Hg. von Rainer Erb. Berlin 1993.

Legenden, Lügen, Vorurteile. Ein Wörterbuch zur Zeitgeschichte. Hg. von Wolfgang Benz. München 1992.

Lügen und Betrügen. Das Falsche in der Geschichte von der Antike bis zur Moderne. Hg. v. Oliver Hochadel und Ursula Kocher. Köln 2000.

Jörg Meidenbauer: Lexikon der Geschichtsirrtümer. Von Alpenüberquerung bis Zonengrenze. Frankfurt am Main 2004.

Kathrin Passig/Aleks Scholz: Lexikon des Unwissens. Worauf es bisher keine Antwort gibt. Berlin [4]2007.

Udo Pollmer/Günter Frank/Susanne Warmuth: Lexikon der Fitneß-Irrtümer. Mißverständnisse, Fehlinterpretationen und Halbwahrheiten von Aerobic bis Zerrung. Frankfurt am Main 2003.

Gerhard Prause: Niemand hat Kolumbus ausgelacht. Fälschungen und Legenden der Geschichte richtiggestellt. Düsseldorf 1986.

Martin Rasper: «No sports» hat Churchill nie gesagt. Das Buch der falschen Zitate. München 2017.

Michael Ringel: Ringels Randnotizen. Frankfurt am Main 2005.

Jürgen Roth/Kay Sokolowsky: Der Dolch im Gewande. Komplotte und Wahnvorstellungen aus zweitausend Jahren. Hamburg 1999.

Dies.: Lügner, Fälscher, Lumpenhunde. Eine Geschichte des Betrugs. Leipzig 2000.

Gregor Sailer: The Potemkin Village. Heidelberg 2017.

Ernst Schöller/Marina Sauer/Markus Müller: Wa(h)re Lügen. Original und Fälschung im Dialog. Stuttgart 2007.

Ben Schott: Schotts Sammelsurium. Aus dem Englischen. Berlin [4]2004.

Rudolf Simek: Vinland! Wie die Wikinger Amerika entdeckten. München 2016.

Philip Theisohn: Plagiat. Eine unoriginelle Literaturgeschichte. Stuttgart 2009.

Uwe Topper: Fälschungen der Geschichte. Von Persephone bis Newtons Zeitrechnung. München 2001.

Der Treppenwitz der Weltgeschichte. Irrtümer, Entstellungen und Erfindungen. Begründet von William Lewis Hertslet. Fortgeführt von Hans F. Helmolt. Neu bearbeitet und ergänzt von Friedrich Wencker-Wildberg unter Mitarbeit von Alfred Grunow. Berlin/West [12]1967.

Federico di Trocchio: Der große Schwindel. Betrug und Fälschung in der Wissenschaft. Aus dem Italienischen von Andreas Simon. Frankfurt am Main 1994.

Sonja Veelen: Hochstapler. Wie sie uns täuschen. Eine soziologische Analyse. Marburg 2012.

David Wallechinsky/Irving Wallace/Amy Wallace: Rowohlts Bunte Liste. Aus dem Englischen von Niko Hansen, Christine Brinck und Jens Petersen. Verantwortlich für die deutschen Beiträge: Christine Brinck. Reinbek bei Hamburg 1983.

Klaus Waller: Lexikon der klassischen Irrtümer. Wo Einstein, die katholische Kirche und andere total danebenlagen. Frankfurt am Main 1999.

Günther Willen: Wer das liest, lebt länger! Das Lexikon für alle Lebenslagen. Bern 2003.

Thomas Wolf: Pustkuchen und Goethe. Die Streitschrift als produktives Verwirrspiel. Tübingen 1999.

Heinrich Zankl: Der große Irrtum. Wo die Wissenschaft sich täuschte. Darmstadt 2004.

Brockhaus Enzyklopädie. 24 Bände. Mannheim 1996–99
de.wikipedia.org (deutschsprachige Version)
en.wikipedia.org (englischsprachige Version)
Encyclopedia Britannica. Ultimate Reference Suite. 2010. (DVD)

Focus
Frankfurter Allgemeine Zeitung
Frankfurter Rundschau
Hannoversche Allgemeine Zeitung
The New York Times
P. M. Magazin
Der Spiegel
Süddeutsche Zeitung
Der Tagesspiegel
taz. die tageszeitung
Titanic
Die Zeit

Der Verfasser dankt für Hinweise insbesondere Raimund Bezold, Birgit Fricke, Axel Haase, Klaus Hübner, Klaus Pawlowski, Jürgen Röhling, Thomas Schaefer, Solveig Schlossarek, Martin Schröder, Lara Tunnat, Hannelore Ullrich, Reinhard Umbach, Günther Willen und selbstverständlich Herrn Wesendonk – sowie den zahllosen Fälschern einerseits und Forschern sowie Journalisten andererseits, ohne die das Buch nicht hätte geschrieben werden können.

Personenregister